博士が解いた人付き合いの「トリセツ」

EXPLAINING HUMANS

カミラ・パン 著

藤崎百合 訳

文響社

はじめに

地球での生活が始まってから5年目のこと、私は間違った場所に着陸したのではないかと思い始めていた。降りる惑星《ほし》を間違えてしまったのに違いない。

自分と同じ種と暮らしているのに、よそ者のような気分だった。言葉は理解できるのに伝わらない。仲間の人間たちと同じ外見をしているのに、本質的な特徴はまったく違う。

自宅の庭で、横に傾いたカラフルなテント（つまり私にとっての宇宙船）のなかに座り込み、目の前に地図帳を広げては、どうすれば故郷の惑星に戻れるのかと思いを巡らせたものだ。

それでも気持ちが収まらないときには、私のことを理解しているかもしれない数少ない人に頼った。

「ねえママ、人間の取り扱い説明書って、ないの？」

母がぽかんとして私を見ている。

「ほら、どうして人間がそんな行動をするのかを説明してくれるような、案内書みたいなものがないかなって」

他人の表情を読み取るのは、その当時も、今も、そしてこれからもずっと、私が得意とすることではない。なので確実には言えないけれど、あの瞬間、私は母の心が砕けるのを見たように思う。

「ないわ、ミリー」

納得がいかなかった。この宇宙に存在するほとんどすべてのものについて、それを題材とする本があるというのに、私にどうあるべきかを教えてくれる本はないのだ。私が世の中に出る用意を助けてくれる本はなかった。苦しんでいる人がいたら肩を抱いて慰めればいい、他の人が笑っているときには一緒に笑えばいい、他の人が泣いているときには一緒に泣けばいいのだと、教えてくれる本はなかった。

自分がこの惑星に放り込まれたのには、なにか理由があるに違いないとわかっていた。年月が経ち、自分の状態についての認識が深まり、科学への関心も高まると、これこそが理由なのだと気がついた。これまでずっと必要としてきた取り扱い説明書を、自分が、書けばいいのだ。人間を理解できない私のような人たちに向けて、人間について説明する本を書こう。人間を理解していると思っている人たちが、違う物の見方をするのにも役立つに違いない。アウトサイダーのための人生の案内書。それが、この本だ。

しかし、簡単に書けるどころか、完成させるなんて無理だと思うこともあった。だいたい、私はAレベル（イギリスの大学入学資格）の試験勉強の合間に、ドクター・スースの絵本を読んでいたような人間だ。実は、フィクションを読むと怖くなるのだ。ともかく、ほとんどすべての面で自分には欠けている部分があるのだけれど、そこは自分の脳の働きの特異さと、科学への溢れる愛情で埋め合わせをした。

説明しよう。私は自分のことを「普通」だと感じたことがないのだが、それは私が「普通」ではないからだ。私にはＡＳＤ（自閉症スペクトラム障害）、ＡＤＨＤ（注意欠如・多動性障害）、ＧＡＤ（全般性不安障害）がある。これらが組み合わさることで、人として生きていくことが不可能になっているのかもしれない。そんなふうに感じることがよくある。自閉症であるとは、コントローラーなしにコンピューターゲームをしたり、フライパンなど調理器具なしで料理をしたり、音符なしに演奏するようなものなのだ。

ＡＳＤの人は、日々の生活で起こることを処理し、理解するのが難しい。なんのフィルターもなしに見たり言ったりすることが多く、すぐにいっぱいいっぱいになり、特異的な行動を示すこともあるため、才能が見落とされたり無視されたりする。私はというと、目の前のテーブルをしょっちゅう叩き、きしむような異音を発し、常にぴくぴくと引きつり、神経性のチックに不規則に襲われているような人間だ。不適切なタイミングで不適切なことを言い、映画の悲しい場面で笑い、重要な場面で質問を連発してしまう。さらに、完全なメルトダウン（過負荷により感情の制御ができなくなったパニック状態)を起こす可能性が常にある。テニスのウィンブルドン選手権の決勝戦を思い浮かべてもらえれば、私の心の動きについてイメージが湧くかもしれない。ラリーが続き、ボール(私の精神状態)はスピードを増しながら行き来する。上下左右にバウンドして、常に激しい動きのなかにある。ところが突然、変化が起きる。選手が足を滑らせたか、ミスをしたか、対戦相手の裏をかくかしたのだ。ボールが制御不能な回転をしながら飛んでいく。メルトダウンの始まりだ。

このような生活はイライラすることが多い反面、完全に解き放たれてもいる。場違いであるということは、自分の世界にいるということでもあって、そこでは自分で自由にルールを決められる。さらに、時が経つにつれて理解できるようになったのは、自分に備わっているニューロダイバーシティ(神経多様性)の興味深いコンビネーションが、祝福でもあることだ。それは生きるためのスーパーパワーであり、問題を素早く、効率的に、徹底的に分析するためのメンタルツールを与えてくれる。ASDによって、私は人と違った視点で世界を見ることができる。それも、先入観なしに。また、GADとADHDによって、極度に集中しては飽きてを繰り返しながら情報を高速で処理できるようになり、自分が置かれた状況から生じうるありとあらゆる可能性を想像できるようになった。私のニューロダイバーシティは、人間であることの意味についてたくさんの疑問を生み出したが、それに答える力を与えてもくれたのだ。[訳注:「ニューロダイバーシティ」とは一般には脳や神経の特性が多様な社会集団を指す。」

私はそれらの疑問への答えを、人生で最も大きな喜びを与えてくれる科学をとおして探し求めてきた。人間は曖昧で、矛盾することも多く、理解しがたい。しかし、科学は信頼に足る明確なものだ。科学は嘘をつかないし、意図を隠したり、陰口を言ったりもしない。私は7歳のときに、叔父の科学の本と恋に落ちた。その単刀直入に書かれた具体的な情報源は、他では見つけられないものだった。日曜日になると、叔父の書斎に行っては、科学の本に没頭した。それはまるで、圧力弁が開放されたような感覚だった。人生で初めて、私を最も混乱させる存在、つまり他の人間について説明してくれそうなものを見つけたのだ。確実なものがめったに手に入らないこの世界にあって、私はいつだって確実なものを探し求めてきた。そんな私にとって、科学は、最も忠実にして最も信頼できる友人であり続けている。

科学は、この世界を見るためのレンズを私にくれた。この惑星「ヒューマン」での冒険中に遭遇した、ヒューマンたちの行動の最も謎めいた側面の多くを説明してくれるレンズだ。科学のことを難解で専門的だと思う人は多いかもしれないけれど、私たちが生きるために最も大切なことを教えてくれるのもまた科学だ。効果的な連携のあり方について知りたければ、チーム育成のどんなプログラムよりも、がん細胞から多くを学ぶことができる。体内のタンパク質は、人間の関係性や相互作用についての新しい視点を与えてくれる。もっと整理された方法で意思決定を行いたければ、機械学習が助けになる。熱力学は、私たちの暮らしに秩序を生み出すための努力について説明してくれるし、ゲーム理論は礼儀作法の迷路を抜けるための道しるべとなる。そして、進化論によって、人それぞれの意見がなぜこれほどまでにかけ離れたものになるのかがわかるのだ。科学的な原理を理解することで、私たちは、生きることをありのままで理解できるようになる。つまり、恐怖の源や、人間関係の基礎、記憶の働き、意見が食い違う原因、感情の不安定さ、自分が他者の助けを借りずにすむ範囲について、わかるようになるのだ。

科学とは世界への扉を開く鍵である。科学がなければ、扉は私の前で閉ざされたままだっただろう。神経学的に多様であろうと定型であろうと、すべての人にとって、科学が教えてくれることは重要だと私は信じている。人をよりよく理解したいと思うのなら、人の仕組み、つまり人体や自然界の働きを実際に知らなくてはならない。生物学や物理化学といえば、教科書に載っている図式をちらりと見ただけという人がほとんどかもしれないが、実はそれぞれに個性や階層、コミュニケーションの構造をもっている。それらは、私たちが日々の生活で経験している個性や階層、コミュニケーションの構造を反映しており、その理解を助けてくれるのだ。一方を理解せずにもう一方を理解しようとするのは、ページの半分が欠けた本を読むようなものである。私たちの人間性を、そして私たちの暮らす世界を支える科学を深く理解することは、自分自身と周りの人々をより明確に理解するために不可欠なのだ。私たちが普段、本能や推量、思い込みに頼っているところへ、科学は明晰さをもたらし、答えを与えてくれる。

私は、人間を、そして人間の行動を、外国語として学ばなければならなかった。その過程で、その言語を流暢《りゅうちょう》に話せると主張する人たちにも、語彙や理解に欠けた部分があるのだとわかってきた。この本は、私が必要に迫られてつくった取り扱い説明書だけれど、すべての人にとって、自身の生活を決定づける人間関係や個人的なジレンマ、社会的状況をよりよく理解するための助けになると信じている。

物心ついたときからずっと、私の人生はあるひとつの問いによって支配されてきた。それは、他者とつながるようにできていない人間が、どうすれば他者とつながれるのか、という問いだ。私は、愛や共感や信頼がどのような感覚なのかを、本能的には理解できない人間である。なのに、どうしても理解したいのだ。そこで私は、自分を材料にして生きた科学実験をすることにした。そうして、完全には人間になれなくとも、少なくともなんらかの機能を果たせて、自分が属する種の一員になれそうな、言葉を、行動を、考え方を、試し続けている。

この探求では幸運にも、私の味方をしてくれる家族や友人、先生たちの愛とサポートに恵まれた(この本を読み進めば、味方ではない人たちにも遭遇するけれど)。人生でこのような特別な恩恵を得られたからこそ、「違い」を出発点とした場合に、何が可能で、何を達成しえるのかという私の経験を分かち合いたい。私のアスペルガー症候群は、高機能自閉症と呼ばれることも多く、典型的な自閉症というにはあまりにも「正常」である。その一方で、神経学的に正常(定型発達)というにはあまりに変わっているので、私は自分のことを、自分が生きてきた2つの世界をつなぐ通訳者だと思っている。

また、私のことを見て、理解してくれる人たちがいるのだと気づいたことで、私の人生は変わった。自分がひとりの人間であって、自分自身でいる権利があり、むしろ自分自身でいる責務があることがわかったのだ。すべての人間には他者とつながる権利がある。つまり話を聞いてもらい、真剣に受け止めてもらう権利がある。生まれつき、本能的にも、他者とつながることに苦労している者ならばなおさらだ。この本で分かち合うすべての経験とアイデアをとおして、私たちが人間として共有している土台の大切さを強調し、その権利を獲得するための新たな考えを提案できればと願っている。

それでは、これから一緒に、私のアスペルガー的な、ADHDの脳の不思議な世界へと旅立とう。奇妙な場所かもしれないけれど、退屈しないのは保証できる。ノートだけではなく、ヘッドホンもお忘れなく。外界の感覚的な過負荷から自分を守ってくれるこの便利なバリアを、私はめったに耳から外すことはない。これさえあれば準備は完了。さあ、出発しよう。

目次

はじめに 2

第1章 機械学習と意思決定

箱思考から抜け出して、型にははまらず考えるには 17

そもそも機械学習とは？ 20
箱を使った考え方と、木のような考え方 24
では、どうやって意思決定するのか？ 40
エラーを受け入れよう 46

第2章 生化学、友情、違いがもつ力

自分の宿命的な奇妙さを受け入れるには 51

愛すべきタンパク質 58
タンパク質の4段階 60

個性が生きるチームワーク 66

第3章 熱力学、秩序、無秩序

完璧さを忘れるには 85

障害《ディスオーダー》がある人の秩序《オーダー》と無秩序《ディスオーダー》 89
部屋の片付けは熱力学との戦い 95
期待を「再分配」してみる 99
自分のニーズと他者のニーズのバランス 103
平衡に到達できるのか？ 109

第4章 光、屈折、恐れ

恐怖心を制御するには 117

恐怖を分解する 121

波長を合わせる 124
プリズムになる 128
恐怖をインスピレーションに変える 135

第5章 波動理論、調和運動、そして自分の共和振動数を見つけること

調和を見出すには 141
人それぞれの振幅 144
他者とのまじわり――干渉と共鳴 150
「波長が合う」とはどういうことか 155

第6章 分子動力学、同調性、個性

集団の後追いをしないためには 167
集団の動きを予想する 172

はみ出し者が世界を動かす 178

第7章 量子物理学、ネットワーク、理論、目標設定

目標を達成するには 189

今を楽しむか、将来を見据えるか 194

「やることリスト」はつくらない 204

勾配降下アルゴリズム——道はたくさん見つけよう 213

第8章 進化、確率、関係性

他者に共感するには 221

尊重と忍耐は細胞に学べる 225

確率と共感——ベイズの定理で視野を広げる 231

妥協点に達するためのファジー理論 238

第9章 化学結合、基本的な力、人間のつながり
他者とつながるには
化学結合入門 249
疎水効果 254
4つの基本的な力 261
何かがばらばらになったとき 264
272

第10章 深層学習、フィードバックループ、人間の記憶
自分の失敗から学ぶには
279
深層学習とニューラルネットワーク 284
フィードバックループの再構築 292

第11章　ゲーム理論、複雑系、礼儀作法
礼儀正しくなるには 309
エージェント・ベース・モデル 316
ゲーム理論 322
ホモロジー 329

あとがき 336
謝辞 341
訳者あとがき 344
索引 351

母ソニア、父ピーター、姉リディアに

第1章

機械学習と意思決定

箱思考から抜け出して、型にはまらず考えるには

直感に反するけれど、機械学習は、
私たちが意思決定する際に、機械的にではなく、
より人間的に行うことを助けてくれる。(p.49)

「人間をプログラムなんてできないよ、ミリー。そんなの、そもそも不可能なんだからね」

私は11歳で、姉と議論していた。

「じゃあ、私たちはみんな、どうやって考えてるの？」

その時点でも本能的にわかっていたけれど、数年後にようやく正しく理解できたことがある。それは、人間の考え方は、コンピュータープログラムの動作の仕方と大差ないということだ。この文章を読んでいる皆さんは、今この瞬間にも思考を処理している。コンピューターのアルゴリズムとまったく同じように、私たちは、指示や情報、外部刺激といったデータを受け取って応答している。そういったデータを仕分けて活用することで、意識的な判断や無意識的な判断を下している。さらに、コンピューターのフォルダのように、後で使えるようデータを分類し、優先順位をつけて保存もしている。人間の心は並外れた処理装置であって、その驚異的な能力こそが、私たち人類の際立った特徴なのだ。

私たちは皆、スーパーコンピューターを頭に詰めて持ち歩いている。なのに、私たちは日常生活での決断でつまずくことがある。（どの服を着ようとか、メールをどう書こうとか、今日のランチは何にしようとか、悩んだことのない人はいないだろう。）こういうとき、「何を考えればいいかもわからなくて」「情報や選択肢がありすぎて決められないんだよね」などと言ったりする。

脳という強力な機械を好きなように使えるというのに、これではあんまりだ。意思決定の方法を改善したいのならば、この専用器官をもっと有効活用しなくては。

機械は人間の脳の代用品としては貧弱かもしれない。脳に備わっている創造性や適応能力、感情を理解する機能などはないのだから。しかし、思考と意思決定のより効果的な方法について、機械はたくさんのことを教えてくれる。機械学習の科学を学ぶことで、情報を処理するさまざまな方法を理解して、意思決定の手法を細かく調整できるようになる。

意思決定の方法について、コンピューターから学べることはたくさんあるので、それをこの章で探っていこうと思う。ただし、直感に反する不思議な学びもある。それは、よりよい意思決定を行うためには、情報を取り扱ったり解釈したりする際に、もっと秩序立っていて、システマティックで、集中的な姿勢で臨む必要などないということだ。機械学習と聞くと、そういった方面へと向かわされるのではと思うかもしれないが、実はその逆である。これから説明するけれども、アルゴリズムは、非構造的であるという能力、複雑性とランダム性のなかで成長できる能力、状況の変化に効果的に対応する能力があるからこそ、優れている。これに対して、思考に整合性と単純なパターンを求める傾向があるのは、皮肉なことに私たち人間のほうなのだ。私たちは複雑な現実から逃げ出そうとするけれど、機械は、それを単にデータセット全体の一部分として扱うだけだ。

私たち人間に必要なのは、機械のように物事を明晰に見る力と、単純化も簡略化もできないような事柄をもっと複雑な方法で考えようとする積極的な姿勢である。自分よりも自分のコンピューターのほうが型にはまらない考え方を簡単にできるのだということをそろそろ認めねばならない。しかし、嬉しいニュースもある。それは、コンピューターからその方法を学べるということだ。

そもそも機械学習とは？

「機械学習」については、最近よく取り上げられるようになった、やはり4文字の「人工知能（AI）」との関連で聞いたことがあるかもしれない。次に迫る大きなSF的悪夢のように言われることも多い。しかし、人類が知る最も強力なコンピューター、つまりあなたの頭のなかに納まっているものと比べれば、機械学習なんて大海の一滴といったところだ。意識的な思考、直感、想像力といった能力を備えている脳は、これまでにつくられたどんなコンピュータープログラムとも一線を画している。アルゴリズムは、膨大な量のデータを高速で処理することにかけて、そして標的にするようプログラムされた傾向やパターンを識別する能力にかけて、とてつもなくパワフルだ。反面、その能力は悲しいほど限定的でもある。

機械学習とは、ＡＩの一分野である。概念としては単純なものだ。大量のデータをアルゴリズムに投入すると、アルゴリズムがパターンを学習あるいは検出して、その結果を今後遭遇する新たな情報にあてはめるのだ。理論的には、投入するデータが多ければ多いほど、それ以降に遭遇する同等の状況を理解し解釈するというアルゴリズムの能力が向上する。

機械学習を使えば、コンピューターが猫と犬の違いを見分けたり、病気の性質を調べたり、ある任意の期間に必要となる一家庭の（ひいては国全体の）エネルギー消費量を推定したりできるようになる。言うまでもないだろうが、チェスのプロプレイヤーや囲碁のプロ棋士を打ち負かしたという実績だってある。

こういったアルゴリズムは私たちの周りに溢れている。ありえないほどの量のデータを処理して、ネットフリックスが次にどの映画を勧めるのか、顧客が詐欺にあっていそうだと銀行がいつ判断するのか、どのメールが迷惑メールフォルダ行きにされるのかなど、あらゆることを決定するのだ。

人間の脳からすれば取るに足りないけれど、こういった基本的なコンピュータープログラムにも、私たちが脳というコンピューターをもっと有効に活用するためのヒントが隠れている。その方法を理解するために、機械学習で最も一般的な２つの手法、教師あり学習と、教師なし学習を見ていこう。

教師あり学習

教師あり学習は、特定の答えが念頭にあって、それを達成するようなアルゴリズムをプログラムするときに使われる。数学の教科書のようなもので、本の後ろを見れば答えを確認できるのだけれど、その答えに辿りつく方法は自分で見つけねばならない。「教師あり」と呼ばれるのは、プログラマーであるあなたが、あるべき答えを知っているから。難しいのは、いろいろな可能性をもつ多種多様な入力から、常に正しい答えに到達するようなアルゴリズムをいかにつくるかという部分だ。

たとえば、自動運転車のアルゴリズムが、赤信号と青信号の違いや歩行者の存在をいつでも確実に認識できるようにするにはどうしたらいいだろうか。あるいは、がん検診の診断に使用するアルゴリズムが腫瘍を正しく識別することを、どうすれば保証できるのだろうか。

この点を支えるのが、「分類」(classification)という、教師あり学習の主な利用法のひとつである。分類をさせるときには、基本的に、アルゴリズムに正しくラベル付けをすることを教え、実世界のありとあらゆる状況において正しくラベル付けできるという信頼性を(そして時間とともにその信頼性が増すことを)示すように努める。教師あり機械学習によってつくられるアルゴリズムはとても効率的に機能し、あらゆる種類の応用例がある。しかし、本質的には、使えば使うほど性能がよくなる、ものすごく高速な仕分け・ラベル付けマシンにすぎない。

教師なし学習

これと対照的に、教師なし学習は、答えがどうあるべきかという見解をもたない状態でスタートする。アルゴリズムは、正しい答えを追求せよといった指示を受けない。その代わり、データにアプローチして、そのデータに固有のパターンを見つけ出すようプログラムされる。たとえば、投票者や購入者に関する個別のデータセットがすでにあって、そこから人々の動機を理解したいとしよう。教師なし機械学習を用いれば、彼らの行動を説明するのに役立ちそうな傾向を検出し、実証できるかもしれない。ある年齢の人たちは、ある決まった時間に、ある決まった店で買い物をするのだろうか？　この地域で、人々がその政党に投票した要因は何なのだろうか？

私の仕事は免疫系の細胞構造の研究だが、教師なし機械学習を使って、細胞集団におけるパターンを抽出している。なんらかのパターンを見つけ出したいが、どんなパターンでどこにあるのかがわかっていないので、教師なしの手法を使っているわけだ。

これは「クラスタリング」（clustering）といって、共通する特徴やテーマに基づく、データのグループ分けである。ただし、あらかじめA、B、Cといったグループを想定して分類する方法ではない。探索したい広範な領域は決まっているけれどそこに行き着く方法がわからない、あるいは使用できるデータが大量にあるけれどそのどこを見ればよいかさえわからない、といった場合に有効だ。また、答えありきで結論を押しつけるのではなく、データそのものに答えを出させたい場合にも用いられる。

箱を使った考え方と、木のような考え方

私たち人間が決断を下す場合にも、先ほどの説明と同じような選択肢がある。ひとつは、可能性のある結論を好きなだけ想定しておいて、そのなかから選ぶ方法だ。問題へのアプローチはトップダウン型で、望ましい答えから出発する。つまり、教師ありアルゴリズムにかなり似ている。たとえば、企業が求職者を、一定の資格があるか、最低限の経験があるかといった条件に基づいて判断するような形だ。一方で、下から順に証拠を集めながら上昇し、詳細を確認しながら、結論を有機的に浮かび上がらせる方法もある。こちらは教師なしのアプローチだ。先ほどの採用の例でいうと、雇用主は、あらかじめ決めておいたいくつかの限られた基準を使って判断を下すのではなく、すべての人を対象として、個性や応用できるスキル、仕事への熱意、

興味、献身など、確認可能なあらゆるエビデンスを見て、それぞれの長所を考慮するという形になるだろう。このボトムアップ型のアプローチは、自閉症スペクトラム障害をもつ人にとって、最初の関門となる。なぜなら私たちは、結論を出すために、詳細な情報を正確に分類することを生きがいにしているからだ。実際のところ、結論のようなものに近づく前に、ありとあらゆる情報と選択肢を確認しなければ気がすまない。

これらのアプローチは、箱の組み立て（教師ありの意思決定）と、木を育てること（教師なしの意思決定）にたとえるとわかりやすいだろう。

箱で考える（型にはまった考え方）

箱というのは心強い選択肢だ。入手可能な証拠や代替案を囲ってきれいな形に整えるので、すべての側面を見ることができるし、選びやすくもなる。箱を組み立てて、積み上げて、その上に立ったりもできる。矛盾はなく、一貫性があり、論理的だ。これはきちんと整理された思考法で、どのような選択肢があるのかがわかるようになっている。

それに対して、木は有機的に成長し、場合によっては制御不能となる。たくさんの枝があって、葉が房（クラスター）となって生い茂り、そこにはあらゆる種類の複雑さが隠れている。木は、私たちをありとあらゆる方向に連れていってくれるのだが、結論のない袋小路や、完全な迷宮が待ち受けていることも多い。

では、箱と木の、どちらがいいのだろうか？　本当のところは両方が必要なのだけれど、現実にはほとんどの人が箱のなかにはまり込み、決定木の最初の枝にすら辿りつけない。

以前の私は確実にそんなひとりで、根っからの「箱思考」タイプだった。訳のわからないこと、理解できないことがたくさんあると、手に入る限りのありとあらゆる細かい情報にしがみついた。学校ではいつも、なぜか午前10時48分に焦げたトーストのにおいが漂って、女の子たちが派閥をつくってうわさ話に花を咲かせるなか、自分にとっては同じくらいに楽しめるコンピューターゲームや科学の本を読むのに没頭したものだ。

寄宿学校にいた数年間、私は毎晩、孤独を楽しみ、科学や数学の本の気に入った箇所を読んだり書き写したりしていた。私の信頼する指南書たちだ。さまざまな科学の本を何度も書き写していると、大きな喜びと安堵《あんど》感を得られた。自分でもどうしてかはわからないけれど、目の前の現実についての頼りにできそうな理解をいくらかでも手元につなぎとめて、できるだけその理解の山を大きくしたかったのだ。そこにあるのは、私がコントロールできる論理だった。読んだ内容は、「正しい」食事の仕方から、「正しい」話しかけ方、教室間の「正しい」移動方法まで、自分でガチガチにルールを定めるのに役立った。私は、自分が好むものを知り、自分が知ったものを好むという枠から抜け出せなくなっていて、「こうすべき」ルールの数々をひたすら繰り返していた。それが、安全で信頼できると感じられたからだ。

座って本を読んでいるとき以外は、ただ周りを観察していた。車での移動時にはナンバープレートを覚え、食事の席では他の人の爪の形をじっと見つめていた。学校でアウトサイダーだった私が、自分の世界に新たに入ってくる人々を理解するためにいつも使っていた手法は、今ならばわかるが「分類」だった。この人は、私が理解するのに苦労している、暗黙の社会的ルールと行動規範に満ち満ちたこの世界の、いったいどこに入り込むのだろうか。どのグループに引き寄せられるのだろう。私はこの人を、どの箱に入れられるだろうか。そういえば幼い頃、私は段ボール箱のなかで寝るのだと昼も夜も言い張っていた。安全な囲いのなかの、繭《まゆ》に包まれているような感覚が好きだったのだ。（箱の側面にあった猫用の出入り口のような扉から、母がビスケットを差し入れてくれたものだ。）

箱思考の私は、自分の周りの世の中や人々のことをすべて知りたいと思っていた。データを蓄積すればするほど、よい判断ができるようになるはずだと自分に言い聞かせていた。だが、実際には、情報を処理するための有効なメカニズムをもっていなかったので、意味のないものが入った箱がひたすら積み上がるばかりだった。ものを捨てられない人たちが、家をゴミ屋敷にしてしまうように。このプロセスによって私はほとんど身動きがとれなくなり、体を傾けるべき正確な角度にとらわれすぎて、ベッドから起き上がるのにも四苦八苦するようになってい

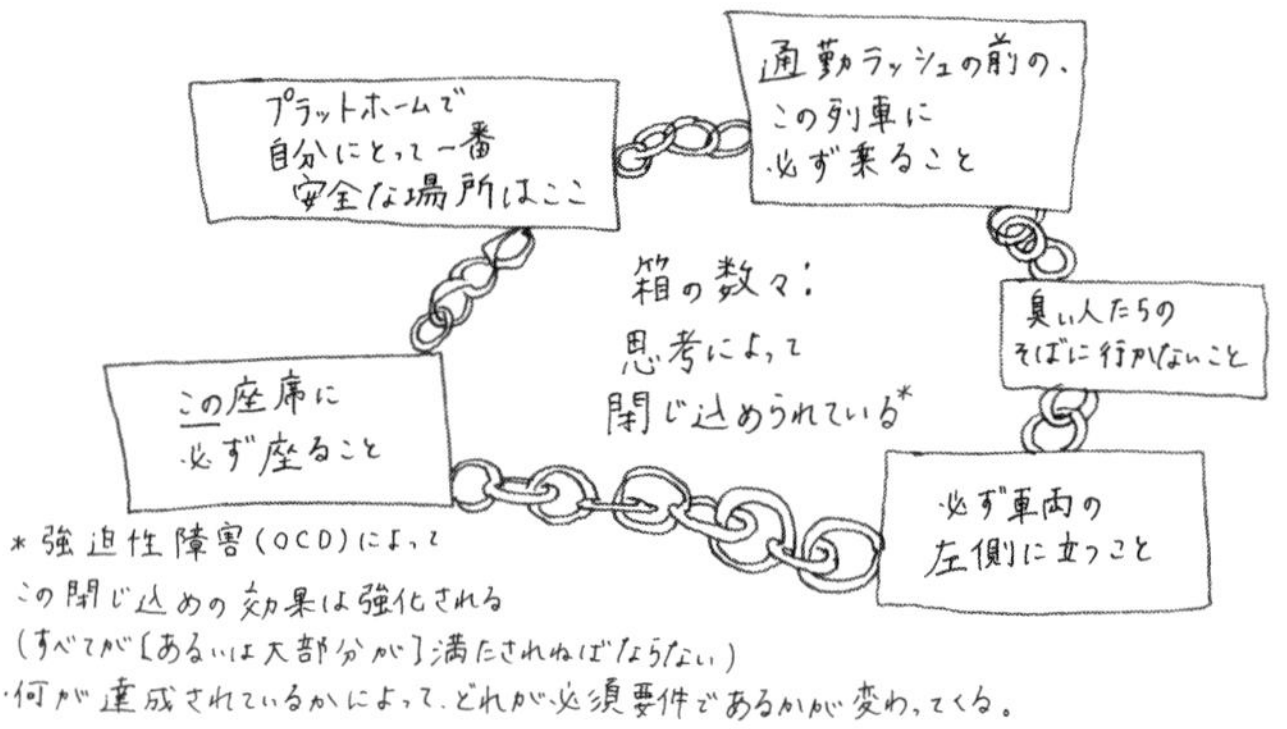
プラットホームで
自分にとって一番
安全な場所はここ
通勤ラッシュの前の、
この列車に
必ず乗ること
箱の数々：
思考によって
閉じ込められている*
臭い人たちの
そばに行かないこと
この座席に
必ず座ること
必ず車両の
左側に立つこと
* 強迫性障害(OCD)によって
この閉じ込めの効果は強化される
(すべてが〔あるいは大部分が〕満たされねばならない)
・何が達成されているかによって、どれが必須要件であるかが変わってくる。

た。意味のない情報の箱が頭のなかで積み上がるほどに、すべての箱がどれも同じに見えてきて、私は進むべき方向がわからなくなり、疲れ果ててしまった。

また、私の頭は、情報や指示を完全に文字どおりに解釈してしまう。あるとき、台所で母の手伝いをしていたら、食材のお使いを頼まれた。「リンゴを5個買ってちょうだい、もしお店に卵があったら1ダース買ってね」。私が12個のリンゴを買って帰ったのを見たときの母の苛《いら》立《だ》ちは、想像できるのではないだろうか(店には確かに卵があったのだ)。箱思考の人間である私は、こういった指示を完全に文字どおりに解釈するという枠から抜け出せない。今でも苦労している部分だ。たとえば最近まで、人は実際に「University of Life」に入学できると信じていたくらいだ。［訳注：人生という大学で学ぶ、つまり大学に入らず実生活で人生経験を積むという慣用表現だが、著者はこの名称の大学が実在すると思っていたということ。］

分類は強力なツールであって、たとえばどの服を着るか、どの映画を見るかなど、目の前のことを決めるのに役立つ。しかし「情報を処理・解釈し、過去のエビデンスを用いて、未来に役立てるためにより複雑な判断を下す」という私たちの能力が大きく制限されることになる。

箱のなかで考えて自分の人生を分類しようとすれば、あまりに多くの道が閉ざされて、可能性の幅が狭まってしまう。通勤ルートはひとつだけ、つくる料理は数種類、目的地は何カ所かの決まった場所。箱思考を使うと、私たちの行動範囲は、すでに知っていることやこれまでに収集した生活のなかの「データ」に限定される。違った角度から物事を見たり、自分を先入観から解き放ったり、初めてで慣れていないことに挑戦したりする余地がなくなるのだ。脳に対するこの行いは、ジムで毎回まったく同じトレーニングをするのに等しい。時間が経つにつれて体が適応して、トレーニングの効果は薄れてしまう。目標を達成するには、意識的に挑戦し続けて、自分を長らく閉じ込めていた箱から出なければならない。

また、箱思考に従っていると、まるでハムスターとネズミを見分けるアルゴリズムのように、自分が行うあらゆる判断に対して、１００％正しいか間違っているかに分けたうえでラベル付けをするようになってしまう。その結果、ニュアンスや、どちらとも言えないグレーな領域、まだよく考えていないことや見つかっていないことの余地がなくなる。予想外に楽しめることや、実は得意なことがあるかもしれないというのに。箱思考の人は、何を好むか、何を人生に求めるか、何を得意としているかという観点から、自分たちを分類しがちになる。この分類を使えば使うほど、その境界を越えて自分自身を試そうという意欲が削《そ》がれるのだ。

箱思考はまた、根本的には非科学的である。結論が、手に入ったデータを指し示すのだから(本来はその逆であるべきなのに)。自分はエビデンスを検討するまでもなく人生のあらゆる問いの答えがわかると心底信じているのでない限り、箱思考によって、よい決定を下すための能力は制限される。選択肢が明確に提示されているのは気分がよいものだが、それはおそらく誤った安心感を得ているのだ。

だからこそ、私たちは、意思決定をする際に普段使っている箱の外に出て考えて、教師なしアルゴリズムからいくつかのことを学ぶ必要がある(なんだったら子どもの頃に戻って木登りするのもいいかもしれない)。

私が、見たところ論理的できちんとした方法よりも、雑然とした非構造的な方法を推奨していることに驚いただろうか。科学的な精神は、当然のように前者に引き寄せられそうなものなのに、と。実はそんなことはなくて、むしろその逆なのだ。木は無秩序に広がるかもしれないけれど、その性質からして、角張った箱よりも、私たちの生活をはるかに忠実に表現している。

確かに箱思考は、情報をその場ですぐに処理して溜め込みたいという私のＡＳＤのニーズにとって、快適な方法だった。しかし時が経つにつれて、周りの世界を理解し、その世界を自分なりに渡っていくには、クラスタリングのほうがはるかに有用な方法だと理解するようになった。

人は誰しも、矛盾と予測不可能性とランダム性、つまり現実の人生を形づくるもののなかを苦労して進んでいる。このような状況では、選択肢は正解か不正解かで割り切れないことが多く、また私たちが考慮すべきエビデンスもきちんと積み重なっているわけではない。きれいな直角の箱というのは、人を安心させる幻想なのだ。そんなに単純なものなど、どこにもないのだから。箱は静的で柔軟性がないが、私たちの生活は動的で常に変化している。一方、木は私たちと同じように進化し続ける。箱はへりの数が限られるけれど、木はいくらでも枝を伸ばせるので、私たちはより多くのさまざまな結果を思い描くことができる。私たち皆がもっている選択肢の多様性を反映しているのだ。

重要なのは、拡大・縮小が可能な木の構造は、私たちの意思決定を支えるのに理想的だということだ。遠くから見ても近くから見ても同じに見えるというフラクタル性があるので、どんなに大きくて複雑な問題に対しても役割を果たせる。雲や、松ぼっくり、あるいは誰もがスーパーで見かけながらも決して買うことのないロマネスコ（カリフラワーの仲間で見るからにフラクタル）のように、規模や視点に関係なく、同じ構造を維持できる。箱は、その形からして、関連性が完全に一時的なものに限定されるのに対して、木は、場所から場所へ、記憶から記憶へ、決定から決定へと枝分かれできる。異なる文脈や、異なる時点にまたがって機能するのだ。ひとつの問題だけをクローズアップしてもいいし、人生全体の道筋を描き出すこともできる。それでも木はその本質的な形を保ち、意思決定において信頼できる味方であり続けるだろう。

科学が私たちに教えてくれるのは、複雑な現実をそのまま受け入れることであって、複雑さを消そうとしてそこを削って滑らかにすることではない。きれいに片付けられない物事を、探求し、疑問を投げかけ、折り合いをつけようとして初めて、それらを理解し、決断できるようになる。意思決定をもっと科学的に行いたければ、パターンを発見して結論を導き出そうとする前に、無秩序を受け入れることだ。つまり、もっと木のように考える必要がある。どうやればいいのか具体的に見ていこう。

木のように考える

「木思考」は私にとっての救い主だ。このおかげで、どうにか日常生活をこなせている。たとえば通勤など、皆さんのほとんどにとっては当たり前のことが、私にとっては乗り越えられない壁へとすぐに変わってしまう。予想外の人ごみ、騒音、におい、計画どおりに進まない物事など、どんなきっかけからでもメルトダウンを起こしてしまうのだ。

ＡＳＤの私は確実さを切望しているのだが、だからといって、単純化された意思決定法が役立つわけではない。何が起こりそうなのかを知っていたいけれど、ＡからＢへの最も単純なルートを受け入れる準備ができているわけでもない（経験と絶え間ない不安から、そのルートが決してそんなに単純なものではないこともわかっている）。むしろ逆なのだ。見聞きするすべてのことに基づくありとあらゆる可能性のあいだを思考が駆け巡るのを止めるために必死になっている。私の世界では、約束は守られず、メッセージは放置され、時間の感覚が失われるのもしょっちゅうだ。屋根の上のクロウタドリを見かけたら、どうやってそこまで来たのか、次にどこへ行くのかといったことを考え始めてしまうのだから。雨上がりの舗道がレーズンのようなにおいを放っているのに気を取られて、街灯の柱にぶつかりそうになったこともある。

普通の人なら気づきもしないことに、私は気を取られてしまう。私の頭は、観察したことと経験したことについての未来の可能性を映し出す万華鏡だ。だからコーヒーショップのポイントカードを、スタンプは埋まっているのにまったく使わないまま、大量にもっている。そのカードが今よりももっと必要になるときがくるかもしれない可能性と、カードを使うそんな機会がくる前にこのチェーン店がなくなる可能性と、どっちのリスクが高いかを判断できないためだ。結果として、「とりあえず使わないでおこう」となってしまう。（注意してほしいのは、このような突飛な予想について、私はどれも間違っているとは思っていないということ。どちらも、まだ起きてはいないけれど、起きるかもしれないわけで。）

さらに、ＡＤＨＤのために、私の体感時間は伸び縮みして、ときには時間感覚が完全に消失せてしまう。情報が頭のなかを高速で飛び交い、足は落ち着きなく動き、震える。１週間分の思考と感情がたった1時間のなかに詰め込まれているように感じることもある。強い高揚感から落胆まで、気分は激しく揺れ動き、物事が素晴らしい方向に進むと考えた次の瞬間には、破滅的な考えに陥ってしまう。「やることリスト」の作成には、まるで向いていない。

同じ理由から、私は生産性を高めるために、作業環境をカオス的な状態にしている。そこらじゅうに紙を広げ、思いつくままに手あたり次第メモをして、それを自分の周りに適当に積み重ねて、部屋のホワイトノイズのなかに紛れ込ませるのだ。この「カオス」こそが私を刺激してくれるものであり、私の頭のなかの絶え間ない雑音を刈り取ってくれる草刈り機であって、そのおかげで私は集中することができる。学校で言われるのとは逆で、私の場合は静かな場所では集中することが難しく、それどころか静寂により生じるプレッシャーのせいで何もできなくなってしまう。

私の脳は、確実さを求めるのと同時に、カオスを糧《かて》としている。自分を機能させ続けるためには、あらゆることを考え抜きたいという自分のニーズと、いつどこに行くのかが正確にわかっている秩序ある生活への欲求とを、ともに満たせるようなテクニックを開発しなければならなかった。そこで登場するのが「木」である。

決定木を使えば、ときにはカオス的な方法になるけれど、なんらかの意思決定に到達できる。それは、可能性のある複数の結果のひとつかもしれないけれど、少なくとも自分が理解できている結果だ。私の頭はどのみち無数の可能性のあいだを駆け巡ってしまうのだが、決定木はそれに構造を与えてくれる。しかもその過程で、何かしら有用なものへと導いてくれる。自分が確信を得られて、かつ実行可能な、複数の選択肢についての結論を得られるのだ。私は何か一点に集中すると、周りの目には無関心で冷たい雰囲気に映ることがときどきあるのだが、それが避けられるという利点もある。

朝の通勤について考えてみよう。私が乗る電車はロンドンを通る。私にとっては、不安発作がいつ起きてもおかしくない状態だ。混雑した車内、騒音、におい、圧迫感のある空間。しかし決定木のおかげで、こうしたあらゆるものによってメルトダウンが引き起こされる可能性を最小限に抑えられる。私は乗る電車を決めているが、その到着が遅れたり、運休になったり、自分が遅刻したりした場合に自分がどうするかも決めている。座りたい座席と、その席が埋まっていたらどうするか、うるさかったらどうするかも決めている。メルトダウンのない旅を保証

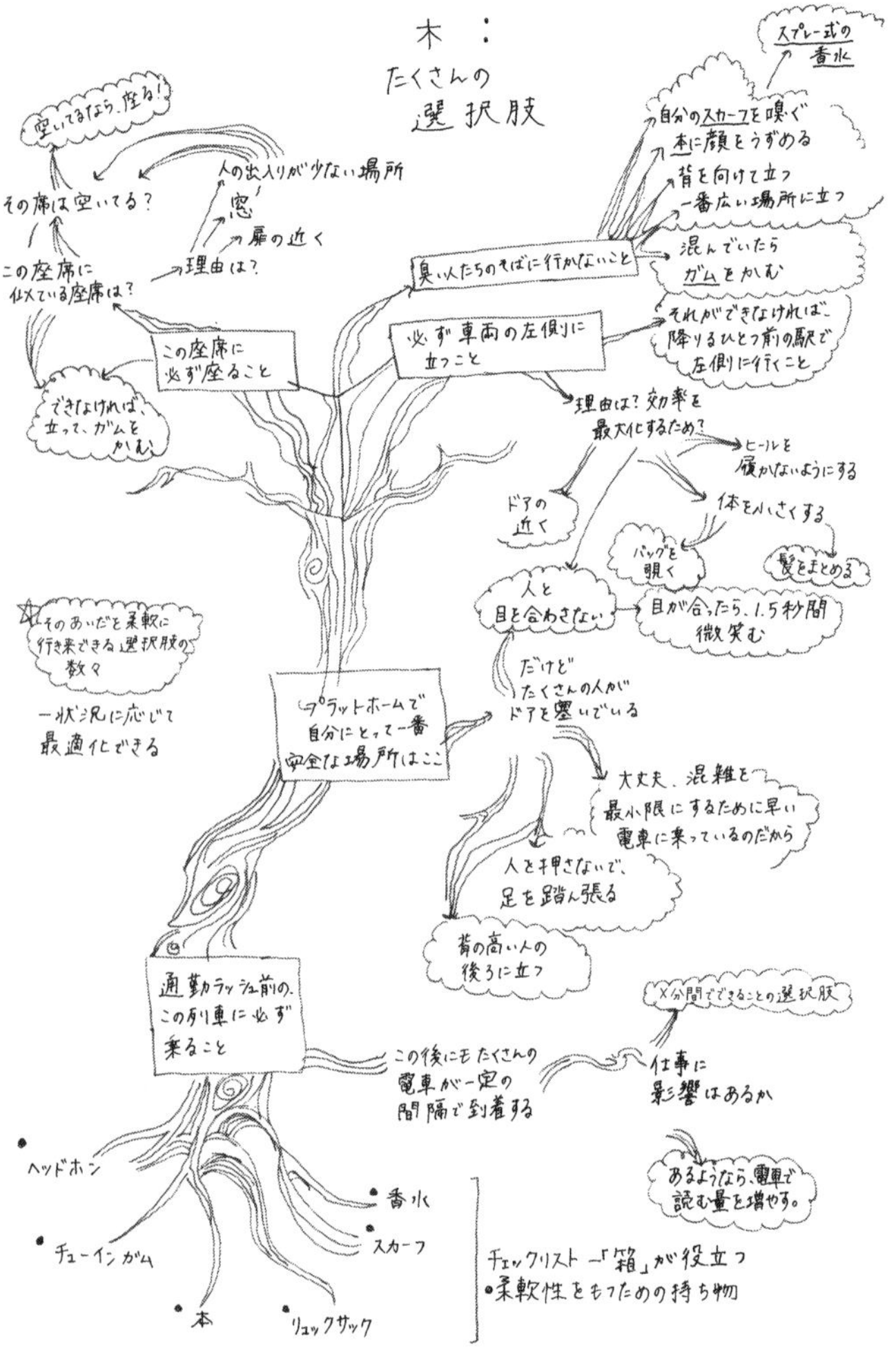
木：
たくさんの
選択肢
空いてるなら、座る！
その席は空いてる？
この座席に
似ている座席は？
人の出入りが少ない場所
窓
扉の近く
理由は？
この座席に
必ず座ること
できなければ、
立って、ガムを
かむ
スプレー式の
香水
自分のスカーフを嗅ぐ
本に顔をうずめる
背を向けて立つ
一番広い場所に立つ
混んでいたら
ガムをかむ
臭い人たちのそばに行かないこと
必ず車両の左側に
立つこと
それができなければ、
降りるひとつ前の駅で
左側に行くこと
理由は？効率を
最大化するため？
ヒールを
履かないようにする
体を小さくする
ドアの
近く
バッグを
覗く
髪をまとめる
人と
目を合わさない
目が合ったら、1.5秒間
微笑む
☆そのあいだを柔軟に
行き来できる選択肢の
数々
―状況に応じて
最適化できる
プラットホームで
自分にとって一番
安全な場所はここ
だけど
たくさんの人が
ドアを塞いでいる
大丈夫、混雑を
最小限にするために早い
電車に乗っているのだから
人を押さないで、
足を踏ん張る
背の高い人の
後ろに立つ
通勤ラッシュ前の、
この列車に必ず
乗ること
この後にもたくさんの
電車が一定の
間隔で到着する
X分間でできることの選択肢
仕事に
影響はあるか
あるようなら、電車で
読む量を増やす。
ヘッドホン
チューインガム
本
リュックサック
香水
スカーフ
チェックリスト ―「箱」が役立つ
•柔軟性をもつための持ち物

するために必要となる、ありとあらゆることをよく考えておく。通勤ラッシュが始まる前の、最善の時間について。列車の最もにおいのきつい場所から離れた、最善の座席について。プラットホーム上で待つべき最善の位置について。そして、そのいずれかが不可能になった場合に備えて、それぞれから枝を派生させて、よくしならせておくのだ。私は、確率の糸で操られる人形であり、糸は手綱《たづな》のように私を導いて動かし、おかげで私は枝から枝へと移ることができる。ガチガチのルーティンのような、少し力がかかると脆《もろ》くも崩れてしまうものではない、複数の決定木を通勤のために用意している。私は心のなかにあらゆるシナリオを抱えて生きているが、そのほとんどは実際に起こることはまずない。これまで起きたことがなくて、自分がパニックを起こしそうなシナリオにはこの先も遭遇しないよう願いながら、暮らしている。

自分が安全に移動できることを確信できるような決断を下す前に、私は心のなかでこの面倒な計画を立てねばならない。私が機能するために必要となる確実さを感じるには、カオスな見た目をした決定木が必須なのだ。

あなたからすれば、ものすごく面倒にしか思えないだろう（おそらくそのとおり！）。誤解しないでほしいのは、あなたの朝のルーティンを、私のように軍事作戦化するよう勧めているわけではないということ。私は必要に迫られてやっているのであって、こうしなければ私は押し潰されて家から出られなくなるのだ。だけど、この方法は誰にとっても役立つものだと思う。

もっと複雑な判断をしなければならなくなったときに――つまり、神経学的に定型な人の直感や方法が通用しない問題にぶつかったときに、使えるはずだ。

私のASDおよびADHDの脳にとっての課題とは、考えすぎて硬直しないようにすることだが、何も考えないのもまた問題だ。あらゆる大きな決定に関わるデータセットを十分に掘り下げないことには、多様な可能性とその結果を考察することも、さまざまな決定に応じて同時にルートを閉じたり開いたりするいくつもの木の枝を考えることもできず、実質的には目隠しをしたまま意思決定をするのと同じことになる。もちろん、未来を予測することなどできはしない。しかし、ほとんどの状況については、十分なデータポイントを集めて十分な可能性をプロットすれば、それなりのマップを作成できる。私が日々の生活のなかで、自分を安心させて、不安を和らげるために行っている方法が、人生で難しい決断をしようとしているあなたの役に立つかもしれない。決定木を使えば、わかっている事柄から始めることができ、最後には求めていた選択肢に手が届く。決まった結果をベースとしたお仕着せの方法ではなく、エビデンスに結論まで案内させて、あとは自分で複数の結果とその意味についてよく考えるようにすればよい。

そして木は、人々が好んで聞いてくる、あのイエス・ノーでは答えられないような混乱させられる質問の意味を理解するためにも必要だ。「今日は何をしたい気分？」などと聞かれて私が率直に答えるとしたら、「そんなのわからない」などと言ってしまうだろう。私にはなにか具体的な選択肢が必要なのだ。木の枝によって、完全なる自由というカオスから決定という制約に向かうルートを示してもらわなくてはならない。話をそらすという代替ルートまで開いてくれるような木なら、なおいい。木は、あらゆる意思決定につきものの、たくさんの事象や変数を、ルートマップのようなものに変えてくれる。結果として、会話はすべてジャングルをさまよい歩くようなものになるかもしれないが、少なくとも私にとっては、そこを抜けるための道を探すチャンスが生まれるのだ。

一方、意思決定に箱思考を使う場合には、たいていの場合、感情や直感の組み合わせを介することとなる。そのどちらも頼りにはならないことは、私と脳を交換してみればわかるだろう。ＡＤＨＤほど、感情が高ぶった直後に意思決定を行うのがどれほど大変かを理解しやすいものはないのだから。まあ、せいぜい楽しんでみてね。

よい意思決定とは、一般に、これが確実といった思い込みから生じるのではなく、エビデンスと呼ばれるカオスのなかから生まれるものだ。結論から始めるのではなく、下から積み上げて結論に達する必要がある。そのためには、登ることのできる木が必要なのだ。

では、どうやって意思決定するのか？

木を使えば理論的にはすべてうまくいきそうに見えるけれど、あまりに枝がたくさんある場合など、実際にはどのように決定すればいいのだろう。視覚化された素晴らしい複雑さのなかで、迷子になるリスクがあるのではないだろうか？

そのとおりでリスクはある（私の世界へようこそ！）。けれども、ご安心を。機械学習が再び助けになってくれる。大量のデータをふるいにかけて結論を導き出す方法について、アルゴリズムから学べることはたくさんある。そしてこれこそが、日常的な状況下で木の手法を活用するために、私たちがしなくてはならないことなのだ。

どんな機械学習のプロセスも、基本的に、「特徴量の選択」といって、ノイズから有用なデータを取り出すことから始まる。私たちはエビデンスを絞り込んで、どこかに導いてくれそうな情報に焦点を当てる必要がある。最初に、これから行う実験のパラメーターを設定するということだ。

では、その方法は？　いろいろとあるけれど、教師なし機械学習で最もよく知られる手法のひとつが「k平均法」だ。これは、データセット内で、データの関連性の高さに基づいて、指標となるクラスターを作成する方法だ。基本的には、似ているものや、共通する特徴をもつもの同士をまずグループ分けして一定数のクラスターをつくり、それを使って自分の仮定を検証し発展させる。自分でもどう展開するかがわからないので、生じる結果を偏見なく受け入れられる。最初はデータから推測できることのみに集中して、その後はデータそのものに任せればいい。

この方法は、私たちがいつも行っている意思決定と、そんなに違っているのだろうか？　些《さ》細《さい》な選択であろうと、人生を左右する選択であろうと、そこには必ずデータポイントがあって、私たちはそれらを確認し、クラスター化を試みることができる。たとえば、着る物を選ぶ場合なら、どの服を着れば気分がよくなるのか、何がその場にふさわしいのか、他の人はどう思いそうかといったことだ。外国での仕事を引き受けるかどうか決める場合なら、提示されている給与から、生活習慣、友人や家族との距離、将来的な仕事の希望まで、さまざまなことがデータポイントとなりうる。

大きな決断を迫られて「何から手をつければいいのかわからない」という状態なら、「特徴量の選択」をするのは悪くない。その選択がたとえ困難であっても、それによって数多くの代替案の検討が可能となり、より強固で力を発揮できる足場が得られるだろう。

まず、本当に重要なものを、単に気を散らせるようなものから切り分ける。そのときの主な基準とは、現在あなたがどう感じるか、あるいは将来あなたがどう感じそうかである。次に、共通の特徴をもつものをグループ化する。AからBへの移動に役立つもの、特定のニーズや野心を満たしてくれるもの、といった具合に。そうすると、これらのクラスターに基づいて、決定木の枝をつくったり、データポイント間の関連性を見つけたりといったことがだんだんとできるようになる。このプロセスは、あなたが向き合うべき本当の選択(問い)を明らかにするのに役立つ。それは、あなたが最初に思い浮かべる選択とは違っているはずだ(おそらく最初に思いつく選択はFOMO《フォーモー》(取り残されることへの不安)やソーシャルメディア上で知らない人から受けそうな批判が基準となっているだろう)。それらの要素は、あなたとは別の人たちの木の上に存在しているのであって、単純には比べようがないものなのに。

本当の選択は、「この赤いトップスか、あの黒いトップスか」、あるいは「この仕事か、あの仕事か」などでは決してない。これらは、あなたが本当に必要としている物事の、単なる象徴あるいは表現にすぎない。データを整理して、自身の決定木を構築して初めて、目の前にある選択をどう扱えばいいのかがわかるようになる。そして、意味のある結果、たとえば「これによって自分は幸せになって満たされるか」といった観点に基づく意思決定へと辿りつけるのだ。

私たちは意思決定を「イエスかノーか」の二択でできると思いたがるけれど、いつだってそれよりも複雑である。私たちは、簡単に見つかる選択のポイントよりももっと深く切り込んで、目の前の決断に関する感情、野心、希望、恐れといったデータを掘り起こす必要がある。そうして、それらすべてがどのようにリンクしていて、何が私たちをどこへ導くのかを理解するのだ。その作業によって、私たちはより現実的に、ある特定の選択が私たちに何をもたらすのか、あるいはもたらさないのかを考えられるようになる。また、私たちの人生にとって最も大切で根源的なことに基づいて、重要な事柄を決められるようになる。そして、私たちの周りに散らばっている「箱」には、あまりとらわれなくなる。箱は、私たちの情緒的な問題や即座の直感を反映しているにすぎない。多くの場合、どうあるべきか、どう振る舞うべきかという社会的な「べき論」の箱にこれらの問題や直感が詰め込まれて、そんな箱が積み上がっている（「若いうちに世界を見て回るべき」「海外に出てリスクの高い仕事など引き受けず腰を落ち着けるべき」などなど）。メンタルヘルスの面で差異があると、このようなべき論に負け戦を挑んでいるように見られることが多いのだが、それは私たちがこういった箱を当たり前のように自然に押しのけたり疑問を呈したりするからなのだ。

機械学習の過程からは、エビデンスをどう扱うべきかといったことも学べる。特徴量の選択とk平均法では、まだスタートラインに立っただけだ。結論に達するには、検証・反復・改善という段階がさらに必要となる。科学におけるエビデンスとは、検証されるべきものであって、石板か何かのように堂々と振りかざせるものではない。仮定を立てるのは、そうすれば検証したり改善したりできるからであって、どんなにもっともらしく見えても、仮定を人生における不変の指針として扱ってはならない。

自分たちの生活におけるエビデンスも、同じように考えるべきだ。最も好ましく感じられる1本の枝をなんとしてでも追求するのは大事だが、他のすべての枝に見切りをつけてはならない(ある選択肢が「正解」で、他の選択肢は「間違い」だと判断するのと本質的に同じになる)。自分が好ましいと思うものを試して、期待どおりにいかなければ、迷わず少し引き返して仮定を調整することだ。木の構造の美しさは、枝のあいだを易々《やすやす》と行き来できるその能力にある。一方、箱の場合は、見たところ無関係そうな箱から箱へと飛び移るのは不安だし、前進するための明確なルートもないので、結果的にどうしても後退することになる。どんなデータセットにも、固有のパターンや隠された真実、完全に無関係な事柄が混在している。それと同じく、私たちの人生も、ありとあらゆる種類の、進むべき道、分かれ道、袋小路でできている。エビデンスの並べ替えによって、追求すべきよいアイデアが見つかることもあるけれど、来た道を引き返してもう一度やり直す必要があるのなら、そこから目を背けてはならない。人生とは直線的ではなく枝分かれしているものなので、思考パターンもその現実に合わせる必要がある。

無計画なやり方だと思うかもしれないが、実際には、エビデンスを無視して一度下した決断に固執するよりも、これははるかに科学的で持続可能な方法なのだ。私たち人間も、機械がそう設計されているのと同じような方法で人生の道筋を決めることができる。つまり、より高い精度で、もっと積極的に、検証と学習と調整を行うようにするのだ。これは年齢を重ねるにつれてうまくなることでもある。年をとるほど、より多くの情報を集めるようになり、現実的な状況をより反映した、これまで以上に成熟した複雑な木々を頭のなかで育てることができるようになる。その差は、子どもの描く家の絵と建築家の描く家の絵ほどにもなるのだ。

ここで、よいお知らせ。皆さんは、すでにこの過程をある程度実践しているはずだ。こと完璧な写真を投稿する技術に関しては、ソーシャルメディアによって私たちの誰もが科学者になっている。どんな角度で、どんな人と物とを組み合わせて、撮影は何時で、どんなハッシュタグをつけるのか。私たちは、観察し、検証し、それを何度も繰り返して、世界に見てもらうための完璧な暮らしを記録するメソッドを、時間をかけて完成させている。インスタグラムでそれができる人なら、生活の他のことに対してもできるだろう。

エラーを受け入れよう

意思決定にこのアプローチを採用して、木思考や教師なしアプローチによってカオスと複雑性を自分のメンタルモデルに組み込むことで、私たちは、手に入るエビデンスに基づいて事象を予測し意思決定を行うための、さらに現実的な手法の開発を始められる。

この方法は単に役立つだけではない。拡大・縮小が可能で、柔軟性があり、私たちの現実的な生活の複雑さをより明確に反映している。また、この方法によって、物事がうまくいかないときや、うまくいかなかったと思われる状況で、より適切な対応が可能となる。

この点については、はっきり言って、人間よりも科学的アプローチのほうがよっぽどうまく対処できる。生化学者や統計学者であれば、エラー（誤差、期待値と測定値のずれ）でがっかりすることはない。エラーのせいでイライラしたり時間が余計にかかったりするかもしれないが、エラーとは必要不可欠で興味深いものでもあるのだ。科学はエラーのおかげで発展している。エラーがあるから、微調整を行い、改良し、根本的な仮定の誤りを修正できる。異常値や外れ値なくしては、研究対象の細胞やデータセット、数学的問題について、私たちが完全に理解することなどできはしない。

統計学で標準誤差を基本原理として使っているのはこのためで、期待や予測と一致しない事柄が常に存在するというのが前提だ。機械学習には「ノイズの多いデータ」がある。データセット内の情報ではあるが、そのままでは何の役にも立たず、意味のあるクラスター作成の助けにもならない。システムに含まれる自然なノイズを認識しないと、ビッグデータにおける処理はうまく進められない。ノイズ、エラー、平均からのずれについて調べて理解しない限り、最適化はできない。実際のところ、ある文脈におけるノイズが、次の文脈ではシグナルとなることもよくある。ある人にとってはゴミでも、別の人にとっては宝物なのと同じことだ。シグナルとは客観的なものではなく、個人が何を求めているかによって変わる。もし科学者がエラーの必要性を受け入れず、仮定に反することや仮定と一致しないことを興味深いと思わなければ、画期的な研究は絶対に生まれない。

一方、人々は、物事が計画どおりに進まないとき、なかなか楽天的ではいられない。電車が遅れたり、運休になったりしたときに、嬉々として標準誤差の見積もりを始めるような通勤客はそう多くはない。これは私たちが、誤りというものを、科学的なレンズではなく、感情的なレンズをとおして考えるように教えられてきたためだ。私たちは一般に、エラーを「失敗」というカテゴリーのしるしであると断定して、システムが機能していないとか、この事態をもたらした意思決定が完全に間違っていたなどと結論づける。しかし、たいていの場合、真相はそんな大仰なものではない。ほとんどの電車は実際に時刻表どおりに運行しているし、予想される圧倒的多数のシナリオにおいては、その意思決定でうまくいくはずだったのかもしれない。

ある種の挫折を経験したとしても、それはすべてが失敗したと結論づける十分な証拠にはならないし、システムや意思決定を全面的に放棄すべきだということにもならない。もしも歴史上の科学者や技術者がエラーに対してそのような対処法をとっていたとしたら、人類が達成した成果は今のほんの一部しかなかっただろう。日常生活においてさえも、人々が活気づくのは、物事がうまく運んでいないときだ。たとえそれが、電車の遅延や、いつも使っている待ち合わせスポットを他人に占拠されていたときの腹立ちであったとしても。

エラーに対して反射的に過剰反応するのは、箱思考の主な欠点のひとつだ。教師ありアルゴリズムと同じように行動すると、私たちは、すべてのデータポイントや状況に対して、二択の答えを用意してそのどちらかを押しつけることになる。「イエス」か「ノー」か、「正しい」か「間違っている」か、「ラット」か「ハムスター」か。そうなると、問題を適切な文脈で見る能力が制限されて、すべてのエラーが重大なものに見えてしまう。あの電車が運休になった、ゆえに自分の一日は台無しだ、といった具合に。このような思考が生み出すのは、全面的に正しい決定と全面的に間違った決定が常に存在し、その２つのどちらをとるかというギリギリの判断をするのが難しいのだという危険な錯覚だ（純然たる箱思考）。私の場合だと、電車を逃したというひとつの挫折によって、一日すべてが頓挫《とんざ》して、計画が狂ってしまったために、なしくずし的にメルトダウンに陥ることになる。

　現実は二択などではなくもっと微妙なので、問題を考えて判断を下すための技術もまた、もっと微妙でなくてはならない。箱を使うと、何か問題が起きたときにどこにも行き場がなくなる。唯一できるのはその箱に「失敗」というラベルを付けることだけで、最初からやり直しだ。木を使う場合には、あなたは代替の枝で囲まれている。つまり、あなたが頭のなかで思い描いていた、先へと進むルートがいくつもある。ひとつの結果が期待どおりうまく機能することにすべてを賭けたりしなければ、ルートの変更はずっと簡単だし、効率もよい。不測の事態に対してすでに計画を練ってあるので、役立つバックアップ案がたくさん残っているからだ。

　直感に反するけれど、機械学習は、私たちが意思決定する際に、機械的にではなく、より人間的に行うことを助けてくれる。機械学習は私たちに、「間違い」は当たり前のことで、現実のデータにつきものだと教えてくれる。本当に二択であることはほとんどなく、何もかもがパターンにあてはまるわけでも、反論の余地のないきっちりとした結論が得られるわけでもない。例外があるからこそ、ルールがある。機械学習の視点によって、私は恩恵を受けている。それは、機械学習が人間の本質的な部分であるランダム性や不確実性を取り除くからではなく、ほとんどの人間よりも易々とそれらを受け入れて同化させる方法を提供してくれるからだ。私は機械学習のおかげで、自分が恐れを感じそうな状況に対処するための計画を立てることができるようになり、物事がうまくいかないときの備えも綿密になった。

木のような思考が重要なのは、私たちを取り巻く複雑さを反映しているからだが、同時に立ち直る力を与えてくれるからでもある。何百年も前から生えている樫《かし》の大木のように、決定木はどんな天候にも耐えて立ち続ける。箱が踏まれて壊れて打ち捨てられた、そのずっと後までも。

第2章

生化学、友情、違いがもつ力

自分の宿命的な奇妙さを受け入れるには

タンパク質はチームワークと効率的な組織づくりのお手本であって、さまざまな種類のタンパク質がそれぞれの個性に合った役割を担っている。(p.75)

学校での私を説明するのに、「馴染《なじ》めなかった」というのはかなり控えめな表現だろう。

実際はこんな感じだった。どの授業でも私の隣の席には大人の専属の指導員が座っていた。教師が発する言葉に怯《おび》えると、私はメルトダウンを起こすか、制御できない神経系のチックに襲われた。巨大なチューブ入りの消毒クリームが大好きだったことも、いい方向には働かなかったと思う。

それはもうさまざまな面で私は同級生たちとは違っていた。10歳のときに、新しく来たヘルパーの口臭に耐えきれず辞めてもらうしかなかったけれど、誰かを解雇せざるをえなくなった経験をもつ小学生など果たしてどれだけいるだろうか。

子どもというのは、はみ出し者を集団攻撃するのが大好きなので、私はよくその標的にされた。「頭おかしいんじゃない？」「あの子、宇宙人だから」「動物園で暮らしなよ」(最後の言葉は、私としては気に入っていたけれど。)

ひどいことを言われたものだと思う人もいるだろう。ある意味では、そうだったのかもしれない。意地悪な言葉や陰口が身に染みてくると(投げつけられた言葉に敵意がこもっていたのだと本当にわかるまでにいつも何時間もかかった)、布団を頭からかぶって大声をあげた。羽毛布団の穏やかな静寂のなか、音が耳のなかで鳴り響き、熱い血流が頬に押し寄せ、ついには顔面がまだらに赤く染まって、髪の毛が脂汗でべとべとになるまで。

それでも、ある重要にして素晴らしい点において、これはありがたいことだった。校庭にたむろするどの社会集団からも仲間外れにされたおかげで、周りでは他に誰ももっていない鎧《よろい》を手に入れることができたのだから。気づくまでにずいぶん長くかかったけれど、他の子どもと違っていたために、私はある大きな利益を得ていた。この世界において神経学的に定型とされるほぼすべてのティーンエイジャーとは違って、私は同調圧力とは無縁の存在だったのだ（そうありたくなくて、本当に頑張ったのだけれど。）

高尚な理念だとか賢明さのゆえに、同調圧力から無縁でいたわけではない。私はただ、自分のことを、社会的状況のなかにいる者として捉えることがなかった。その社会的状況を単に理解できなかったからだ。しかし、集団の一員であることに興味がないからこそ、集団のリズムを自由に観察する立場にいられたし、実際にかなり注意深く観察した。昼休みには、校庭の奥のベンチに座って、それぞれの集団とその特徴に目を凝《こ》らしていた。サッカーの試合について意見を戦わせている集団や、いつも叫んだり笑ったりしている騒々しい集団があって、端っこには2～3人の小さなグループができている。私がいる場所からは、校庭の生態系全体を確認できた。

だが、そこで目にしたものによって、私は混乱してしまった。あまりに矛盾だらけだったから。特に、ひとりずつの個性と集団のダイナミクスとのあいだで矛盾が多く見られた。どうして人々は、一緒にいる相手によって、あるいは個別の状況によって、振る舞いを大きく変えるのだろうか。なぜ男の子たちは、声の高さや髪につけるジェルの量といった特定の行動を模倣することで、彼らが属する社会集団の平均に引き寄せられていくのだろうか。知らない人の前だと友達が急に振る舞いを変えるのを不思議に思ったことがある人ならば、私の気持ちがわかるだろう。自分が知っているはずの人が急に別の人の真似を始めることに、びっくりしてしまうのだ。

こういった、直感では理解しがたい、ひそかな社会的関係というものに、私は馴染まなかった。目には映らない「友情通貨」のようなものを皆がやりとりしているのはわかった。本来の性格タイプとは合致していない通貨だ。人々は、自分の見た目を変えて、友達になりたい相手を単に模倣して振る舞っているのだ。だけど、私にはその理由がわからなかった。社会集団に属するために、なぜ自分自身の何かを手放さなくてはならないのか理解できなかった。観察の結果わかったのは、社会的動物であるためには、人は自分らしくあることを許されず、独自の個性や好みはむしろ損なわれるということだった。

観察だけで人間の行動をモデル化するという試みは、うまくいきそうになかった。データが多すぎて適切に処理できないのだ。しかし、ある日、この問題の突破口が開けた。それは校庭でも化学実験室でもなく、週末に休憩室でサッカーを見ていたときのことだった。

私が注目していたのは、試合の流れではなく選手たちだった。声を張り上げて他の選手と常にコミュニケーションをとる選手もいれば、殻に閉じこもっているかのように自分のやるべきことだけに集中している選手もいる。フィールドを縦横無尽に駆けまわる選手もいれば、担当する範囲からほとんど出ない選手もいる。そこには、サッカーチームであると同時に、常に変化する状況に動的に対応し、それぞれのスキルや個性、視点を提供する個人の集合体があった。フィールドで22人の男たちがひとつのボールを蹴ってまわる以上のものだ。それは、人間の行動実験だった。しかも、十分な制約(ここではサッカーのルール)のもとで行われているので、有益な結論を引き出せそうだ。試験管で適当につくれるようなものよりもずっといい。

素晴らしい思いつきに興奮して、私は目を見開いた。この動的な挙動ならば、実際にモデル化が可能ではないか。私は立ち上がり、ほとんど怒鳴るように言った。「選手ってタンパク質みたい！」。我発見せり《エウレカ》！　決勝ゴールを決めたような気分だったけれど、同じ喜びに湧いた人々が押し寄せてきたりはしなかった。ぼんやりとした不安げな顔がいくつも私を見つめていた。「おとなしく試合を見てなよ、ミリー」

おそらく、このとき初めて、自分に理解できるレンズをとおして、私は人間の行動を見たのだ。サッカーチームという並外れて統制のとれたモデルは、タンパク質分子がいかに効果的に連携をとって人間の体の機能を維持しているかを連想させるものだった。

タンパク質は、私たちの体のなかで最も重要な分子の一種である。なぜかというと、それらが最も役割分担に長《た》けた分子たちでもあるからだ。タンパク質は、体の変化を捉え、伝え、その結果として行動を決定するという明確な役割を担っている。私たちの体が機能するのは、主として、タンパク質が自分の役割を理解し、仲間の役割も把握し、それを踏まえて行動しているからだ。チームの一員として働きつつ、まったく異なる個性と能力とを発揮している。ダイナミックでありながら決まった役割をもち、チームでの活動のなかで個々としても機能するタンパク質は、私たちが人間としてどのように組織をつくり相互作用をするのかについての新しいモデルとなってくれそうだ。

人間と同じく、タンパク質も環境に反応し、情報をやりとりし、決定を下し、それを実行に移す。しかし人間と違うのは、タンパク質が本当にそれを得意としているという点だ。性格からくる衝突や、個人的な問題、社内政治などに邪魔されることなく、本能的に協調的な方法で仕事をしている。しかも、タンパク質は周りに「溶け込む」努力をするのではなく、さまざまな化学的特性を調整・活用することによって、これを実現している。つまり、対照的な「タイプ」だからこそ補い合えるということを活かしているのだ。

タンパク質によるチームワークのモデルは、違いを抑制するのではなく最大限に活用するものであり、社会的状況において同質化へと突き進む人間の衝動、つまり溶け込みたいという人間の欲求よりもはるかに強力だ。私たちは、自分にしかない技術や個性を誇ることも周りとの差別化に用いることもせず、むしろそれらを隠そうとしがちだけれど、そのせいでどれほどの損害が生じていることだろう。

個人のもつ特異的な振る舞いや差異は、私たちの人としての個性となるだけではない。私たちの友達関係や社会的グループ、仕事上の関係を、より効果的に機能させられるものでもある。私たちは、人それぞれのあり方において、奇妙であるということを誇りに思うべきなのだ。そのほうが気分がよいというだけではない。それにより、物事がもっとうまく働くからだ。その一例が、私である。ＡＳＤとＡＤＨＤとＧＡＤは、多くの人が思い込んでいるような障壁などではなく、貴重でユニークな視点を与えてくれるスーパーパワーであることを、私自身が経験してきた。だが、さらにわかりやすい例がタンパク質だ。このタンパク質が私たちを動かしている方法を理解することで、あなたも違いの重要性について納得できるだろう。それをこの章で説明していこう。

愛すべきタンパク質

私がタンパク質をどれほど愛しているか、とうてい言い表せないくらいだ。タンパク質は、進化の素晴らしくカオス的なモジュールであって、タンパク質の機能が織りなすネットワークのおかげで、生物に命が吹き込まれる。子どもがペットや空想上の友達に人格を与えて、人間の行動について学ぶのと同じように、私はタンパク質に人格を見出した。人間と同じく、タンパク質は予測不可能で非線形の動きをする。ダイナミックで、不安定で、状況の変化や他の仲間たちとの相互作用からの影響を受けやすい。タンパク質は、私の心のなかにあるのだ(文字どおりで、心臓にもある)。

人間と同じで、タンパク質の種類はひとつだけではない。たくさんの種類があって、目まぐるしいほど多様な機能をこなして、体の動きを維持したり、私たちを危険から守ったりしている。これらの役割は、それぞれの形態と構造によって決まる。人間は集団のなかでさまざまな行動をとり、多様な仕事を担い、それぞれに異なる社会的機能を果たしているが、その大部分が性格のタイプと人生経験によって決まっているのと同じことだ。タンパク質にも、内向的なタイプと外向的なタイプ、指導者と追随者がいて、ゴールキーパーもいれば攻守の両方をこなすミッドフィールダーもいる。

このように、タンパク質は人間の行動の側面を反映しているので、その説明に役立つ。しかし、それだけではない。タンパク質は同調圧力や感情的な浮き沈みとは無縁なので、人間がどのように行動しうるかということの理想形としても理解できる。感情や自意識に振り回されることなく、目の前のニーズに集中して、エネルギー的に自分たちに最も有利になるように行動するのだ。タンパク質は他の微小分子の意見を特に気にしないので、仲間に受け入れられたいだとか、他者と同じようにしなければといったことに気を遣う必要はない。むしろ、異なるスキルを最大限活用したチームをつくり、違いのもつ力によって成功を収める。

タンパク質は、私が人間の行動を理解するための基礎となったが、それは偶然のことではない。そもそもタンパク質は、あらゆる生化学の基本要素なのだ。タンパク質の性質や挙動を理解しなければ、細胞がどのように形成され、変異し、相互作用するかの理解などできない。つまり、人の体内で水に次いで最も多いタンパク質のことを知らずして、体が機能する仕組みを理解することはできないのだ。タンパク質の機能はたくさんある。たとえば、食べ物を消化するための酵素も、病気と闘うための抗体も、体中に酸素を運ぶための分子（ヘモグロビン）も、すべてタンパク質である。また、私たちの皮膚、髪、筋肉、主要な臓器にとって、タンパク質は不可欠な素材でもある。

つまり、人体の構成要素であるタンパク質がなければ、人類は存在しえないのだ。そして数年前の私にとっては、タンパク質についての知識から始めなければ、人間についての理解はありえなかった。

ところで、私のサッカーに関する直感が、すべていいものだったわけではない。たとえば、2013年にサー・アレックス・ファーガソンが監督を引退してからは、マンチェスター・ユナイテッドを応援するのはあまりよい選択とは思えなくなったしね。だけど、タンパク質と人間の類似点については、私は間違ってはいなかった。その類似点に気づいたことは、私の人生にとって重要な意味をもっている(今や悲しくも低迷しているマンチェスター・ユナイテッドの長い成功の歴史にとって、ファーガソンが重要な意味をもつのと同じように)。

タンパク質の4段階

人体の機能にとってなくてはならないタンパク質だが、その行動と段階的な発達は驚くほど人間と似ている。これは、タンパク質分子が段階的に変化する様子と、人間の発達との類似性を確認することで見えてくるはずだ。

タンパク質は、その命が始まったときには一次構造をとっている。顕微鏡で見ると、茹でた１本のスパゲティがいろいろな方向にくねっているようだ。デザインとして柔軟性があり、特定の構造に縛られていなくて、さまざまな役割に対応できる。人間の消化器官には、体内に入れたどんなものでも分解できる一種類のタンパク質というのは存在しない。デンプンを分解するアミラーゼ、脂肪を分解するリパーゼ、タンパク質を分解するプロテアーゼ（そう、タンパク質を分解するタンパク質があるのだ）など、主な食品群ごとに異なるタンパク質が必要だ。

もちろん、構成要素であるタンパク質それ自体にも、「アミノ酸」というさらなる構成要素がある。一次構造はアミノ酸というコード（記号）の固有の並びによって決まる。その並びは、私たちの生理機能を根本的にコーディングしているＤＮＡの遺伝子配列によって事前に決まっている。ひとつのタンパク質分子を構成する何百というアミノ酸の、ほんの数個が違っているだけで、細胞内でどんな姿をとるのかが変わるし、たとえば目の色のような外見への現れ方（表現型という）が大きく変わることもある。

私たち人間と同様、タンパク質も生成された瞬間からその運命がある程度決まっている。遺伝と養育の産物である人間は成長するにつれて適応し変化するが、それと同じように、タンパク質もまた適応し変化する。タンパク質の折り畳みも人間の心も、生化学的相互作用の精妙なバランスとして生まれ、固有の配列と周囲の環境の組み合わせによって決定される。つまり、生まれと育ちの両方が関わっている。タンパク質の最初の配列によって、その方向性は決定づけられるかもしれないが、実際の形と機能は、この第2段階になって初めて明らかになる。ほとんどの場合、最初の「スパゲティ」構造はあまりに不安定なため正常に機能しえない。そこでタンパク質は第2形態へと姿を変える。自分自身を折り畳むことで、目的を果たすことのできる、より安定な3次元の構造をとるのだ。これは人間が、這うことによって自分で動けるようになるのと似ている。

この二次構造の形成は、タンパク質の目的を決定するための次の段階である。たとえばケラチンという繊維状タンパク質は、羊毛や人毛、爪や、鳥の鉤爪《かぎ》など、あらゆるものの主要な成分である（シャンプーやコンディショナーにαケラチンが配合されていることがあるのは、髪の毛の成分だから）。第2段階で、ケラチンがαヘリックス（らせん）構造をとれば、そのコンパクトさと剛性により生体の強靭な素材となるし、βシート構造をとれば、より緩く平らで柔らかい素材となる。後者は、蜘蛛《くも》の巣や鳥の羽根、多くの爬虫類の防水性のある皮膚などに見られる。

しばらくすると、二次構造は、今度は自分自身と相互作用して、配列と環境に応じてさらに高次の構造を形成する。筋肉には、ミオシン（太いもの）とアクチン（細いもの）という2種類のタンパク質がある。上腕二頭筋が収縮するためには、この2種類が相互作用しなくてはならない。

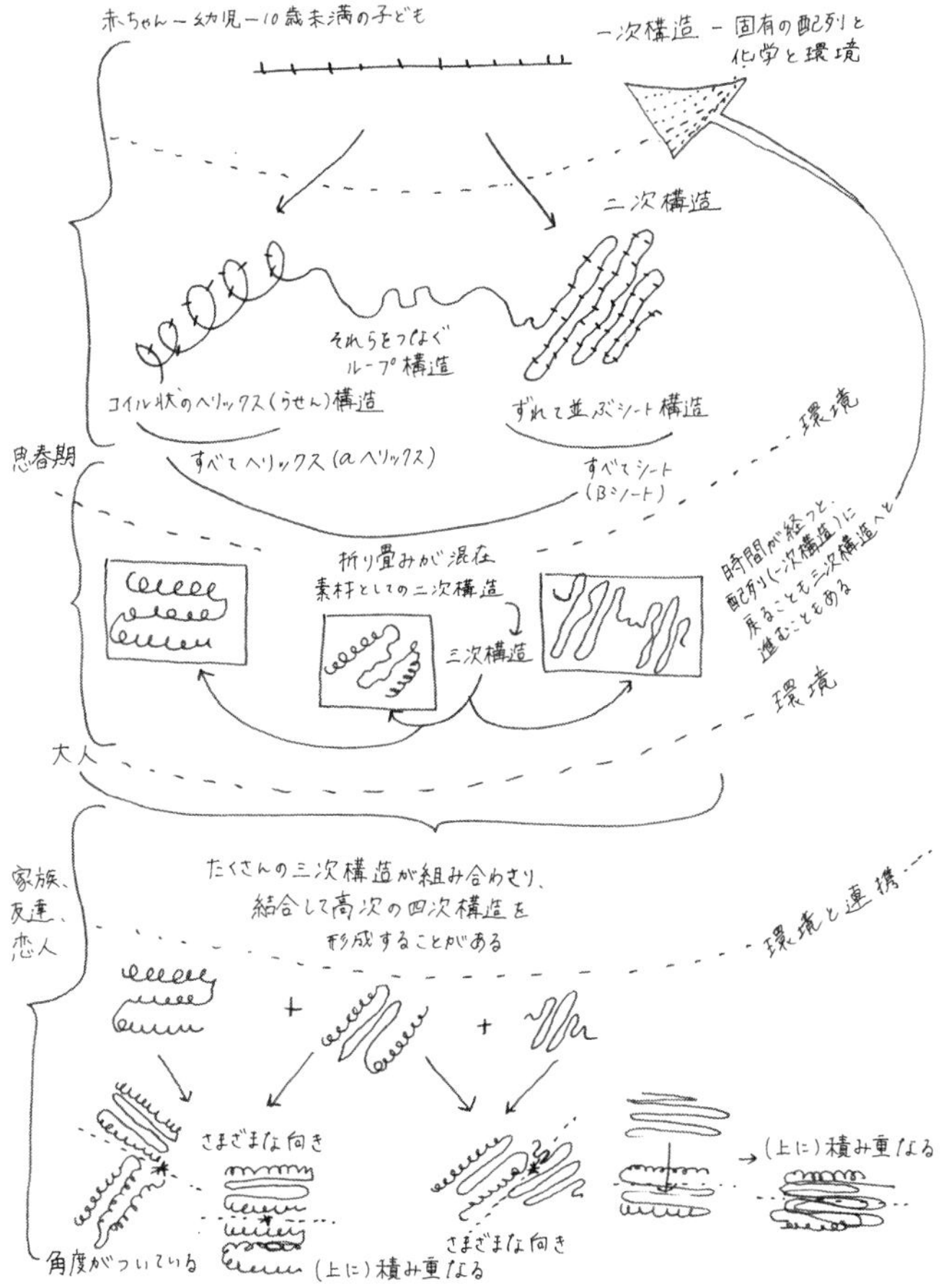
赤ちゃん ― 幼児 ― 10歳未満の子ども
一次構造 ― 固有の配列と
化学と環境
二次構造
それらをつなぐ
ループ構造
コイル状のヘリックス（らせん）構造
ずれて並ぶシート構造
すべてヘリックス（αヘリックス）
すべてシート
（βシート）
環境
思春期
時間が経つと、
配列（一次構造）に
戻ることも三次構造へと
進むこともある
折り畳みが混在
素材としての二次構造
三次構造
環境
大人
家族、
友達、
恋人
たくさんの三次構造が組み合わさり、
結合して高次の四次構造を
形成することがある
環境と連携
さまざまな向き
(上に) 積み重なる
角度がついている
(上に) 積み重なる
さまざまな向き

具体的には、ミオシンが化学エネルギーを使ってアクチンを蹴り飛ばして、両者が互いに滑りあうことで収縮が起きる。今あなたがこの箇所を読むために本書を持ち上げていられるのは、その仕組みのおかげなのだ。

これを実現するには、さらなる折り畳みによって、高度で特殊な三次構造をつくる必要がある。こうしてタンパク質は、特定の仕事のために適応し、特殊化し始める。私たちの多くが、科学者や医者、弁護士などになるための専門的な訓練を受けるのと同じようにね。

三次構造は、タンパク質の発達の最終段階を表している。ここまでくると、これ以上折り畳まれてさらに複雑な形になることはない。しかし、実際に形を変えることはある。さまざまなパートナータンパク質と結合して、多種多様な機能を発揮するのだ。これは私の母が言うところの、人間として「調理がすんだ」段階だ。個人的・専門的な発達というオーブンから出て、完全に機能する大人となり、独り立ちをして自分の人生を歩む準備ができた状態である。タンパク質も人間と同じで、独立して行動し、他者と協力して効果的に働くことができるようになる、自立の瞬間があるのだ。

この最後の四次構造は、発達がさらに進んだ段階ではなく、タンパク質がとりうるあらゆる形状と、形成しうるあらゆる結合だと考えればよい。たとえばアクチンは、筋肉を動かす以外にも、細胞同士を接着したり細胞が体内を動き回るのを助けたりするなど、免疫系において、そして傷を治すための細胞組織の形成において、重要な役割を果たしている。アクチンは小さな存在だが広い用途をもち、間違いなく、人体というチームのなかでもとりわけ働き者のミッドフィールダーなのだ。

職場の自分と家庭での自分が、まるで別人のように感じられることはないだろうか？　それは四次構造のタンパク質が、条件や状況に適応してさまざまな役割を演じるようなものだ。体のエンジンをスムーズに動かし続けるための求めに応じて、いくつもの役割を担っている。四次構造のタンパク質は多用途性のお手本であり、必要に応じて次から次へと用途を変える。私たちの誰にとっても参考になるけれど、特に私にとっては、人間の行動のまた別のややこしい側面を、つまり状況が変わると人は必ずしも一貫した行動をとるわけではない理由を理解するために便利な手段である。とはいえ、この種の進化については、人間よりもタンパク質のほうがはるかに優れているように思える。タンパク質はためらいなく形や機能を変える。ところが、人間はしばしば決まった型にはまってしまって、自己成長の必要性を受け入れるのに苦労し、タンパク質のように環境の変化に適応するのではなく、むしろ変化に抵抗してしまうのだ。

15歳の私は、人を見るだけでは理解しがたかったことを、タンパク質を含む細胞を詳しく調べることによって、つまりタンパク質がどのように進化・成長するのかを観察し、タンパク質の相互作用が動的で状況に応じたものなのだと気づくことによって、だんだんと理解し始めていた。私たち科学者は、タンパク質やその働きについてわかっているすべてのことを定義・分類したくなる。しかし実のところ、タンパク質は、自身がその基礎を提供している人間と同じく、あらゆる点において移り気で、気まぐれで、とらえがたい存在でもある。

けれども、単独ではなく集団での行動となると、タンパク質には大きな利点がある。感情的な衝動に邪魔されることなく、また他人にどう思われるかを気にすることもなく、客観的に最も効率的な方法で自分たちを自由に組織化できるのだ。タンパク質のチームは行動がすべてで、駆け引きなどは何もない。ただ、なすべきことをなし遂げる。では、どのようにしてそれを実現するのか、見ていこう。

個性が生きるチームワーク

ほとんどの人が、自分の友人たちについて、てんでばらばらな性格をしているものだと思うのではないだろうか。外向的な人もいれば内向的な人もいる。コミュニケーションの上手な人、行動を起こす人、共感を示すのが得意な人などさまざまだ。一方で、私のように、誰かを慰めたいときにどのくらいハグを続ければいいのかを人に聞かないとわからない人間もいる。(気になった人のために。2〜3秒が適切。本当にひどい失恋をした人が相手ならば4秒。)

人は、気づかないうちにそうなっていることも多いが、自分の性格を反映して、それぞれが異なる役割を担っている。どんなグループでも、主導権を握るのが楽だと感じる人もいれば、誰かに決めてもらうほうがいいという人もいる。自分の考えをはっきり表明するのが好きな人もいれば、ほのめかすだけの人もいる(困ったことに)。

このどれをとっても偶然ではない。細胞性生物から職場に至るまで、人間でも動物でも分子でも、すべての集団行動はなんらかの階層構造とひとそろいの関係性によって説明できる。そして、この階層構造と関係性は、性格と生理学とによって決定されるのだ。たとえば、ミツバチのコロニーにはいろいろなタイプのハチがいる。巣をつくり、守り、餌まで集める働きバチ。社会をまとめ、頂点に君臨する女王バチ。そして仕事といえば交尾だけ、繁殖期を過ぎると巣から追い出される雄バチ。つまりコロニーは、ミツバチに異なるタイプがあり、それぞれが広範な役割を担い、互いが発するさまざまなシグナルを感知する能力をもつという多様性によって成り立っている。

ミツバチのコロニーと同じで、細胞性生物も社会集団も、さまざまな構成単位(タンパク質や人間）がコミュニケーションをとる方法を調べることで理解できる。友達のグループで遊びに行く場所や見る映画を決めるときと同じようなことが、細胞のなかでも行われている。異なるタイプのタンパク質がさまざまな情報を伝達し、さまざまな動きをすることで、必要な機能を実行しているのだ。

少なくともこれが効率的な組織の背後にある理論であって、細胞の構造や動物界で観察されるものである。人間の行動はというと、実際のところ、はるかに厄介であることが多い。自分自身の友達のことや、社交の催しの幹事を自分がうまくできるかどうかを考えればわかるはずだ。日時をすり合わせて、場所を押さえて、出席者を確認するまでにどれほど時間がかかることだろう。その作業のうち、自分が本当はやりたくないことや、まったく向いていないことをやっている部分もあるのではないだろうか。繰り返しになるが、効率的で調和のとれたコミュニケーションと行動とが必要なのに、それは往々にして、和を乱したくないという思いや他の人たちから評価されたいという願望によって覆される。

一方で、タンパク質がつくるのは、感情的な譲歩や社会的な駆け引きなどとは無縁の、驚嘆すべき効率的組織だ。このことは「細胞シグナル伝達」というプロセスを見ればわかる。基本的に、さまざまなタンパク質が協力して、体の変化を感知し、その情報を互いに伝達し、それをもとに決定を下すという仕組みである。

私はこの細胞シグナル伝達をモデルとすることで、自分がこれまで観察してきた人間の行動をタンパク質を介して理解できるのか、そして、タンパク質は人間のためのより優れたモデルになりうるのかを検討することにした。私が考えたのは、タンパク質の振る舞いを、マイヤーズ＝ブリッグス・タイプ指標（ＭＢＴＩ）と対応づけるという方法だ。この指標は、人の性格が８つの異なる属性のどれに合致するかを見て――外向（Extraversion）か内向（Introversion）か、感覚（Sensing）か直観（iNtuition）か、思考（Thinking）か感情（Feeling）か、判断的態度（Judging）か知覚的態度（Perceiving）か――その人の性格や振る舞いを最もよく示している４つの属性で性格を表すというものだ。

この作業を進めるうちに、思っていた以上に、タンパク質が人間を表現するものとして優れていることがわかってきた。後ほど説明するが、ある面において、タンパク質は人間の性格タイプの有効な代理物となる。しかも、タンパク質によって、さまざまな「タイプ」が共存する様子がわかるだけではない。共存し協調することが実際にどう力を発揮するのかを示すモデルとなり、自分の個性を隠すのではなく表現することの重要性を学ぶことができるのだ。

以下に、よくあるタンパク質の性格について、そのいくつかを紹介しよう。

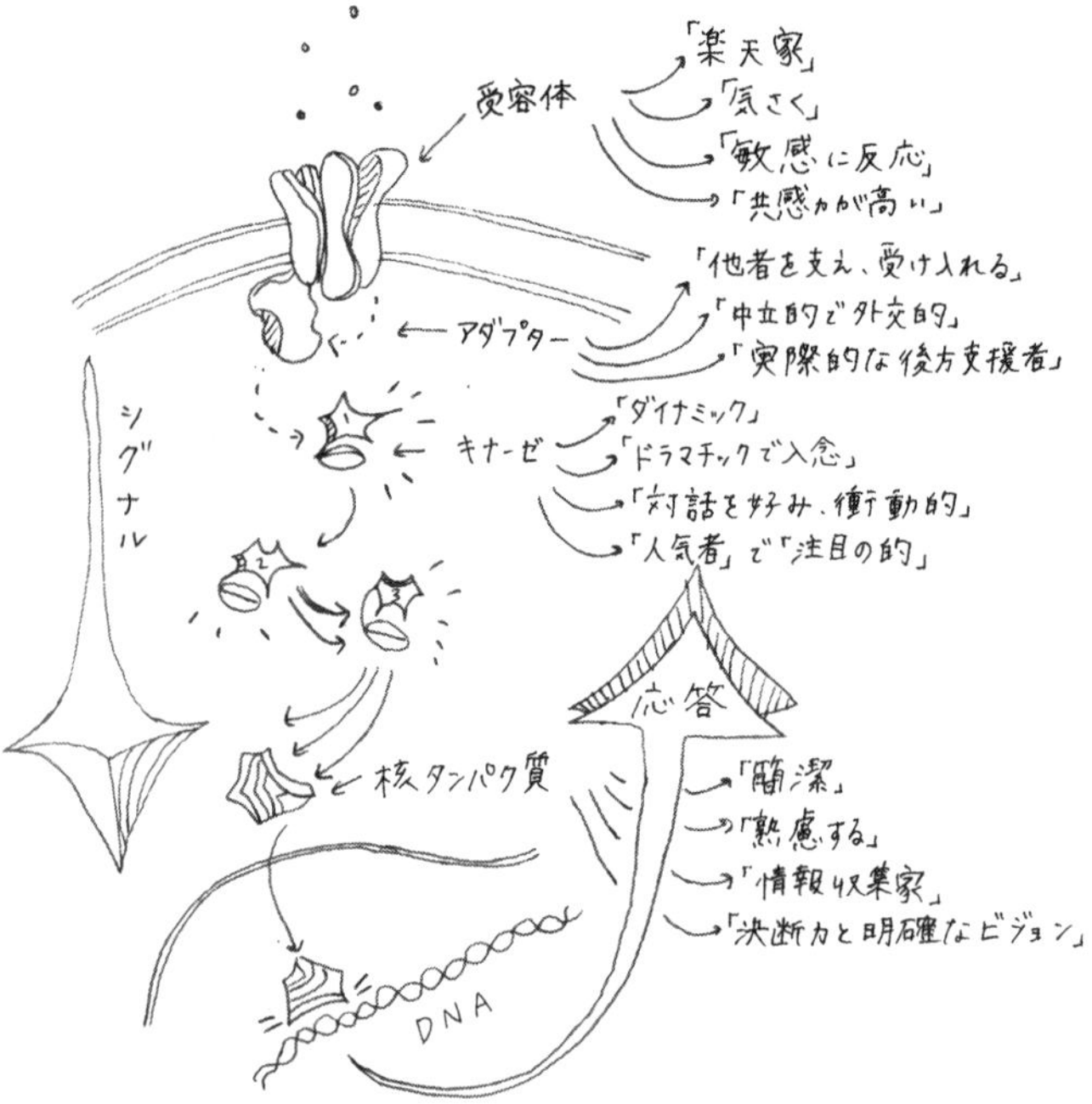

受容体タンパク質

体内のあらゆる細胞にとって、最初にコンタクトをとるのが受容体タンパク質だ。このタンパク質は、血糖値の急上昇など外部環境の変化を感知すると、細胞内の他のタンパク質にシグナルを送って、処理をその先へと進めてもらう。受容体タンパク質は、グループのなかでも特に共感力の高いメンバーだと思えばいい。誰かが不快な思いをしているときや、議論がこじれかけているときに、それを本能的に察知できるのだ。意思決定をするわけではないけれど、橋渡し役となって、仲間たちと協力して働く。

受容体タイプの人は楽天家で、さまざまな社会集団を苦もなく行き来する。複数のグループに所属できて、グループ間でのコミュニケーションを担う。マイヤーズ＝ブリッグス・タイプ指標でいうとＥＮＦＰあるいはＥＮＦＪに相当するだろう。ＥＮＦＰは「大いに情熱的で独創力があり、人生を可能性に満ちたものと考え、出来事と情報とを即座に結びつける」性格で、ＥＮＦＪは「温厚で、共感力があり、敏感に反応し、責任感がある。他者の感情やニーズ、意欲に対して非常に敏感」な性格だ。

察しのよい彼らは如才ない社交家で、他者との交流が気楽にでき、場を和やかにすることに長けている。

アダプタータンパク質

細胞シグナル伝達の次の段階で力を発揮するのが、アダプタータンパク質だ。受容体タンパク質にくっついて、細胞内に情報を伝達するための最善の方法を決定する。細胞の最初の「意思決定」機関であって、次はどのタンパク質を、あるいはどの「キナーゼ」を活性化させて、どのようなメッセージを細胞の他の部分に伝達するかを決める。アダプタータンパク質が、最初のシグナルを、その後の伝達や処理ができるようなメッセージへと変換する。

私の見たところ、アダプタータンパク質は、大騒ぎせず、冷静沈着で、他者をサポートするのがうまく、注目を求めないタイプに思える。私は「アダプター」タイプの人とうまくやっていけることが多いのだけれど、彼らは偏った判断をせずに、異なる性格タイプの人のあいだをそつなく取り持つのがとても上手だ。受容体タイプと同じく、アダプタータイプの人もコミュニケーションを担うものの、積極的に友達を増やすようなやり方ではない。最も望ましい結果に向けて地ならしをする、いわば世話役なのだ。

アダプタータイプの人は、ＥＳＴＪ（「実際的で、現実的で、事実に即している。決断力があり、決定したことをすぐ実行に移す」）あるいはＩＳＴＰ（「寛容で柔軟、静かに状況を見守るが、問題が起きるとすぐに動いて実行可能な解決策を探す」）である。大声をあげたり、しゃしゃり出たりはしないが、彼らがいなければ、グループはバランスが崩れてばらばらになるかもしれない。

タンパク質キナーゼ

シグナルがタンパク質キナーゼ（酵素）に到達すると、物事が本当に動き始める。キナーゼは生化学反応を勢いづける存在だ。簡単にいうと、キナーゼの触媒によって、反応を促進する物質や相互作用する物質へと化学エネルギーが移動し、これにより細胞が変化に応答するために必要となるすべての機能が動き出すのだ。

「あなたは少しキナーゼっぽいよね」と友人に言ったことがある。称賛し、元気づけるつもりの言葉だったのだけれど、期待していたような同意を示す反応は得られなかった。説明不足だったかと、「キナーゼは、細胞のなかでも特にプロミスキュイティがあって人気のあるタンパク質のひとつなんだよ」と言ってみたものの、やはり彼女からは肯定的な反応は返ってこなかった。（専門用語の機能的プロミスキュイティとは、タンパク質のもつ、触媒している主反応と並行して有益な副反応を引き起こす能力のこと。そういえば「プロミスキュイティ」という言葉には専門的な文脈でない場合、「誰とでも性行為をする」みたいな意味もあるから、友人にあんなことを言ったのは確かに問題だったかも……。）

キナーゼの人々は完全に外向的なタイプ。パーティーでは主役となって、他の人たちとの親密で頻繁な触れ合いを楽しむ。いつだって、握手に、ハグ、ボディタッチ、頬へのキスばかり（恐ろしい……）。

彼らは社交の中心となってエネルギーを与える存在で、パーティーや注目を浴びることが大好き。マイヤーズ＝ブリッグス・タイプ指標でいうと、ＥＮＴＰ（「迅速で独創的、刺激を与え、注意を怠らず、率直に意見を述べる。（中略）同じことの繰り返しに飽きる」）、あるいはＥＳＴＰ（「今ここに集中し、衝動的で、他者と共に活動する一瞬一瞬を楽しむ」）、あるいはＥＮＴＪ（「率直で決断力があり、すぐにリーダーシップをとる」）にあたるだろう。

社交上の派閥をつくって支配力を発揮するという点で、キナーゼは必ずしも私が好きなタイプではない。私の感覚処理ではあの表現力とエネルギーに耐えられないので、個人的にはなるべく避けるようにしている。しかし、あなたがパーティーに参加して、盛り上がりに欠けるなと思った場合には、それはまだキナーゼが到着していないのかもしれない。

核タンパク質

他のタンパク質にも伝達や触媒の働きがあるけれど、受け取ったシグナルを細胞の応答に変える働きができるのは核タンパク質だけだ。これまで説明してきたすべてのタンパク質の活動は、核内のタンパク質へと行き着く。核とは、細胞の活動を調整する、細胞の「頭脳」である。細胞がどのように応答し、実際に何が起こるかを決めるのは、核なのだ。

たとえば、怪我をして出血し始めると、体は傷ついた血管を修復する必要があることに気づく。この問題を感知するのは受容体で、複数のキナーゼを順に経て、核タンパク質（この場合はＨＩＦと呼ばれる）に伝達される。ＨＩＦはこれに応えて、血管の生成を増加させるタンパク質をつくらせて、損傷した細胞により多くの血液が流れるようにする。この仕組みは、思わず血が騒いでしまうほど素晴らしい（血管だけに）。核タンパク質はこの船の船長であって、特定の状況下でどのボタンを押せばよいかを知っており、上流にいる氷山監視役のおかげで状況を把握する。そして、受容体が集めてキナーゼが伝えてきた情報が確実に対処されるようにしている。すべての細胞に核がひとつあり、すべてのサッカーチームにキャプテンがひとりいるように、すべての社会集団には他の全員から重要な決定を任される人物がいるものだ。このような人々は、キナーゼの人たちよりも落ち着いていて、集中している。そして、物事がよく見えるような場所に座っている。

彼らは非常に集中力が高く、専門性があり、多くの場合、予想以上に内向的だ。マイヤーズ＝ブリッグス・タイプ指標でいうと、ＩＮＦＪ（「公益のために最適な方法についての明確なビジョンをつくりあげる。ビジョンを実行するための能力が高く決断力がある」）、あるいはＩＮＴＪ（「考え方が独創的で、自分のアイデアを実行し目標を達成するために非常に意欲的。外部での出来事におけるパターンを素早く見抜き、長期的な探索的視野を備えている」）に相当する。

「核タンパク質」の人々がいつも、あるいは頻繁に、注目を集めることはないはずだ。しかし皆からボスとして認められていて、彼らの言葉が最終決定となるのが常だ。

このように、タンパク質はチームワークと効率的な組織づくりのお手本であって、さまざまな種類のタンパク質がそれぞれの個性に合った役割を担っている。すべての役割が、体を効率的に機能させるために必要とされる。タンパク質は互いに嫉妬することも、別の役割を欲しがることもない。エゴは少なく生産性は高いという環境なのだ。どの職場でも、どの友人関係でも、同じことが言えればいいのだけれど。

タンパク質という有効なお手本は、さまざまな形で、私たちのために役立ってくれる。私の場合、タンパク質を研究したおかげで、人間関係を築いたり、社会的な状況に対処したりする方法を確立できた。自分自身のタンパク質のタイプと性格のタイプを理解するのは処世の助けとなる。人とコミュニケーションをとる際に、どう関わって自分が望む結果を得るかについて最適な方法を見出せるのだ。私の場合でいうと、自分と話をしてくれる可能性が最も高くて、メッセージを他に伝えるのに最適なポジションにいる受容体タイプと会話を始めるのが一番よさそうだとわかる。あるいは、たいていの場合、最終決断を下すのは、一番大声で騒いでいるキナーゼではなくて、じっと考え込んでいるように見えるかもしれないけれど実は本当の権力をもっている核タンパク質だと気づけるということだ。人間や社会の動きは、私たちのように直感的な理解力のない者はもちろん、理解力があると思っている人たちにも不可解に見えることがあるだろう。しかし、私は長い時間をかけて、解読し理解できるパターンがそこにあることを確かめてきた。ときにはなんのパターンもなさそうに見えることもあるけれど、その原因はたいてい、グループを構成するメンバーの多様さ、メンバー同士の相互作用の性質、各メンバーが反応している外的要因にある。もしあなたが自分のタンパク質を理解すれば、あなたの周囲の人々がどのように考え、行動し、決断するのか、さらによく理解できるようになるだろう。

私自身はというと、一番似ているタンパク質は状況に応じて変わる。生来の気質からいうと、私はアダプタータンパク質か核タンパク質だ。周囲で何が起きているかを観察するタイプであって、積極的に飛び込むことはあまりない。しかし、気の合う仲間と一緒にいるときや仕事で専門分野のことを議論するときなど、状況が整えば、横にいる外向的な人に合わせて活発なキナーゼになることもある。ひとつのスタイルを選んでしがみつかねばならない理由など、どこにもない。状況に応じた適応能力をもつのは普通のことであって、タンパク質的な振る舞いをよく反映してもいる。

私はタンパク質について理解することで、なぜ学校の他の女の子たちが自分とはまったく違う理由でイライラするのかがわかるようになった。彼女たちは、雨で髪の毛が濡れたり、先生からボタンを上まで留めるように言われたりすると、いらつくのだ（まるで受容体タンパク質のように、外界や、外界が自分たちをどう知覚しているかに対してものすごく敏感だったり、キナーゼのように注目されたがっていたりする）。そんな理由でどうして悲劇のヒロインのような反応をするのか、私には本当の意味では「理解」できなかったけれど、少なくともそんな彼女たちのために役立てるようにはなった。突然の雨に備えて、いつでも傘を持ち歩くようにしたのだ。

他にも、タンパク質のおかげでわかったことがある。「周囲に溶け込む」ためには、ただ自分らしくあるのが一番だということだ。10代の一時期、頑張って自分を変えれば他のみんなと同じようになれると思っていた。同級生の振る舞いを真似すれば、みんなが興味をもっていることや動作、言葉遣いを身につけられると思ったのだ。

私は、女の子のグループに溶け込んで、ただ楽しく過ごしたかった。彼女たちと同じことをして、同じようにジョークを言い合って、同じことではしゃぎたかった。普通でありたかった。心の底から。もちろん、まずはそのためのリサーチに取り掛かった。「10代の普通の女子になるには」でグーグル検索したところ、ものすごく具体的な説明を見つけた。そこには、パンプキン・スパイス・ラテや、パファー・ジャケット、小さいけれど意味ありげなタトゥーが大好きな人々だと記されていた。そこでパファー・ジャケットを買い、ラテを飲んだ。そして、青春ドラマの『ドーソンズ・クリーク』と恋愛リアリティ番組『メイド・イン・チェルシー』を見ることにした。なんとかして、溶け込むためのヒントや接点を見つけたかったのだ。それなのに、当時ものすごく人気があったこの番組を見ながら寝てしまい、この方法はうまくいかないと気づいた。最後に残ったのは、腕もろくに動かせないような、好きでもないジャケットを着て、飲みたくもないものを飲んで、面白いと思えないジョークで笑うふりをしている自分だった（そもそも笑うポイントがみんなとずれていたのだけれど）。これは疲労困憊《こんぱい》する試みで、ADHDそのものよりも疲れたほどだった。何よりも、科学の本が恋しかった（その後今日《こんにち》に至るまで、週末に数学の勉強ができることが私のエネルギー源になっている）。同級生を真似することで周りに受け入れられようとしたものの、結局は自分の個性を押し殺すことになって、仲間に入れないよりももっと嫌な気持ちになってしまった。タンパク質が教えてくれるのは、この実験を二度と繰り返してはならず、同調への誘惑に屈してはならないということだ。

タンパク質から学べる一番大切なことは、どうすれば上手に他者と関わって、一緒に働くことができるかである。タンパク質は人間とは違って、違いの必要性を認識し、尊重している。だからこそ、説明してきたように、異なるタイプのタンパク質が互いに補い合って、協調しながら機能できているのだ。人間だとなかなかそうはいかない。人間の集団行動は、その集団に属する人々の個性によって決まるのかもしれないが、人間としての本能の大部分は、均一であることを目指している。多くの人は、基本的に、仲間に入りたい、仲間から認められたいという欲求に突き動かされている。人間も、社会的な状況下でさまざまな役割を分担しているものの、大部分は無意識のうちに行われており、このようなダイナミクスを有益な形で理解して活用することができない。さらに、違いこそが私たちを特徴づけるものであり、その違いによって効果的なコミュニケーションと協力関係が支えられているような状況下では、帰属への強い欲求がマイナスに働く危険性さえある。私たちは、真の個性を否定したり隠したりするのではなく、受け入れて活用すべきなのだ。たとえばあなたが聞き上手ならば、その共感力の高さを最大限に活用すればいい。たとえばあなたがキナーゼのようなタイプならば、人を楽しませる能力がずば抜けて高いことだろう。自分が自分のままでいることを許し、他者もまたそうすることをもっと受け入れることができたなら、社会的にも仕事上でも、私たちは人間としてよりよく働けるようになるはずだ。

科学が教えてくれるのは、均一であることが役に立つのではなくて、多様性こそが協力と成功にとって不可欠だということだ。自然界においてこの好例となるのが、残念ながら、がん細胞だ。がん細胞には、驚嘆すべき生物学的コミュニケーションと相互依存性が見られる。腫瘍には、増殖し続けるために働く細胞もあれば、腫瘍周辺の環境を守り、免疫系や治療を無効化するように働く細胞もある。

がんについては、わかっていないことがまだまだ多い。しかし、あまり受け入れたくないかもしれないが、がんが私たちに教えてくれることもあるのだ。職場やサッカー場で人々のチームの力を弱めるようなエゴの要因が、腫瘍にはない。さまざまな細胞がそれぞれの役割を果たし、求めに応じて複数の機能を果たすようになることもある。腫瘍は、生物学的な共感のモデルである。部分が、全体としてのニーズのなかに自身を組み込むのだから。これは、がんの治療が大変に難しい理由でもある。標的となる細胞は、その種類があまりに多いだけでなく、役割を進化させたり変えたりする能力もあるので、特定がとてつもなく困難なのだ。がんは次に打つ手を常にもっており、研究者はいつもそれを追いかけている状態だ。

しかし、人間が研究と治療に最大限の努力を尽くしているにもかかわらず、その多様性と効果的な協調によってがんが繁栄できるのならば、私たち人間も同じようにできるはずだ。だがそれは、機能的なエコシステムをつくるのに必要となる、さまざまな性格タイプや役割、相互作用を理解する必要性を、私たちが真剣に受け止められたらの話だ。生物学的な産物がその仕組みゆえに享受している効率性の恩恵を私たちが受けるためには、自分たちの違いを、つまり自分たちの奇妙さを、理解して受け入れる必要がある。

あなたが就職したばかりだとしたら、職場が実際にどのように機能しているのかを理解したいことだろう。まずは、あなたの同僚を――いやタンパク質たちを、見極めることだ。会議で積極的に発言しているキナーゼと、重要な決定を下しているらしい核タンパク質を見分けること。そして、職場に馴染むのを助けてくれそうな受容体を探し、一見地味だけれど物事を成《な》し遂げるのに不可欠なアダプターを見つけるべし。

どんな分野でも、チームづくりをする場合は、同じ考え方をあてはめるといい。企業が採用したい人物像を提示する際、ビジネスを成功に導くためのさまざまな要件が、あたかもあるひとつの性格タイプによってすべて満たされるかのように表現されることが往々にしてある。こういった、どこでも画一的な性格が求められるという状況は、がん細胞が証明しているような、多様性と進化する能力こそが、競争に打ち勝って常に成長し続けるための最も基本的な要素であるという考え方に反している。強いサッカーチームをつくるには、いろんなポジションの選手が必要だ。それと同じように、組織を繁栄させるには、さまざまな個性や考え方が必要となる。

タンパク質の例が光を当てているのは、私たち人間がなかなか能力を発揮できない2つの領域、つまり「進化」と「差異の有用性」である。タンパク質分子がもっているのと同じような、生きていくなかで進化し、変化する能力が自分たちにもあることをもっと信じられたなら——そして、自分の個性や考え方の独自性を(それと同時に周囲の人の個性や考え方を)もっと信用できたならば——個人としても、友達や家庭や職場で集団として組織をつくる場合にも、私たちの足を引っ張る障害物や誤解の多くを避けられるのではないだろうか。

タンパク質から得られる教訓とは、もっと自信をもつことと、自意識はもちすぎないようにすること、そして、人の個性には大きな違いがあるのだから、それぞれが違った役割を果たすのをもっと受け入れるということだ。さらに、人間(少なくとも神経学的に定型の人々)が基本的にもつ溶け込みたいという衝動を抑え、人間の奇妙さが社会の結束にとって必要不可欠な役割を果たしていることを認めて、それを喜びをもって受け入れることだ。タンパク質は、違っているからこそ協力してうまく働けることを、そして効果的なチームワークの基本は個性だということを教えてくれる。顕微鏡を使わないと見えないような小さな分子から、大きな教訓を学べるのだ。今、さらに多くの人々が、タンパク質に注目するときがきている。

第3章

熱力学、秩序、無秩序

完璧さを
忘れるには

何かを自分の思った状態になかなかできなくて
疲れ果てたとしても、自分を責めないでほしい。
責められるべきは熱力学なのだから。(p.94)

「あなたの部屋、怖いくらいの状態ね」

以前、学生寮をたずねてきた母が言い放った。

「座るところもないじゃない！」

自分の部屋の片付けについて、誰でも一度は母親と口論になったことがあると思うし、何をもって散らかっているというのかについての解釈にもずれがあることだろう。

物が散乱する私自身の王国は、怠惰の産物というよりも不安の産物だった。慣れていない人の目から見ればカオスだろうが、私からすれば自分仕様に整っている。すべてが、自分が最後に置いた場所にあって、すぐに使うための最適な場所にあるよう、自発的に管理されている。床の上に散らばっている物は、たまたまそこに放置されているわけではなく、部屋のどちらの端からでも同じように手に取れるようにしているのだ。

「この部屋は自発的で、適応力がある！　私にとっては、問題のない状態なの！」

そう言った私に、母はいかにも母親然としたあきれ顔を見せた。そして「せいぜい頑張りなさいな」とつぶやいた。それは、4歳の私がエルトン・ジョンと結婚したいと言ったときと、まったく同じ口調だった。

私の部屋の、疑問の余地がある状態には、そのときにはあえて言い出しはしなかったけれど、説明がもうひとつあった。それは「熱力学」だ。熱力学とは、エネルギーがどのように動き、伝わるかについての学問だ。熱力学の法則によると、宇宙は放っておけば時間が経つほどに無秩序になり、それを避けることはできない。秩序をつくりだそうとする私たちのすべての努力は、熱力学第二法則との戦いである。この法則によると、ある系のエントロピー（ざっくりいうと無秩序の度合い）は常に自然と増大し、それとともに、利用できるエネルギーは減っていく。なので、結局のところ、頑張っても部屋が散らかるのは避けられないのだ。

ただし、世界中のティーンエイジャーが、脱ぎっぱなしの靴下の山を正当化するために親に向かって熱力学の理論を披露すればいいと思って、この話を持ち出したわけではない。熱力学の原理を学ぶことは、確かに議論の良い立脚点にもなるけれど、それだけでなくて、もっと根本的なことの理解につながる。私たちの生活において秩序と無秩序が果たす役割と、それを支配する物理法則を理解できるようになるのだ。

自分の居住スペースの状態、片付いている状態に対する母の感覚と自分の必要性を同時に満足させたいという願望、そしてそもそも「片付いている」とはどういうことか、それをどのように実現できるのかという疑問と格闘するうちに、熱力学の理論が私の指針となった。そして、この理論のおかげで、さまざまなことがより深く理解できるようになった。たとえば、秩序に対する自分自身の欲求について。その欲求を満たせる方法と満たせない方法について。たとえば、1週間分の食事の計画を立てて夕方の時間を効率化することと、自分の考える秩序（部屋の整頓方法や休暇の計画など）と友達や家族や恋人の考える秩序をすり合わせることとの違いについて。さらに、この理論によって、重要な視点が新たに得られた。それは、自分の生活に秩序を生み出そうとする努力は、独立して存在するのではなくて、エネルギーに対してそれぞれ異なる要求を抱えている人間や無生物がごちゃごちゃと集まった背景のなかに存在するということだ。

どんな友人関係や人間関係でも、自分の秩序と相手の秩序のすり合わせが必要となる。「妥協」というストレートな問題のように思えるかもしれないけれど、実はそれよりもずっと複雑であることが多い。私たちひとりひとりの秩序についての考え方は、単純でも、曖昧でも、軽く扱えるものでもない。それは、幾重にも折り重なる経験と、好みと、深く根づいた習慣からつくりあげられた唯一無二の繊細な作品であって、その作品が表現するのは無言の期待の数々であり、往々にして壊されるまで音を立てることはないのだ。そんな作品を、無神経に太いブラシで上塗りでもしようものなら、たちまち揉め事が起きるに決まっている。

熱力学が私たちの生活に置いた枠組みを認識したうえで、これらのニーズを理解し、尊重しない限り、自分たちが求めている均衡（心的状態や環境、生活様式における均衡）を保つのは至難の業だろう。私たちは誰しも、自分の望む生活を自分の望むやり方で生きようとするが、それと同時に、他者の好みやニーズや特異な行動を許容するように努め、自分自身のそういった好みなどについては可能な限りの時間と空間において現実とのすり合わせを行っている。熱力学を理解すれば、私たちは周囲の環境の性質に対応できるようになる。これが、均衡のとれた生活にとっての、そして片付いた部屋にとっての鍵なのだ。

障害《ディスオーダー》がある人の秩序《オーダー》と無秩序《ディスオーダー》

当然ながら、私にとって、生活のあらゆる面において秩序の感覚、つまり自分が頼れるものがあるという感覚はいつだって大切だ。しかし残念なことに、その感覚が、整然とした生活空間や職場環境へと変換されることは少ない。これは自閉症にかなり共通して見られる逆説的な特徴であって、特に私はそうなのだけれど、秩序と確実性を切望しているのに、自分自身でそれをつくりだすのには苦労することが多い。

そのため、日常における秩序をコントロールする確実な方法をどうにか見つけると、私たちは何がなんでもそれにしがみつく。それが、皿の上の食べ物の配置であれ、部屋のカーテンの位置であれ、作業スペースの正確なレイアウトであれ、決まった椅子になんとしてでも座ることであれ。これらすべてが、私たちがしがみつくルーティンという細い糸となり、それが撚《よ》り合わさって、私たちの日常が機能するようになる。（紛らわしいことに、これは常に変化する。確実性の感覚には波があってすぐに消えたりするが、その影響を受けることも多い。）

生活のあらゆる面においてルーティンを愛している私ではあるけれど、自分の王国のなかに秩序をつくりだすことには苦労していた。本やプリントがそこらじゅうに散らかっているのも、床をワードローブとして堂々と使うのも、私にとっては探し物がすぐに見つかる、自然にできた便利なレイアウトにすぎなかった。しかし同時に、私の生活の他の部分には明確な秩序があるのに、自分にとって最も大切な空間には秩序がないことが気になってもいた。至るところに物が散らばっている状態は私の一部を満足させるものだったが、そこに強迫性障害が割り込んできて、他の一部である「秩序を好むミリー」との一貫性をとるように要求するのだ。私には嘘をつく能力がシンプルにないのだが、その感覚はまるで、寝室が散らかっているのに自分は秩序立った人間なんですと嘘をついているような気分だった。矛盾を内在させたこの状態は、私にとっては不安を誘うものだった。首の筋を違えたかのように、異なる部分が互いに別方向へと引っ張り合っているのだ。

私は、秩序を求める自分自身の欲求と、秩序とはどうあるべきかという母の感覚と、効率的な環境とはどのように見えるものかという自分の直感とのあいだで葛藤していた。それは「片付いた」空間をどうつくるかという問題に達してすらいない段階であって、私の脳は「片付いた」空間についてのイメージと、そこに至るあらゆるルートとの組み合わせを、自分に向けて際限なく投げつけていた。私には「片付いた」状態が実際にどう見えるものなのか、客観的なイメージがなかった。この情報の組み合わせを高速で処理し続けるうちに、頭がまるでレーズンのように感じられて、不安でひどく混乱した。

私は固まってしまった。これは、自閉症スペクトラム障害をもつ人たちが示す困難と似ている。多くの場合に問題となるのは、どうすべきか何も思いつかないことではなく、あまりに多くのアイデアを思いつきすぎることだ。私たちは、片付けをするためのあらゆる方法と行動の組み合わせを思い描くが、それはまるで身を守るものもなく巨大な景観のなかに放り出されるようなもので、たいてい私たちはその真ん中に放置されたまま立ち往生してしまう。あまりに自由度と選択肢が多すぎて、その数々の組み合わせによって、まるで操り人形の糸のようにあらゆる方向から引っ張られるのだ。

お察しのとおり、私にとって自分の部屋を片付けるのは本当に難しい。これについては今も変わっておらず、生活空間や仕事場の状態はなかなか定まらない。しかし、誰かが何かを動かしたり、私の秩序ある無秩序という危うい感覚がかき乱されたりすると、私はパニックに陥る。皆さんにもこの感覚はわかってもらえるだろう。自分のデスク周りの配置は他の誰にとっても意味をなさないかもしれないけれど、自分にとってはちゃんと機能している。休暇後、オフィスに戻ってきたとき、誰かが自分の椅子に座っていた(そして何やらいじった)としたら、必ずそれとわかるものだ。そしてどんなに些細なことであっても、想定外のことでルーティンが乱されたとしたら、嫌な気分の一日になってしまう。どんなにサプライズ好きの人でも、秩序に対する根本的な欲求というのは必ずある。

さらに悪いことに、このときは3日後に母が再び訪れることになっていたので、何かしら対処が必要だとわかっていた。もう驚かないとは思うけれど、私は部屋の片付け術のようなものを探し求めたり、床という名のワードローブに散らばった衣類を本物のワードローブへと一気に放り込んだりはせず(ちなみにこれはうまくいかない)、科学の教科書を見ることにした。正確には『アトキンス 物理化学要論』(東京化学同人)である。最終的に、私のヨガマットの下から見つかった本だ。ほら、システムはちゃんと機能しているでしょう?

この本には、片付け方についての知見は特に載っていなかったけれど、私たちの誰しもが理解すべき、もっと重要なアイデアが記されていた。わかりやすく言うとこうだ。「無秩序から秩序を生み出すにはエネルギーが必要であって、その過程は熱力学的に有利ではない」(熱力学的に有利な過程とは、たとえば氷の融解など、エネルギーを加えなくとも自発的に生じる過程のこと）。そう、そのとおり。片付けについて考えることさえ大変なのだ。

これこそが私の問題の根源であって、生活のなかで秩序をつくり、維持するためには、どんな人でも働かなければならないことの理由でもある。片付けるというのは根本的に不自然なことであって、きちんと整理整頓したいというあなたの欲求と、おおざっぱにやりたいという宇宙の傾向とを、戦わせているのだ。時間が経つにつれて事物の秩序が失われていくのは偶然ではなく、単純に分子物理学の宿命である。

これこそが、人類の自然との戦いの根源なのだ。いくら壁を建てようと、時間が経てば崩れるだけ。建物にペンキを塗っても、やがて剝がれ落ちて、もう一度ペンキを塗らなければならなくなる。私たちは、努力を常に繰り返さなければすぐに乱れてしまうことを知りつつ、自分の持ち物を整頓している。

生活のなかで秩序を生み出そうといくら努力しても、それが大掛かりだろうがちょっとした作業だろうが、遅かれ早かれ秩序のない状態に戻ってしまう。つまり、無秩序に対抗するには、同じことを最初から繰り返さなければならない。さっきの教科書に書いてあったとおり、これにはエネルギーを要する。服を畳むこと、食器洗い、髭剃りなど、数えあげればきりがない。

私の場合だと、日常のコミュニケーションの「ルール」に従おうと努力するのも、やはりエネルギーを要する。

そんなわけで、何かを自分の思った状態になかなかできなくて疲れ果てたとしても、自分を責めないでほしい。責められるべきは熱力学なのだから。さらに大切なのは、自分の生活を整えるための条件が、熱力学によって決められているのだと理解することだ。秩序ある状態をつくることはできても、そのためにはエネルギーを使う他ない。しかも、そうやってつくりだした秩序は、どれほど慎重に計画を立てたとしても、時間の経過とともに秩序のない状態へと戻ってしまう。

秩序ある生活を追求するにあたって、私たちは自分が孤立して動いているわけではないことを認識しなければならない。周りには分子物理学の世界が広がっていて、私たちはそのなかを進むしかない。そのためには、ある程度の無秩序が避けられないことを受け入れる必要がある。自分がどこで頑張るかを選んで、ある程度は折り合いをつけることだ。まずは、完全に秩序立った生活というものに対する自分の考え方から、それを始めよう。

部屋の片付けは熱力学との戦い

では、熱力学の法則をもう少し詳しく確認して、それが私たちの生活における乱雑さをどのように確実なものにしているかを見てみよう。

熱力学の法則は全部で４つあるが、ここで気になるのは第一法則と第二法則だ。

第一法則が示すのは、エネルギーはつくることも壊すこともできず、在処《ありか》と形を変えることしかできないということ。

第二法則からは、エネルギーが形を変えるときになにが起こるかを学ぶことができる。第二法則で述べられているのは、孤立系のエントロピーは増大するか変わらないかのどちらかでしかないということだ［訳注：孤立系とは、外界とエネルギーや物質のやりとりがない系を意味する］。エントロピーが小さい系は、反応に使うことのできる熱エネルギーが最も大きいので、そのとおりに熱エネルギーを反応に使って、熱力学的に有利な自発的な反応を起こす（固体から液体や気体への変化が多い）。エネルギーは、この反応後に消えているわけではないが（第一法則を思い出そう）、以前と同じ状態ではなくなっている。たとえば薪を燃やしてすべてが煙と灰になれば、火は消える。薪がもっていたエネルギーは違った状態でばらばらになって拡散したので、火をつける前よりも「利用できる」エネルギーが少なくなったと言える。エントロピーとは、系内の反応を促進する熱エネルギーがどの程度利用できるのかを測る指標であって、エントロピーが高いほど、「利用できる」エネルギーは少ない。

第二法則が伝えているのは、自然に発生するプロセスを経ることにより、時間が経つほど系内のエネルギーがより無秩序で生産性の低い状態へと必ず移行するということだ（よく火曜日の午前中は生産性が高いと言われているけれど、そうやって仕事をした結果、夜には仕事ができない状態になっている感じかな）。

もうひとつの簡単な例として、冷凍庫から取り出した角氷がどうなるかを考えてみよう。少し時間が経つと氷は融けて液体となり、やがて蒸発して水蒸気になる。この両方の変化により、エントロピーは増大する。固体として分子が密に集まっていたのが、気体として分子が楽しく飛び回る状態になるのだ。こうしてエントロピーが、したがって乱雑さが増加した。このように、第二法則は、私たちの身の回りで何が起きているかを教えてくれる法則である。（水蒸気を液化して水にしてから凍らせて氷に戻すことだってできるじゃないかと不思議に思う人がいるかもしれないが、それはもはや孤立した系ではない。自然に起こる変化を逆行させるために、外部からエネルギーを与えているのだから。）

つまり、ものすごく簡単にいうと、熱力学が示しているのは、外部からの介入がなければ、自然に起きる過程ではエントロピー（乱雑さ）が常に増加するということだ。これによりガラスを千個の破片に砕くのは（つまりエントロピーを増加させるのは）、それを元どおりにするよりもずっと簡単だということの説明がつく。また、私がずっと前に発見したように、たとえばあなたが公園にある落ち葉の山を崩したくなったら、蹴って崩すのは一瞬だけど、まったく同じ状態に戻すには午後をまるまる費やす羽目になるということ。念のため言っておくけれど、目的達成はまず不可能だし、５時間もすると完全に疲れ果てて妄想的な自信喪失に陥ることになるけどね。まあ、頑張って！

エントロピーを増大させる自発的反応とは違って、秩序を生み出すには外部のエネルギーが必要で、これは大変な作業だ。エントロピーを増大させる自発的反応を起こそうとする系の自然な傾向と、戦わなくてはならないのだから。

このような形（ギブスの自由エネルギーといって、ある瞬間にどれだけのエネルギーが利用できるかを計算する指標を用いた方法）で系のエネルギーを測るのは、適当につくられた課題でもなければ、狭い範囲の専門的すぎる問題でもない。これは実のところ、あることが起こりそうか、そうでないのかを理解するために、ほとんどすべての科学分野で使われる最重要ツールなのだ。私たちが何を理解し、どう研究を進めるかということの大部分に、熱力学が影響を及ぼしている。ある反応が他の反応よりも起こりそうかということを知るには、熱力学というのは極めて信頼できる方法なのだ。熱力学的に見て何がより有利かという問いを立てるだけでいい。

私は常々、熱力学を心が安らぐ学問だと感じてきた。熱力学は確からしさを示してくれるからだ。ところが人間にはしょっちゅう混乱させられた。あの人が今言った言葉は、言葉どおりの意味なのか、それとも何か他のことをほのめかしているのか？　書かれても話されてもいないけれど当然理解すべきとされるニュアンスを、自分は見逃していないだろうか？　私にとって、言外の意味を捉えるのは、壊れたラジオから音を拾おうとするようなもので、どんなに必死になってチューニングしようとしてもいつだってうまく受信できない。それに対して、熱力学から送られてくる信号は、とてもクリアだ。

日常生活のことで熱力学が私たちに伝えてくれる教訓も、やはりクリアだ。家の片付けが難しいのは、物を畳んだり、重ねたり、すべての物に対して置き場所を考えたり、布団カバーと格闘したりするのが面倒だからというだけではない。片付けとは、環境のエントロピーを下げようとする試みであって、それは自然に任せておけばその逆方向へ、つまり無秩序な方向へと進むはずのものなのだ。親やパートナーや同居人があなたのやり方を変えさせて、あなたの持ち物を片付けさせようとするとき、彼らが求めているのはあなたが怠惰さを克服することや、秩序に対するあなた独自の感覚を覆すことだけではない。あなたを熱力学の原理と戦わせようとしているのだ。この表現なら、物をそのままの位置に放っておくことの、かなりいい言い訳になりそうだ。

期待を「再分配」してみる

生活のなかに秩序を生み出したいのなら、熱力学が私たちのために用意している困難な戦いについて理解しなくてはならない。だが、困難ではあるけれども、私たちに熱力学と戦う力がないわけではない。教科書に、無秩序から秩序を生み出すのは熱力学的に有利ではないと書いてあったのを覚えているだろうか？　系のエントロピー（乱雑さ）を下げるには仕事が必要で、仕事はエネルギーを消費するけれど不可能なことではない。達成のために時間とエネルギーを費やす必要があるというだけのことだ。つまり、その２つを犠牲にする価値があるのは何なのかを決める必要がある。私にとっては、この本が良い例だ。この本のアイデアは、私自身の頭のなかを流れる無秩序の潮流から引きずり出され、刈り込まれたものだ。アイデアを何かしら秩序立ったものにするのには大変なエネルギーが必要だったが、その過程は私にとって楽しく、たくさんの学びがあった。

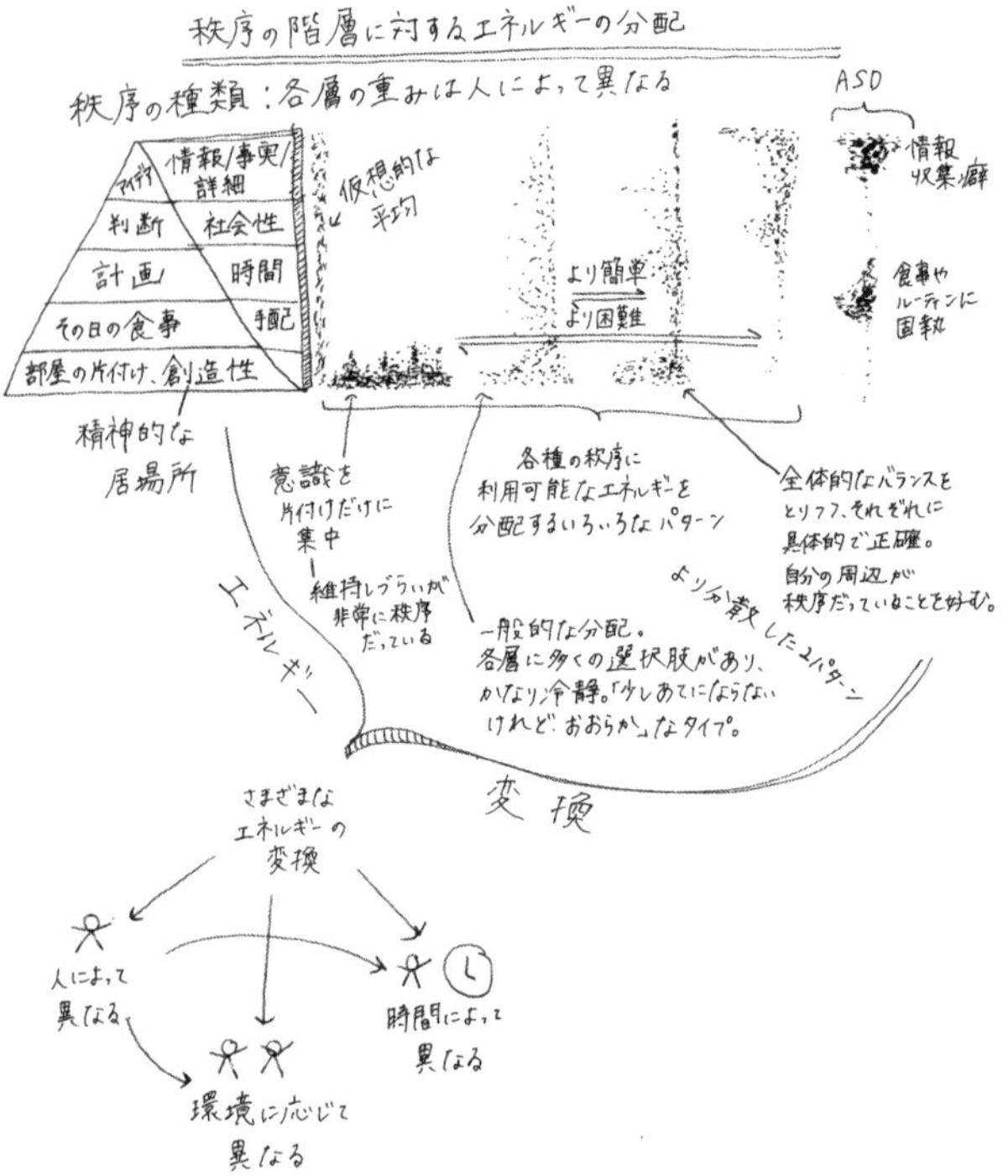

お金を払わなければパンは手に入らない。つまり問題は、私たちの精神的・肉体的な支払いをしないでおくのか、支払いをして、与えられた状況で自分自身が設定した目的を達成するのか、どちらが望ましいかということだ。このトレードオフの関係を認識することが重要なのだ。秩序をつくりだしたいのなら、熱力学との戦いにある程度身を投じねばならない。そのとき私たちは、なんらかの方法またはエネルギーを支払うことになる。

では、倒せないほど巨大な、熱力学的な敵を生み出すことなく、自分が望む目的を達成し、喉から手が出るほど欲しい秩序の感覚を身につけるにはどうすればいいのだろうか。

答えのひとつが、「現実に即した期待をする」ということ。秩序に対するイメージが詳細であればあるほど、より低いエントロピーの状態を思い描いていることになるので、それを達成するためにはより多くの労力が必要となる。熱力学は、完璧主義の敵である。第二法則が、完璧主義をシーシュポスの戦いに変えてしまうからだ。岩をいかに山頂近くにまで押し上げたとしても、無秩序な方向へと進む分子の動きに引きずられて、岩は常に下へと転がり落ちる。秩序に対する感覚が完璧であればあるほど、岩を押し上げるべき山が、より高く、より険しくなり、状況は熱力学的により有利ではなくなって、頂上近くまで持ち上げるためのエネルギーがより多く必要となる。

そこで、期待を変える必要がある。期待を下げるというよりも、期待を再分配するのだ。私たちは一定量のエネルギーと注意力をもっていて、問題は、それをどう活用するかにある。完璧主義という山の尖《とが》った峰のすべてには登れないのだと認識して、本当に重要なことに取り組むためにエネルギーを残す必要がある。

たとえば私が部屋の片付けをするときには、準備に２日は必要だとわかっている。２日あれば、あらゆる組み合わせを考えて、多すぎる選択肢からくる不安に対処して、そもそも片付いた部屋などというものがあるのか、あるならばそれはどんな状態なのかをよく考えることができる。ようやく作業に入ったところで、作業が早く進むようになるわけではない。母の怒りを鎮めるための片付けミッションでは、時計とマグカップの位置を決めるだけで1時間かかった。2時間後には、洗濯カゴの位置を変えて、窓を開けることができた。私の頭のなかは、ありとあらゆる選択肢と優先度が渦巻いていた。何をどこに置くべきなのか？　それは状況次第ではないのか？　あまりにも多くのプログラムが走るコンピューターのように、選択肢と代替案で埋め尽くされた私の頭はまともに働かなくなり、心のカーソルがスクリーン上で止まってしまう。お茶を飲んで横にならなければ。もう何度目だろうか。

ご覧のとおりで、私にとっての部屋の片付けは、とことんまで熱力学的に有利ではない。私は避けられない無秩序とだけ戦っているのではない。「秩序」とは何かという点での、自分自身の多層的な視点とも戦っている。あらゆる事柄の選択と混乱のために、そして自分の目に見えない好みと他の人の好みがぶつかるために、疲れ果ててしまう。

そこまでして、片付けをする理由とはなんだろうか。それは、熱力学の実験とは違って、私たちの生活は孤立系ではないからだ。私たちは友達や家族や恋人と共に生きており、なにが有利（好ましい）かというパラメーターをそれぞれの人がもっている。つまり、妥協が必要なのだ。

自分個人にとって何が最適かということだけを考えるのではなく、周りの人々を理解し、共感する必要もある。つまり、最初に考えていたよりも、さらに多くの選択の戦いが待っている。

自分のニーズと他者のニーズのバランス

人々の意見の食い違いというのは、遠くを探さなくても近場ですぐ見つかる。これまでに、職場用のＢＧＭプレイリストをつくろうとしたり、大人数のグループで全員が見たいと思う映画を見つけようとしたり、万人が至高と認めるボロネーゼソースのレシピを探したりしたことのある人なら、何が最適かという感覚が人によっていかに違うのかを、そしてそれらが往々にしてかけ離れたものであることを知っているはずだ。

トマトはおいしいものなのか（ちなみに正解はイエス）、片付いた部屋の配置とはどういうものなのか、ある人物の性格をどう言い表すのかといった問いに、誰もが同じ答えを出すことはあるのだろうか。残念ながら、おそらくないだろう。

同じことが、「秩序」とはどのような状態なのかについての各々の見解についても言える。色分けがされていて、物がきっちりと積み重ねられていて、ピカピカの机が並んでいるのが好きな人もいれば、カオス的なシステムでこそ能率が上がる人もいるし、そもそも書類をファイリングするだけの忍耐力が単純にない人もいる。私のように、両方が混在している人間だっているしね。

私が部屋を片付けようと決めたのは、それが自分にとって有利ではないとしても、母を安心させられるとわかっていたからだ。それは妥協であり、母に愛情を示す方法だった。私は、自分よりも母の秩序の感覚を満足させようとしたのだ。そしておそらくだけれども、バスルームの洗面台の排水栓に至るまでのあらゆる物に明確に住所を与えるという、実家で母が常につくりだしていた秩序のごく一部を、私は求めていたのだろう。私の洗面台には排水栓すらなかったんだけど。

どちらの秩序の感覚を優先させるにしても、大切なのは、こうした異なる視点の存在を認識することだ。人は、自分にとって最適なことは他の人にもあてはまるはずだと、本当に簡単に思い込む。しかし、結局のところ、それが理に適《かな》っているのは自分にとってだけであって、他の人からどう見えるかを理解するのは難しい。

不安を押しとどめるためにかなり特殊な秩序に頼ってきた者として、他の人から受けてきた厚意に報いるために、私は全力を尽くしている。子どもの頃には、たくさんの人が私だけの秩序の感覚に配慮して、尊重してくれた。たとえば決まったお皿から決まった食べ物を食べることや、一日のスケジュールを綿密に立てておくこと、いつでも髪をきっちりと束ねること（トップとボトムで1カ所ずつお団子にする）、特定の映画を見るときには最初に必ず私が映画紹介を披露することと、お気に入りの椅子を確保しておくこと。

円満な人間関係を築くには、周囲の人がどのように世界を見ているのか、秩序に対する彼らの感覚が自分とはどのように違っているのかについて、もっと深く共感し理解する必要がある。共有キッチンのスパイスの並びを変えたり、鍋を別の食器棚に移動させたり、引き出しのナイフやフォークの配置を変えたりしたって、別に大したことないだろうと思う人もいるだろう。しかし、キッチンを共有している相手にとっては、そのいずれもが、彼らの秩序の感覚をかき乱す大きな変化に思えて、探しているものが簡単には見つからなくなるかもしれない。ある人の視点では些細な事柄が、別の人の視点ではずっと深刻に映るというのは、よくあることだ。たとえば、以前住んでいたアパートからの引っ越しを決めてから、大家さんが私の不在時に次の入居希望者への内覧を行っていたのだが、ある日アパートに帰るとブラインドがほんのちょっと上がりすぎていたことがあって、それだけで私は小さめのメルトダウンを起こしてしまったことがある。

もし誰かが「あなたのためだから」などと言って（実際はそんなことを言う本人のためなの

だが）彼らの秩序を押しつけてきたならば、それはあなたをコントロールしようとする行動であり、また戦いの一種でもあって、あなたにはそれに関わらない十分な権利がある。だがこれに関しては、私は間違いなく有罪だろう。私は23歳になるまで、喫煙者と酔っ払いに対する病的恐怖があったせいで、思い返せば純粋な恐怖心だけで、友人関係を破壊してきたのだから。

一方で、もしあなたが母親への強い愛情ゆえに自分のエネルギーの均衡を乱してでも母親を幸せにしているのなら、あるいはストレスを抱えている友人には厳しい言動を絶対にとらないよう自分を抑制しているのなら、それはすごく立派なことだと思う。こういった日常的な目立たない犠牲というのは、気づかれにくいかもしれないが、人々のあいだの寛容さと愛情の表れなのだ。

とはいえ、他人のニーズに共感することは、自分自身のニーズをあきらめねばならないということではない。私は経験から、人真似には落とし穴があることを知っている。片付いた部屋とはどんなものなのかという問題に最初に取り組んだときには、自分の友達がどのように生活空間と生活そのものを整えているのかをよく見ることで、ヒントを得ようとした。友達の服装や食生活、衣類の管理の仕方、壁に貼ったポスターなどを真似すれば、完璧な秩序の感覚にいくらかは触れられるのではないかと思ったのだ。人の気持ちになって考えることを「他者の靴を履く」と言うけれど、言葉どおりそれを実践した（ちなみに友達の靴下の履き方も真似したのだけれど、それはいつも同じというわけではなかった）。しかし、この方法は失敗に終わった。真似をしても目立った変化がないばかりか、ある友達の習慣を真似たことで相手を狼狽《ろうばい》させてしまったのだ。それは、彼女が壁に貼っていたザック・エフロンのポスターに、寝る前にキスをするという習慣だった。「私がファンだからって、あなたも好きにならなくていいんだよ」と気まずそうに言われた。私が考えていたのは、自分の部屋を片付けるのに役立つかどうかということだけだったのだけれど。結局、彼女はこのポスターを移動させて、私は最初からやり直さなくてはいけなくなった。

人真似の危険性は、これよりももっと深刻になりうる。他人からヒントを得ていては、自分にとって熱力学的に最も有利なのは何なのか、どうすれば自分自身の心のエコシステムに波長を合わせられるのかがわからなくなる。つまり、自分の最も重要なニーズを満たすために、心身の限られたエネルギーをどう使うかを最適化できなくなるのだ。

これは、同調圧力を受けると（それが現実のものであれ想像上であれ）、正しい位置にとどまるよりも、そこから離れてしまうということかもしれない。この同調圧力は、食事から服装に至るまで、私たちのあらゆる選択に影響を及ぼす可能性がある。私たちは常に、自分の秩序の感覚と周囲の人の感覚とが対立する状況のなかにいる。いつ妥協して、いつ自分のやり方を貫くのかを、選択しなければならない。

私が他者に従うことの危うさに気づいたのは10代後半のことで、健康であることに少しばかり固執していた頃だった。自分にとって何が「よい」のか、どうすれば健康的な暮らしができるのか。インターネットで調べたところ(この時点で大きな間違いである)、とても明確な答えが得られた。それは、たくさん運動することと、特定の食品を断つこと。私はその指示を忠実に守った。その結果、食生活から主要な食品群のほぼすべてを排除するまでになり、一度などは3日間リンゴ以外は口にせず、そういった生活をしていたら17歳になったときには体重が40キロにまで落ちていた。お腹がすくのも、ときどき吐き気がするのも、無視していた。こうして、限界まで健康に近づくための条件を、ひとつずつクリアしていると思っていたのだ。予想外に自分の体が極限的な状態になって初めて、この人工的な「よい秩序」の感覚が、実際には自分にとって最悪のものだと認めることができた。とはいえ、週に何回かジムに通いたいのなら自分の体には運動するための燃料となる健康的な食事が必要なのだと学習するまでには、そこからさらに何年もかかったのだが。

私はエビデンスとさまざまな選択肢の山を登ったり下りたりしながら自分のあり方を考えるので、多岐にわたる極論からも学習してしまう。そのため、ものの見方がかなり極端になることも多い。ティーンエイジャーの多くが同じだと思うけれど、自分が好む世界を形づくるのは本当に難しいことで、とにかく試行錯誤の連続だった。難しいのは、単に秩序をつくることではない。自分にとっての秩序が実際にどう見えて、どんな感じがするものなのかを探り出すための努力が大変なのだ。

私たちの最適なあり方や生き方というのは、極めて個人的である。周囲の人のニーズも、自分のニーズと同じくらい、深く根差した個人的なものであることを理解したうえで、妥協するのは大事なことだ。しかし、自分のアイデンティティを保つことも大切なので、自分の生き方や自分のエネルギーを何に使うかといったことを他人に決められるという状況は避けなくてはならない。

平衡に到達できるのか？

まだきちんと紹介していなかったけれど、私たちを取り巻く秩序と無秩序のかじ取りをするのに役立つ、熱力学の重要な概念がある。それが「平衡」だ。

平衡は、あらゆる両方向の反応の母であり、私にとってはこれまでで一番のお気に入りの概念でもある。科学的、社会的、心理学的抽象化のあらゆるスケールにおいて、常にある種の平衡が生じている。平衡は、どのようにして私たちが歩くことができるのか、自発的に呼吸できるのか、今あなたがしているように本を支えていられるのかを説明してくれる。セントラルヒーティングで部屋全体が暖まる理由や、焼きあがったケーキが生地に戻らない理由は、平衡にあるのだ。

専門的にいうと、平衡とは、化学反応が釣り合った状態にあることだ。ある反応と、それと逆向きの反応が同じ速度で進行していて、系全体の状態がそれ以上は変化しなくなっている。たとえば、とても熱い物体を冷たい物体にくっつけた場合には、両方の物体が同じ温度になったときに平衡に達したことになる。反応のシーソーのバランスが完全にとれて、水平になったのだ。

熱力学の法則によると、平衡とは、あらゆる孤立系が到達しようとする状態であって、ギブスの自由エネルギーが最小にまで下がった状態だ。つまり、すべき仕事は残っておらず、したがってエネルギーも必要ない。

すべてのバランスがとれ、無理なく機能し、驚きや突然の変化もない。存在の理想的な状態のようにも思える。しかし、生物学的にも比喩的にも、私たち人間が平衡状態を実現するのは単純に不可能だ。平衡に最も近い状態になるのは、ホメオスタシス(生体恒常性)という性質を介してである。これは、体温、水分やミネラルの量、血糖値など、体内環境を調整する一連のプロセスであり、汗の量、血管の収縮・拡張、インスリン分泌のタイミングなど、体内のあらゆることに責任をもつ。

しかし、これは完全な平衡ではない。叔父さんの科学の本で読んだある内容によって、私は心をかき乱されたけれど、なぜか解放されたような気分にもなった。そこに書かれていたのは、人の体が周辺の環境と最終的な平衡状態に達したとき、それは死とみなされるということだった。つまり、平衡とは結局のところ、人の死の定義なのだ。解釈はお任せするけれど、到達不可能で致命的な状態への追求を欲し、そのなかで繁栄するというのは、興味深くも人間的だと思う。

化学的平衡や熱平衡のようにエネルギーの移動がなくなった状態とは対照的に、ホメオスタシスとは、体内の複数の器官が関わり、状態の変化や応答方法について絶えずフィードバックループが働く難しいプロセスである。平衡が、前後に揺れる心地よいハンモックであるならば、ホメオスタシスはハリケーンのなかでテントを張ろうとしているようなものだ。目的とするのは、平衡と似た、調和のとれた安定な状態なのだが、それを達成する手段はこれ以上ないほど違っている。

私たちはほとんどの時間、少なくともある程度の秩序らしきものを生活のなかで維持するために、自分の肉体と同じくらい頑張って働かなくてはならない。私たちの日常生活というシーソーは、常にさまざまな圧力にさらされている。自分自身による圧力もあれば、他の人から受ける圧力もある。おおよそではあってもバランス感覚を保つのは信じられないほど難しい作業であって、何かを決めるたびに、それと同じ大きさで逆向きの反作用が自分の精神状態や幸福感に及ぼしうる影響を常に見積もらねばならない。

つまり、自分自身に対して、そして正しい決断や正しい人生の選択に関する自分の感覚に対して、折り合いをつけなければならないということだ。すべてを手に入れるのは不可能である。私なんかは週に5回はジムに通いたいのだけれど、ときどき鼻が詰まったり喉が痛かったりして、休みをとるようにと体から言われることもある。体の声と心の声が一致しないのだ。私はいつも心の声の言うとおりに行動したくなるのだが、体の声にも耳を傾けて、その日にできる運動量を判断する必要があるのだと学んだ。26歳になってようやくそれを完全に理解したのだが、それは10年間の苦労の末のことだった。

熱力学の法則には逆らえないのと同じで、このシーソーをぴたりと止めることはできない。無秩序(乱雑さ)は系のなかにあり、重力と同じように避けられないものなのだ。そして、本当のところ、私たちの多くは無秩序を頼りにし、自分の人生を有機的に展開するための助けとしている。だから人は、いつ仕事の納品をするのか、いつ人と会うのかを曖昧にすることがあるのだ。そうすることで、ガチガチに固めた約束をするよりも、物事をうまく進めるために必要な余裕が得られる。対照的に、私が「週の真ん中」に誰かに会うつもりだと言った場合には、それは必ず水曜日の正午を意味している。それ以外の意味など、私には考えられない。

私たちの生活は、自分自身の選択と、自分ではコントロールできない環境や決定の両方が影響しており、微妙なバランスが保たれているのだという現実を認識することが大切だ。私たちが下すどんな決断も、熱力学的観点から見て完全に孤立したものではないし、エネルギーを使わずにすむわけではない。すべては、どんな目的で、誰のために、どのようにエネルギーを消費するかという選択である。そして、その選択の影響は、私たちがシーソーに積んだ、他のたくさんの事柄に対処する能力にも及ぶのだ。

あらゆるものが一度に完全な平衡状態になることは決して、あるいはほとんどまず、ありえない。単純に、要因が多すぎるためだ。スティーヴン・ホーキングの著書『ホーキング、宇宙を語る』（早川書房）には私の大好きな文章がいくつもあるが、そのひとつは「完全に静止するものなどない」ことを教えてくれる。私はその意味を考えては眠れない夜を過ごしたものだ。全世界が私と一緒に眠りにつくのを待っていたから。

ともかく、シーソーの存在を意識すればそれだけ、最低限のバランスと秩序をつくりだすための意識的な決断ができるようになる。それは完璧な秩序でも、完全なコントロールでもないのだが、手に入れられるなかで最良のものではある。

生活のなかにつくりだせる秩序には限界があることを受け入れると、なにか解き放たれたような心持ちがする。波打ち際の砂の城が必ず崩れるように、完璧に計画したとおりの人生を送ることは不可能だと受け入れてしまえば、自分でコントロールできる物事に集中しやすくなる。やるべきことはたくさんあるのだから、非現実的な理想像に振り回される必要はない。

理想像を手放して初めて、自分がつくることのできる秩序について、そしてそれをどうやってつくるかについて、集中できるようになる。第一段階は、自分に折り合いをつけることだ。イメージが詳細であればあるほど、それを達成するために必要なエネルギーが大きくなることを思い出そう。厳しいタスクを自分に課すのなら、努力に見合った成果が得られるのを確認すること。自分か他の誰かの気分がよくなるのでなければ、部屋を片付けても意味はない。すべてをやりたくなるのが人情だけれど、最も効果がありそうなことを優先して、時間やエネルギーをかけられないことがあっても落ち込まないように心がけよう。

自分に折り合いをつけたら、今度は他の人とも折り合いをつける必要がある。家やオフィスを共有している場合には、適温の感覚や、レイアウト、整理整頓の仕方などについて、対立する意見も出るだろう。全員の意見を叶えられなくとも、すべての意見を理解してそれに配慮することはできる。些細なことだと思うかもしれないが、一歩下がって、物事を実行するのにどれだけのエネルギーが必要なのか、それがどのように熱力学の基礎に根差しているのかを理解すれば、大きな変化が生まれるだろう。一度にすべてをこなし、すべての人を喜ばせ、すべての期待に応えねばならないという有害な思い込みから、私たちを解放してくれるのだから。こんな思い込みは役に立たないだけでなく、達成不可能である。こんな思い込みからあなたを守ってくれるのが科学だ。折り合いをつけるというのは、あきらめることではない。物理学に従って、現実に適応することなのだ。

熱力学的に有利な方法で生きるとは、適切に妥協するということに尽きる。自分自身の秩序の感覚や、物事にどうあってほしいと感じるかについてよく理解したうえで、そこから離れるのを厭《いと》わないのが大切なのだ。他者の世界の見方に共感し、自分自身のニーズを手放すのではなく、調整しよう。そして、無秩序を受け入れる必要があるけれど、それは無秩序に屈することではない。

何よりも、完璧であることがいかに有利でないかを理解する必要がある。私を例にすればわかるだろう。融通が利かないというのは、最も疲弊することのひとつなのだ。一方、ある一日について、またはある週について、できることとできないことを自分で意識的に決めて、それについてこれっぽっちも罪悪感を抱かないというのは、最も力が湧くことのひとつである。無秩序を受け入れて、無秩序とたわむれることが、生きることを意味づける。私たちが無秩序を受け入れられるのはありがたいことだ。さもなければ、人生は退屈で停滞し、人類の進化にとってエネルギー的に有利でなくなるのだから。無秩序がなければ、あなたは命のない物体のようになっていたことだろう。たぶん、椅子とかかな(私の椅子はやめてね、私が座るんだから)。

第4章

光、屈折、恐れ

恐怖心を制御するには

不安は私たちの頭のなかに潜む
ひとつの凝り固まった状態ではなく、
多数の異なる要素からなる流動的な存在なのだ。(p.127)

今は午前2時半。私の部屋には深い闇と冷え切った沈黙が充満している。ここには、私が石のように固まっていることに気づく人はいない。母がいてくれたらと思うけれど、母は車で45分もかかる実家にいる。頭から離れないオレンジ色とビスケットの質感、そして枕についた新しいシャンプーのにおいが、不安をかき立てる。眠れない。家に帰りたい。

私の不安がピークに達するのは、いつも夜だ。ADHDが不眠を引き起こし、起きているあいだはASDのために強迫観念や恐怖でいっぱいになる。眠ることを恐れ、起きていることを怖がる。そのはざまに私はとらわれていた。私はよく、母に私の部屋まで枕をもってきてもらって床に寝てもらわねばならなかった。そうすれば少しは安心できて、夜をやり過ごせたのだ。

このような夜に高まる恐怖心は、私の暮らしにつきまといくつもの恐怖の一例にすぎない。突然の大きな音や群衆などは、明確な不安のトリガーとして、今でも私に影響を及ぼしている。一方で、その出処《でどころ》がいまだに理解できていない恐怖もある。毎週のお楽しみとしてニンジンとオレンジのジュースを飲んでいると、なぜこれほどまでにこの色に拒否反応が出ていたのだろうと不思議になる。オレンジ色の食べ物、オレンジ色の衣類、オレンジ色のプラスチックの椅子。かつてはこれらすべてを、何がなんでも避けねばならない毒物や、さわると病気になる物質のように感じていた。これはASDが引き起こすことの一例である。説明はできないけれど従うしかない、本能的な恐れや不快感が生じるのだ。

恐怖心は誰もがもっており、生物種として生き残るためには不可欠なものだ。恐れがなければ、懐疑心も警戒心も生じず、衝動を抑制することもその均衡をとることもできない。だが逆もまた然りで、恐怖しか感じなければ私たちは動けなくなり、明晰な思考や意思決定がまったくできなくなる。あなたが感じているのは、職場での難しい会議や、誰かへの気持ちを認めるといったことへの、小さな恐れかもしれない。あるいは、常に抱えてきた恐怖症や、人生を決定づけるような変化への不安、病気や経済的な問題に対する懸念など、大きな恐れかもしれない。いずれにせよ、恐れは、それを認める認めないにかかわらず、またその大小によらず、すべての人につきまとう。自分の恐れを理解して、その根本的な原因を解きほぐし、そこで見つかる問題を理性的に検討しない限り、自分を怖がらせるものをコントロールするどころか、それらにコントロールされる危険性がある。恐怖には非合理的なものもあるけれど、ほとんどはとても論理的かつ合理的である。そういった恐怖に対する私たちの反応も、同様に論理的かつ合理的でなければならない。

アスペルガー症候群の場合、すべての思考と恐怖とが目もくらむ光線のように押し寄せる瞬間がある。すべてを一気に経験するうえに、それを、さまざまな感情や不安、衝動、刺激へと分離するための生まれつきの能力が欠けているのだ。私が大きな恐怖を覚えるもののひとつに火災警報器がある。恐ろしい騒音によって五感に猛烈な刺激が走り、あの音が体全体に鳴り響くように感じられる。完全に身体的な恐怖の感覚があると想像してほしい。学校では、他の生徒たちは兵士のようにきちんと隊列を組んでいるというのに、私はいつもあの音からできるだけ遠くへ、できるだけ速く、走って逃げるしかなかった。

こういった瞬間に備えるには、ブラインドをすべて下ろして暗くした部屋で、ノイズキャンセリング機能のあるヘッドホンをつけて、いかにも安全そうな机の下にもぐり込んで暮らすしかない。昔も今も、これが私のサバイバル方法だ。しかし、ずっとこれでは生きていけない。私には、恐怖から身を隠すだけでなく、恐怖に打ち勝つための何かが必要だった。自分には生まれつき、無意識のフィルターがないのだから、自分でつくるしかないことがわかっていた。恐れに対処し、恐れがあっても自分を機能させられるようなフィルターをつくるのだ。

そして、目もくらむ光のように感じられる恐怖感であるが、フォトニクス(光を構成する量子粒子である光子《フォトン》を扱う工学、光工学ともいう)を学んだことによって、この恐怖感の光線も分解できるのではとひらめいた。光線が屈折すると、そこに含まれていたさまざまな色と振動数が現れるが、それと同じことができるのではないか？　私たちが感じる恐怖心は、ときには一種類のように思えたり、逆らえないと感じられたりするが、決してそんなことはない。光とまったく同じように扱える。適切なフィルターがあれば、自分の恐れを開いて、理解し、理論的に説明することができる。恐れに新たな光を当てるのだ。そんなわけで、「#nofilter」（フィルターなし）というハッシュタグはインスタグラム用にとっておこう。実生活では、私たちにはできるだけ多くのフィルターが必要なのだから。

恐怖を分解する

いつだって私は、光と影に魅了されてきた。自宅にはお気に入りの木があって、その木陰に身を寄せていると安心できた。私はいつも、感覚に負荷がかかりすぎることを避けるために、光の強度が弱い場所を必要としてきたのだ。

だけど私は光も大好きで、光の性質にも夢中になった。母は寝室の窓辺に牡蠣《かき》の貝殻の形をしたクリスタルを置いていた。太陽光がそのクリスタルに当たると、屈折した光が部屋中に広がって、太陽光が秘めている自然の宝が姿を見せる。上の端の貫くような強い赤から下の端の穏やかな紫色まで、完全なスペクトルが現れる。すべてに命が吹き込まれる瞬間だ。毎朝７時半になると、その光を見るために私は寝室へと駆け込んだ。冬の数カ月間は、雲のせいでその華やかな現象が見られないのではと心配しながら。

それは、ありとあらゆる恐怖と不安で満たされかねない一日のなかで、安らぎと感動に満ちたひとときだった。私には本能的にわかっていた。頭のなかでこんがらがる茹ですぎたスパゲティのような思考や感情のために、自分専用のプリズムが必要なのだと。恐怖心を分解し、恐怖心に含まれるすべてを理解して、自分を押し潰しかねない感覚を解きほぐさなくては。

私はまず、その日の最も印象に残った出来事を(当然ながら安全な机の下にもぐり込んで)追体験することから始めた。そしてそれぞれのエピソードと、そのときの最も強烈な感情とを関連づけようとした。自分がそれほどまでに強い感情を抱いたのは何に対してだったのか。その感情は状況にどう影響を及ぼしたのか。自分の感情の地図を描きながら、私は貝殻のクリスタルを抜けて屈折した光を眺めていた朝のことを何度も思い出していた。私の不安発作は、太陽が放つ白色光のようなものだった。圧倒され、直視できず、目を背ける(あるいは逃げる)しかないものだった。しかしそのなかにはさまざまな感情のスペクトルがあり、なかには他よりも特に強くて直接的なものもあったが、すべてが相互に作用し合い、一緒にもつれ合って、恐怖を生み出していた。

屈折は、私の恐怖心を理解し分類するのに役立つ、完璧なレンズだった。私には、通常は結びつかないはずの感覚が互いにリンクしてしまう共感覚があるからだ。共感覚によって音を見る人もいれば、においを味わう人もいる。私の場合には、色を見るだけでなく、感じる。そして、どの色にもそれぞれ独自の個性がある。光のスペクトルに対して恐怖を見ることで、私にとってはそうしたことがより鮮明に、またより明確になった。

この視点による恩恵を受けるために、あなたが共感覚をもつ必要はないし、数々の深刻な恐怖に苦しむ人間である必要もない。人は誰でも、自分の心の表面であれ奥底であれ恐怖心を抱えているものだし、恐怖に支配されてそこからなかなか抜け出せなくなることもある。あなたもそういった瞬間に、「ペースダウンしようか」とか「立ち止まって深呼吸しよう」などと言われたことがあるのではないだろうか？　そう、それこそが屈折によりもたらされる効果だ。ある物質から別の物質へと光が通過するとき、光は速度を変える。光の速度は空気中よりもガラスや水を通過するときのほうが遅いので（どちらも空気より屈折率が高い）、光の波は「ペースダウン」するのだ。私の母のクリスタルのような古典的なプリズムの場合には、光はそれから、赤、橙、黄、緑、青、藍、紫の７つの可視波長へと分かれる（さらに、目には見えない赤外線や紫外線もある）。

つまり、光の波の速度を落とすことで、違う姿が、光の完全なる輝きとたくさんの色が見えるのだ。プリズムの効果によって、私たちは新たな視点を獲得する。その視点によって、単調で目がくらむようなものが、より鮮明でさらに素晴らしいスペクトルへと変わる。恐怖を正しく理解しようと思うのなら、これとまったく同じことをしなくてはならない。新たなレンズを

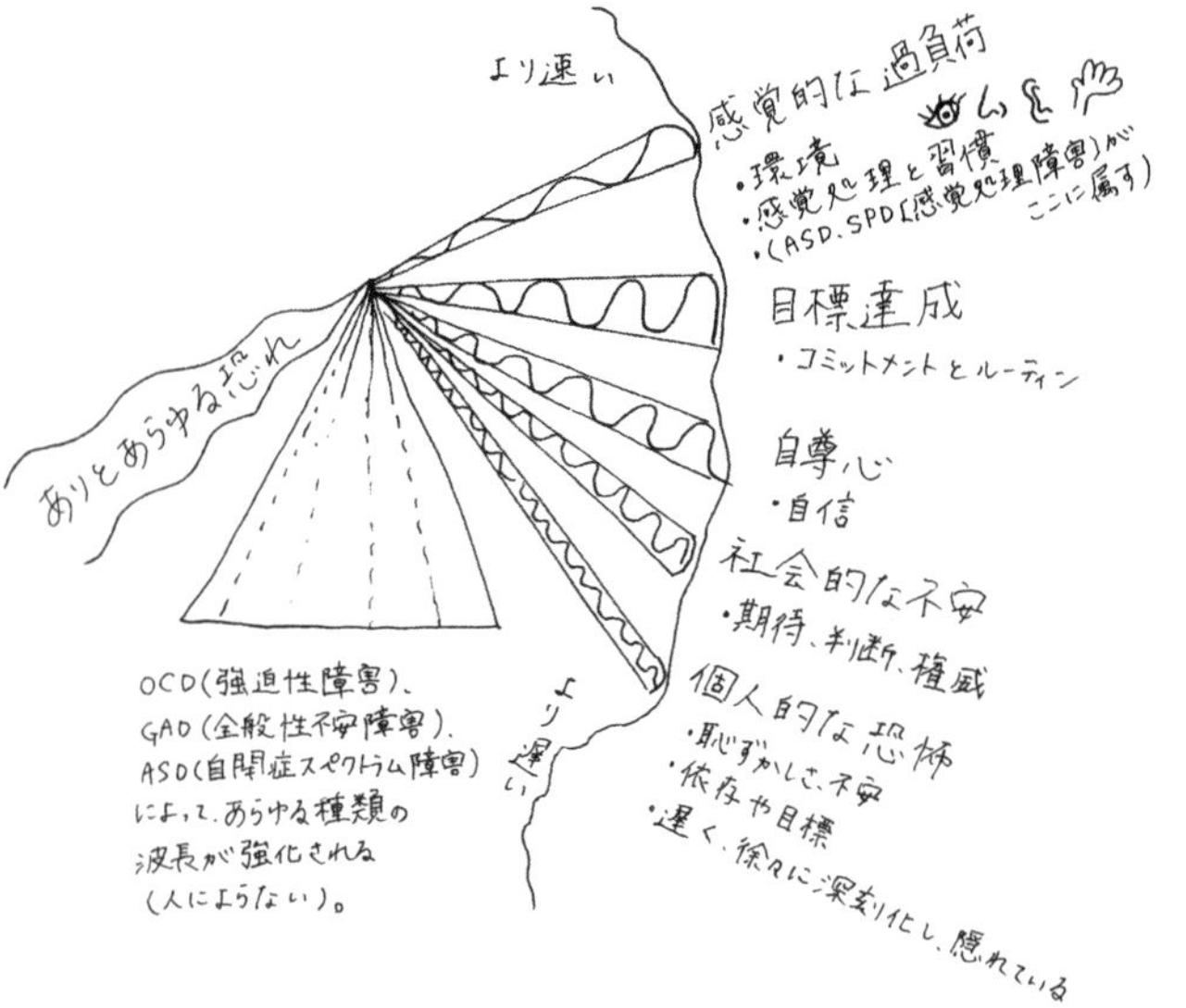

とおして恐れを見ることで、違った見方ができるようになり、それに応じて対応を変えられるようになる。つまり、自分を怖がらせるものと波長を合わせる必要がある。

波長を合わせる

光がなぜ屈折するかというと、光とは直線的に進むものではなく、ある瞬間のエネルギーの違いに応じて振動しながら進む波だからだ。光は波として空間を伝わる。音波や電波、X線、マイクロ波もまた、波として空間を伝わる。いずれも私たちの周辺にあるが、実際に目で見ることができるのは光の波だけだ。

漁船が長波ラジオ受信機の周波数を合わ

せる波から（遠洋まで届く唯一の波）、電子レンジで使われる波まで、すべての波がそれぞれの振動数（周波数）をもっている。振動数が大きい波（高周波）とは山の間隔がものすごく狭い波のことで、三角形の山がぎちぎちと並ぶトブラローネ（Toblerone）のチョコバーみたいな感じ。一方で、振動数が小さい波（低周波）はもっと山の間隔が広く、ゆるりととぐろを巻いたヘビのような形だ。振動数が大きい光ほど、より多くのエネルギーを運ぶが、プリズムに含まれる原子と相互作用してエネルギーを発散させるため、プリズムのなかで進むことのできる距離は短い。光の振動数が大きいほど、空気よりも密度の高い媒体（ガラスや水など）に触れたときに大きく曲がる。波の速度は、私たちの身の回りで見たり聞いたりするすべてのものに影響する。嵐がきたとき、雷の音が聞こえる前に稲妻が見えるのは、光が音よりも速く伝わるからだ（音が周辺の要素と相互作用するのに対し、光は空気中を約１００万倍の速度で邪魔されずに移動する）。実際には、音も光も同時に生じている。

光がプリズムで屈折してさまざまな色が現れるのは、ガラスの高い屈折率によって、可視光スペクトル（人間の目で見ることのできる波）の波長に応じて、光の速度が落ちて向きが曲げられるためだ。屈折率とは、その物質を通るときの光の速度を単純に数値化したもので、密度の高い物質を通るほど光の速度が遅くなることを示す光学上の指標である（ガラスは水より密度が高く、水は空気よりも密度が高いので、空気・水・ガラスの順に速度が遅くなる）。

光がこの旅をするとき、私たちにはそれまで見えなかったものが見えるようになる。そもそも光のなかにはさまざまな色があって、それぞれが独自の波長をもっている。赤の光は最も長い波長をもっていて、最も遠くまで進み、プリズムによって曲げられる角度が最も小さい。紫の光は最も短い波長で、曲げられる角度が最も大きい。このように波長が異なるので、虹の色の並びは必ず、一番上は最も曲がる角度の小さい赤色で、一番下が紫色となるのだ。

波長は、恐怖と光のアナロジーにおいて重要で、その理由は2つある。第一に、恐怖の最初の感覚である目もくらむような白い光は一種類ではなくて、実際には多種多様の感情と誘因、根本原因がそこに含まれている。第二に、すべての光が同じ強さというわけではない。光のなかにさまざまな色があるように、私たちの恐怖感や不安にもそれぞれの波長があるが、その強さはさまざまだ。すぐ近くで鮮明に燃え上がるものもあれば(私の場合は通りで大きな音を聞いたときなど)、それほど強烈ではないが持続的に頭のなかで響き続けるものもある(たとえば人の目を見なければならないことへの私の恐れなど)。最も強力で執拗な感情とは、振動数の大きい紫の光のようなもので、強くてギザギザだ。一方、頭から離れないような感情は、もっと穏やかで振動数の小さい、尾を引くような赤い光だ。そして海の波と同じように、ときには異なる波が重なり合って恐怖の津波をつくりあげ、あなたはなす術《すべ》もなくそれに呑み込まれてしまう。

この発見は、自分を潰しかねない恐怖に対処するための、最大のブレイクスルーとなった。不安は私たちの頭のなかに潜むひとつの凝り固まった状態ではなく、多数の異なる要素からなる流動的な存在なのだ。屈折という概念を使えば、これらを分離し、私たちを恐怖に陥れるさまざまなものを解きほぐし、振動数の大きい誘因と小さい誘因を区別して、最終的にはそれらをコントロールする方法を見つけることができる。

私はパニックの気配を感じたときには、このプリズムの効果を使って状況を診断し、完全なメルトダウンを回避するように努力している。これは振動数の大きい波で、誰かがたまたま私を追い越したり、大声で叫んだり、甲高い声で笑ったりといった、私のすぐ近くで起きている感覚的誘因だろうか。それともこれは振動数の小さい波で、将来への不安や病気への不安、むず痒いジャンパーのせいで乾癬《かんせん》になるかもといった、常に私を支配している思考のひとつだろうか。

今自分に起きているのはＡＤＨＤのパニックだろうか、そうならば自分を刺激するものが足りないせいで気分が悪くなっているということだ。それともＡＳＤのパニックだろうか、それならば、あまりに選択肢が多すぎて頭が真っ白になるから、自分の隠れ家に避難しなくてはならない。片方は、外に向かって回転してどんどんスピードを増す、遊園地の乗り物のような感じ。もう一方は、内向きに回転するスパイラルで、世界から切り離されて自分のなかに引きこもるような感じだ。今起きているのがどちらなのか、なぜそれが起きているのかを理解しない限り、メルトダウンの重力から逃れる方法はない。

恐怖心を簡単に「克服」することはできないが、よりよくコントロールしたいのならば、自分が何に対処しているのかを理解することが大きな助けとなる。私たちにはプリズムが必要だ。実際のところ、自分がプリズムになる必要がある。

プリズムになる

恐怖心を抱いた場合、それを小さくしようとするのが人間の自然な性質だ。私たちは、恐怖心をできるだけ小さな箱に押し込んで自分の心の奥底に封印してしまえば、その影響を逃れて生きていけるだろうと考える。しかしこんな形で恐怖をコントロールできると期待するのは、太陽がいつか昇らなくなるかもしれないと考えるのと同じくらい非現実的だ。もしも何かが自分に不安を与えているなら、その理由と、それにどう対処できるかが明らかになるまで、その不安は続くだろう。否定は選択肢ではない。たとえ、最初は本能的に否定したくなるとしても。

私は、自分の楽しみをあきらめるという形で、この否定という手法を試したことがある。楽しみとは、たとえば、泥んこレースやエクストリームスポーツに参加すること、高級ジャムを定価で買うこと（これは安売りでしか買わない元彼への反発から）、さらには私にとっての聖杯である、恋に落ちることなどだ。どれもこれも私がしたいことなのだが、自分を恐怖に陥れることもわかっている。しかし否定は恐怖よりもたちが悪い。否定は、あなたを閉じ込める一種の精神的な便秘であって、最終的に、あなたは安全な場所にいる自分自身を憎むようになってしまう。このような形で、くすんだ不透明な状態にいるのは、息を永遠に止めようとする努力と同じで、持続可能ではない。いずれはあなたの精神が窒息してしまう。まったくなにも感じないようにするよりも、恐怖を感じる危険を冒すほうがいい。自分を透明にして、光が通り抜けられるようにするのだ。

こうして、自分の不安誘因を封じ込めるという私の試みは失敗し、必要なのは不安誘因に対して自分を透明にする方法だとわかった。つまり自分がプリズムにならねばならないということだ。恐怖を押し殺すのではなく、解放する。そして、その輝きに自分を通り抜けさせて、構成要素へと分解する。そうすれば、恐怖を詳細に調べて、その性質をよりよく理解し、最終的には対処できるようになる。

恐怖とは、形をもたないまま私たちの心のなかに存在している何かだ。なので、私たちのプリズムも心のなかになくてはならない。不安という白色光によって私たちの論理的思考能力を曇らせることのないよう、恐怖心をフィルターにかける、つまり仮想のプリズムに通して屈折させることができるように、自分の心を訓練するのだ。これは簡単に、あるいはすぐに身につくものではない。まず手始めに、過去のエピソードを思い出して、何が原因で恐怖を感じたのかを振り返ってみよう。たいていはいくつかの要因があると思うので、それらを順番に洗い出して、それぞれがどのように相互作用しているかを考える。恐怖を引き起こしたものと、恐怖を単に増幅させたものとを分けること。どの感情が最も鮮明で激烈だったのかを思い出そう。そして、大きい振動数の誘因から小さい振動数の不安にまで広がる、感情の完全なスペクトルができるまで、さまざまな撚り糸を解きほぐす。そうすることで、恐怖を描き出すことができる。形をもたない恐怖という感情を、自分が理解できて、説明もできて、将来的によりよくかじ取りできるような何かへと変えてしまうのだ。

時間が経つにつれて、この手法に習熟するので、いずれは恐怖心が起こったときに自分の心のプリズムをかざして、リアルタイムで屈折させて、うまくいけば突破口を見つけられるようになるだろう。初めは難しいかもしれないけれど、経験を重ねるほど、日々の生活のなかで生じる恐怖や不安への対処が上手になる。私は、毎朝玄関から一歩踏み出せるようになり、朝の通勤時にちゃんと移動できるようになり、仕事や社交の場で対処できるようになった。恐怖を吸収するスポンジとなって、限界がくるまで恐怖に浸り続けるのではなく、自分自身をプリズムにして、高い強度の光線に自分を通り抜けさせて屈折させられるように努めている。

私は、特定の出来事や恐怖についてのあらゆる経験をひとつにまとめて、自分自身をできるだけ密度の高いプリズムへとつくりかえることを考える。それにより、処理能力と精神的な密度が高まるので、恐怖が伝わる速度を落とすことができて（ガラスを通る光の速度が落ちるように）、自分が恐怖に押し潰される可能性を最小限に抑えられる。そうすれば私はコントロールを取り戻すことができて、新たに現れた撚り糸の色と細かい部分をじっくり観察できるようになる。不安にからめとられて暗闇のなかのミラーボールのように頭が回転し始めれば、こんなことは難しくてできない。自分自身を、恐怖を減速させることのできる高密度のプリズムにして初めて、光を自分のなかに通せるようになるのだ。

たとえば、誰かに目を見るように言われたら、私は即座に強烈な白色光のような恐怖が膨れ上がるのを感じる。この本能的で根深い恐怖、ＡＳＤである自分の核を突いてくる恐怖に圧倒されないためには迅速に行動しなければならない。プリズムの手法を使えばその白色光のなかからいくつかの波を分離することができる。最も波長の長い赤い波は人との直接的な接触に対する根本的な恐怖を表しているし、紫の波は、誰かの目によって私の外向きの仮面が溶かされ、取り繕った外面が見透かされて、自分の不安の核があらわになることへの恐怖を表している。いったんこれらの撚り糸が特定できれば、自分自身を理性的に見られるようになる。「確かに私はこういった形での人との接触を好まない。だけど経験上、接触によって実際に自分が傷つけられはしないとわかっている」。そして、「違う、この人はおそらく何かをあばくために私の目を見ようとしているわけではない。単に会話をしようとしているだけなのだ」「私が彼らをただ観察してどれだけ多くの知識を得てきたのかを、私を見るだけで彼らにわかるはずがない」と考えることができる。最初の恐怖のさまざまな撚り糸が分離されて初めて、このような理屈を持ち出せるようになる。白色光という生のままの状態の恐怖を合理的に扱おうとするのは無理な話だし、賢明でもない。まずはプリズムを通す必要があるのだ。

このようなプリズムの密度を高めようとするのは、すべての思考をひとつにまとめる良い機会にもなる。そして、瞬間的なパニックや不安ではなく、過去の経験から蓄積されたデータのパターンに基づいて意思決定できるようになる。さらに、この手法を取り入れることで、恐怖にどう対応するかだけではなく、意思決定プロセス全体の改善も可能となる。これは、ジムで人気の高負荷インターバルトレーニング（HIIT）のような、心のための高強度トレーニングの一種なのだ。

では、それを実現するために、私たちはどのようにして心のプリズムをつくりあげ、磨いていけばよいのだろうか。まずは、プリズムのように振る舞って、もっと透明になる方法を学ぶことから始めよう。自分を怖がらせるものを、弱さの象徴であるかのように恥ずかしく思うのではなく、それらについて正直かつオープンになるべきだ。友人や家族に、自分の最も深い部分にある恐怖心について話すのを怖がらなくていいし、相手が個人的な友人であろうが専門家であろうが、その思いを共有することを恥じる必要など絶対にない。自分を怖がらせるものについて透明になることは、プリズムという心の状態を身につけるために必要なプロセスである。そうすることで、恐怖心を押し殺したいという衝動から先へと進んで、この新しいレンズを通して恐怖心を見る準備ができる。ただし、これが相互的なプロセスであることを意識しておくのが大切だ。なぜなら、心を開くためには開いても安全だと実感している必要がある。たとえば専門性の高い職場など、強く超然とした男性的な外面を保つことが求められるプレッシャーの強い環境では、これが困難になる。私に言わせれば屈折率がとても小さいということだ。

透明でいる方法は、人それぞれだ。物質ごとに屈折率（光がその物質を通過する速度）が異なるのと同じで、私たちは誰もが、自分自身が快適に透明でいられるレベルを見定めなければならない。透明でいることを、他の人よりも簡単に感じられる人もいるだろう。私はいつも、ある意味で開いた本のようなもので、自分の気持ちをそのまま見せたり言ったりしてきた。この透明性は、どちらの方向にも転びうる。私には「現実的」というフィルターがないので、ロンドンの地下鉄で「あなたにはあらゆる可能性がある」という人を発奮させるようなポスターを見たら、これは自分が致命的な病気に感染するとか、声も立てずに即死する可能性があるということか、などと思うだろう。すべての可能性に心を開いてしまうと、毎日不安に押し潰されるようになるのではと考えたことはないだろうか？　ようこそ、私の世界へ。透明になりすぎて自分を文字どおり怖がらせるまでになると、生きるのが本当に大変になる。

これと逆に、自分の感情に固執する傾向が強く、恐怖心を共有したがらない人もいる（皮肉にも、人に批判されることを恐れてのことなのだが）。しかし、恐怖心を制御したいのなら、透明性と正直さを欠かすことはできない。不安の光線を、それを構成する美しくて理解できて管理可能な波長へと変えるというのはプリズムのもつ能力であるが、プリズムのように考えて行動できるようにならない限り、その素晴らしい能力を真似るのに苦労するだろう。心をより大きく開くのは恐怖をコントロールするための第一歩であって、生きている実感を再び得るための道なのだ。あなたが心を開くことを恐れているのならば、それは素晴らしいことだ。だって、何から始めればいいのか、はっきりわかっているということなのだから。

恐怖をインスピレーションに変える

私はこれまでずっと恐怖や不安と格闘してきたが、ようやく気づいた重要なことがある。不安は私にとって最大の重荷のひとつなどではなく、実際には最も重要な強みのひとつだということだ。私は不安によって、今後起こりうる展開を頭のなかで加速させて、より早く結論に達することができる（処理すべきデータが多すぎるので必要に迫られて速くなった）。この章で説明してきたのは、不安発作の下向きのスパイラルを可能性に満ちたひらめきへと変えるという私の手法の、重要な一部分である。自分の処理能力と容量とを最大化して、自分の経験とアイデアのさまざまな撚り糸をひとつにまとめるのだ。

これらのテクニックのおかげで、私は恐怖に押し潰されることなく機能できているが、効果はそれだけではない。自分の恐怖心の白色光を覗き込むと、インスピレーションにつながるものが見つかるのだ。この同じ衝動によって、人類は常に炎へと――人類を進化へと駆り立てた巨大な危険の源へと――引き寄せられてきた。子どもたちが、危ないからやめなさいと言われているのに（おそらくは言われるからこそ）、太陽を直接見ようとする理由もここにある。

精神的な「屈折」は対処のための機構であると同時に触媒でもある。恐怖という目もくらむ光を分解して、なにか素晴らしいものへと、虹の色へと変えるのだから。同じように、私たちを怖がらせるもののなかにも、私たちにインスピレーションを与えるアイデアや刺激が含まれている。分解されて私たちが対処できる形になった恐怖心は豊かな思考で満ちており、それらを使えば、自分自身と世界とを違った角度から見ることができるようになる。自分が困難を感じ、恐ろしく思うような事物に取り組むことは、自分が生きていることを実感できる何かに近づくことでもあって、それによって次に挑戦すべきことのアイデアが得られるのだ。

恐怖を存在しないものとして扱うのは、恐怖心を減らすための悪い方法というだけでない。さまざまな機会を失うことでもある。私が人の目を見ることへの恐怖に立ち向かわなければ、私が何よりも価値を置いている、人とのつながりの大半を失っていただろう(人とのつながりを築くのが難しいからこそ、何よりも価値を置いているわけだが)。確かに、私は人と目を合わせるというプロセスを好まないけれど、ほとんどの場合、その努力に見合うだけの価値があるとわかっている。

恐怖を抑え込もうとすると、自分の創造性が、さらには新しいことや予想外のことから刺激を受けたり感動したりする能力までもが抑制される。人間として学ぶこと、向上すること、進化することに歯止めがかかるのだ。恐怖心は自分の一部であって、それを封じ込めようとすると、自分自身の一部を封じ込めることにもなる。私は、自分の恐怖心と上手に付き合えるようになるほど、恐怖心の大切さに気づき、恐怖心をなくしてしまったらどんなに残念だろうかと思うようになっている。

恐れとは面白いものだ。これまでの説明によって、私の生活のあらゆる局面に恐れがつきまとっているような印象を受けたかもしれないが（ある程度事実だけれど）、他の点では、私は比較的恐れを知らない人間でもある。たとえば自分の考えを人に伝えることに関しては、相手が誰からも怖がられている偉い人であったとしてもまったく問題を感じたことはない。自分の同族を怖がるというのは意味をなさないので、人からの批判は私にとって恐れる対象ではないのだ。

10歳のとき、教室で両親宛てに書いていた手紙を没収された私が、「余計なお節介はやめて、私の手紙を読まないでください」と校長先生に言ったときの反応ときたら。「その手紙はあなたにではなくて、私の両親に宛てたものです。あなたにはなんの関係もないことですから、手紙を開けるべきではありませんでした」。結果として数時間ものお説教を食らったけれど、私は校長先生も、彼のいびつな両耳も、私にすぐ校長室に行くようにと指示した、ごつごつした原始人のような指も、怖くはなかった。私は自分が正しいと信じていたし、偉い立場の人だというだけで彼を恐れはしなかった。多くの人がもっている、権威ある人に慎重な態度をとらせるフィルターが、単に私の頭のなかには存在していないのだ。私にとって権威というのは、時間をかけて、行動や振る舞いによって獲得されるべきものである。

恐怖に関していうと、私たちは誰しも、それぞれに特有の不安を抱えている。あなたが恐れるだろうことを私は恐れないけれど、あなたが気づきもしないようなことや、しばしば「バカげたこと」や「意味のないこと」などとみなされる物事に対して、私は恐怖を覚えることがある(そのせいで状況はいつだって悪化する)。私には一般的なフィルターがないので、当たり前の物事に過剰反応を示すこともあるし、多くの社会的慣習や規範については経験をとおして注意深く学習するということをしてこなかったため、まったく気づかないこともある。ＡＳＤのせいでいっぱいいっぱいになることもあれば、ＡＤＨＤのせいでひどく退屈することもある。体育の授業でのルーティンが変更されると完全に動揺してしまうが、家族や友人ががんになったと聞いてもまったく冷静でいられる(そのため、体操の相手としてはダメだが、聞き役やセラピストとしては優秀だ)。実際にあなたが「#nofilter」(フィルターなし)での生活をせざるをえなくなったら、混乱してしまうかもしれない。しかし同時に、ニューロダイバーシティ(神経多様性)の強みと、そのおかげで発揮できる、人とは違うスキルとを、明確に感じられる経験となるだろう。

思うに、フィルターの多い人でも少ない人でも、誰にとっても必要なものがひとつある。それは、恐怖に対するプリズムの視点だ。私たちに必要なのはプリズムのもつ分散の効果である。この効果により、恐怖心を変えることができる。自分を押し潰しそうな何かから、制御可能な力へ、そして最終的には受け入れることのできる力へと変えるのだ。大切なのは、恐怖心を日常生活から追い払うのではなく、恐怖心を制御できるようになることだ。恐怖心は私たちにとって必要なものであり、私たちはそこからインスピレーションを得て、自分自身を動かす。私たちは恐怖を感じると、人生にとって何が大切なのかを思い出し、大切な人や物を守ろうとする人間の本能に気づくのだ。

恐怖心を心の箱に封じ込めようとすると、これらすべての利点を失って、不利益だけをすべて被《こうむ》ることになる。一方、恐怖心を受け入れて、心のプリズムにかければ、潮流から電気を取り出すように、恐怖を管理可能な資産へと変えられるのだ。私は自分が恐怖を感じない日は人生で一日たりともないだろうと思っている。しかし、私が生を実感できるのは恐怖のおかげであることもわかっている。恐怖とは、私たちが「光で照らす」必要のあるものではない。恐怖こそが光なのだ。私たちの誰もが、この光とともに生きる方法をもっとよく学べるし、そこから恩恵を受けることさえできるのだ。だからこそ私は、ＡＳＤが私に植えつける恐怖を、解決すべき問題ではなく、利用できるまばゆい特権だと考えている。

第5章

波動理論、調和運動、そして
自分の共鳴振動数を見つけること

調和を
見出すには

誰かと「波長が合う」といっても、あなたの波が
他の人の波とぴったり重なる必要はない。
むしろ、それはおそらくよいことではない。(p.163)

どんな親にとっても、どんより曇った長い午後と、退屈した子どもたちという組み合わせは、最も厳しい試練のひとつに違いない。その退屈している子どもがＡＤＨＤともなれば、試練の厳しさは倍になる。私の父はどんなときにも素晴らしい親だったが、なによりすごいのが、私を遊ばせておく方法を見つけられる無限の機知だった。

父には、私を退屈させない一番の方法が、私に何か実験をさせることだとわかっていた。そういった実験のひとつが、家の近くの川で定期的に行われていたある遊びだ。子どもが騒がしくなる週末や夏の休暇中の午後に私たちを救ってくれたのは、単純にして魅力的な昔ながらの「水切り」だった。

これを読んでいる誰もが腕試しをしたことがあるはずだ（まさに文字どおり、腕を試したことだろう）。私のように、何度やっても水に当たった衝撃で石が沈んでしまうのをひたすら見続けた人もいるだろう。水面を楽しげに跳ねる石が波紋を次々と残していくという究極の満足感を得られないままに。父はよく、石の動きが川に命をもたらすと言っていた。何も起こらなければ、何も起きないのだよ、と。

私には執拗で科学的な傾向があるので、何時間もかけて水切りに最適な石を探して回った。水面に魔法のような波紋をつくりだす私の能力を最大限まで高めてくれる、平べったい石だ。しかし何度やってもひどい水しぶきが上がるだけ。ごくまれに私の投げた石が完璧な結果を生むこともある。小石が、あたかもそのために生まれたかのように、水面に飾りを施して、何もなければ蛇行しているだけの川に興奮をもたらすのだ。このとき水面とそれをかき乱す物体とのあいだに完璧な調和が生まれ、競合する力が働き、小石が前へ前へと飛び跳ねてその旅路を続けられるようになる。こうして人生の早い時期に私が学んだのは、自分たちがもたらす作用の美と重要性について、そして正と負の結果を分けるのは往々にしてごくわずかな差だということについてだった。

私たちの人生の静かな表面に向かって、新たに登場した人々や環境が常に小石を投げ込む。痛みを伴いつつ沈む小石もあれば、気づかれもしない小石もある。しかし、経験の少ない者が投げた小石がぴょんぴょん跳ねていくこともあるように、たまに何かがぴったり正しい角度で私たちにぶつかることがある。私たちの人生をよりよい方向に変えてくれる人に出会ったり、世の中の見方が変わるようなアイデアを見つけたり、視野を広げてくれるようなものを読んだりする。新しい出会いの石は、私たちの意識全体にわたってさざ波を立てながら、跳ねていく。

そういった瞬間は偶然の産物ではない、少なくとも偶然である必要はないと、私は信じている。小石を水面で弾ませて川を渡らせる技術があるように、こういったシンクロニシティには科学がある。小石が水面を跳ねるときに生じるような波は、運動や力学、機械学を理解するための基本である。波がどのように動き、振動し、相互作用するのかを研究するなかから、物理学で最も重要なアイデアがいくつも導き出されてきた。

このレベルでは、人間も、光や音や潮の動きとさほどの違いはない。私たちの性格や人間関係や気分は、波のように揺れ動く。上下にうねり、同じ方向に進む波や反対側からくる波に遭遇しては変化する。振動や、調和運動、波動理論の背後にあるメカニズムは、私たち自身の気質の移り変わりを理解するのに役立つ。またそういった自身の内面の揺れ動きと他の人の内面の揺れ動きとの調子を合わせることで、不調和を回避して、私たちの人生にとって重要な意味を持つ人々や場所、状況との調和をとる方法も理解できるようになる。

人それぞれの振幅

かなり前のことになる人もいるかもしれないが、子どもの頃に公園でブランコを漕いで競争をしたのを覚えているのではないだろうか。今、小さなお子さんがいる人なら、もっと高くまで漕ぎたいから強く押してとせがまれることもあるだろう。ブランコのリズミカルな動きには、忘れられない何かがある。弧を描いて高みまで上昇しては低い場所に戻るのを何度も何度も繰り返す。それは喜びであり、解放であり、そして何よりも信頼感なのだ。向心力（物体を曲線に沿って動かし中心点に戻そうとする力)によって守られるので、端までいってもあなたははるか彼方へと飛んでいかずにすむ。一番低い位置では親やきょうだいという心強い存在があなたを「受け止め」るよう待ち構えてくれている。

　ブランコはつつましい遊具ではあるが、単なる子どものお気に入りというだけではないし、枠に取りつけられた金属製の鎖とプラスチック製のシートというだけでもない。これは振動子といって、2つの固定された位置のあいだで同じパターンの動きを繰り返す物理系だ。また、調和振動(単振動)の例でもある。調和振動では、あなたを引き戻す力は、最初にあなたを平衡状態から「ずらした」(押した)力と等しい。振動子の他の例としては、おじいさんの時計に使われているようなばねや振り子などがある。これらは物理学における重要な実験ツールであって、遊び場にあるブランコよりもはるかに複雑な系のモデルをつくる際に使用される。また振動子は、私たちが波動理論や機械物理学の原理を理解するのに役立つ。これらが、性格や人間関係に新たな光を当ててくれるのだ。

　人間と同じように、振動子は予測可能にも不可能にもなりえる。振動子には予想される経路があるが、外から力が加わればそれに応じて経路は変化する。ブランコの例でいうと、乗り手が地面で足を引きずって摩擦を起こすかもしれないし、乗り手がブランコに外向きの力を与え

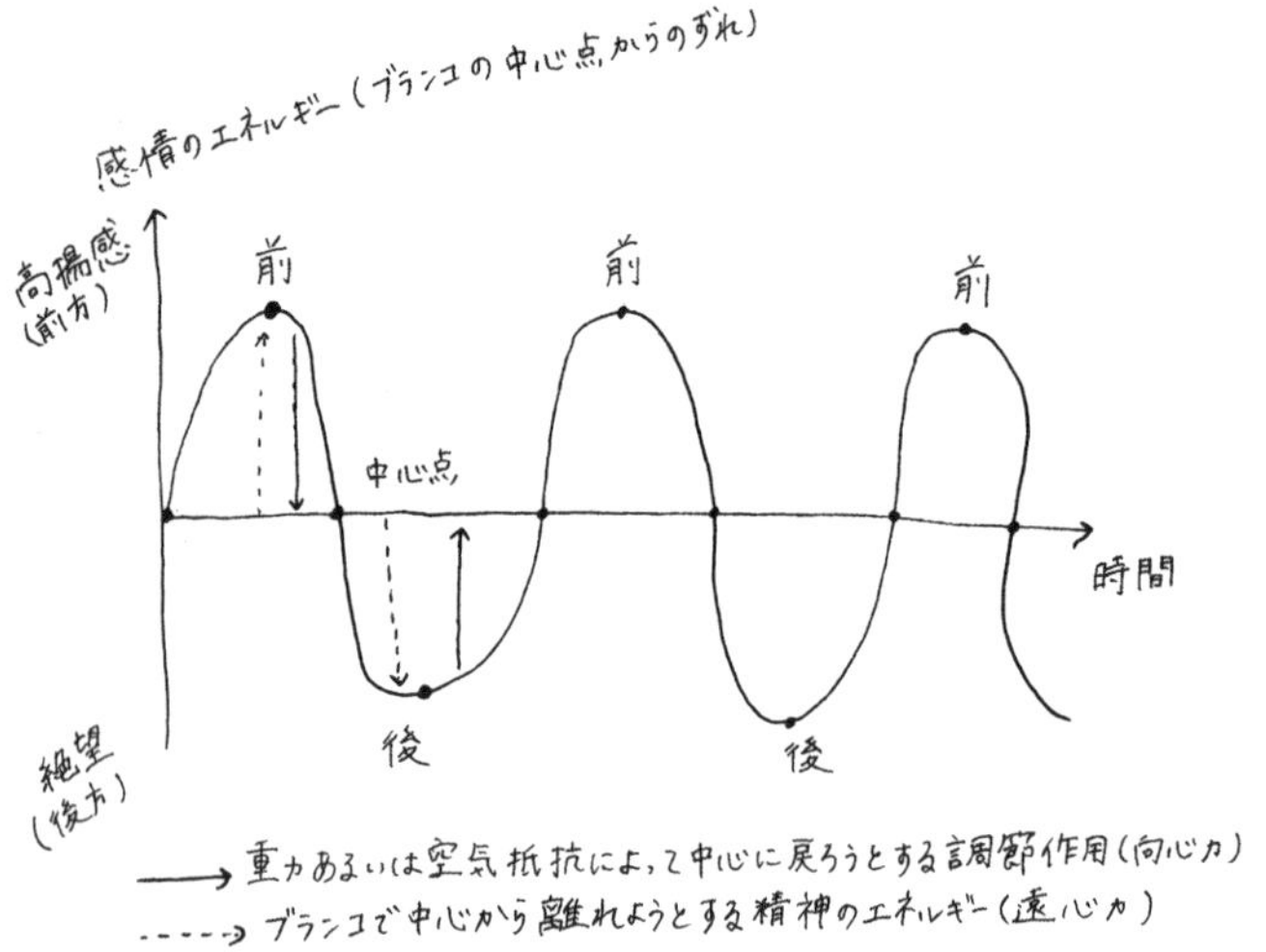

るように漕げば、異なるリズムになることもある。また、私たちの性格が控えめだったり極端だったりするように、振動子にも振幅（弧の山と谷）があって、それが鋭かったり浅かったりする。

　ブランコが教えてくれることを理解するには、振動を波のパターンとして表す必要がある。この図において、横向きの直線は平衡点を表している。つまり最初に私たちがシートにじっと座って押してもらえるのを待っている位置だ。波の最高点と最低点は振幅で、要するに、私たちが前後に揺れるときに描かれる弧の「大きさ」を表す。浜辺の波も、ヘッドホンから聞こえる音楽も、すべての波には振幅があって、私たちが見る波や聞こえる音の大きさを反映している。この振幅の大きさは、波が運ぶエネルギーの量に比例している。つまり、ブランコに乗った私たちを動かす力だ。また、波には振動数がある。単位時間あたりに振動する回数のことで、本質的には速度を表す（波のピークの間隔が短いほど、速く動いているということ）。

前章では、光と屈折の観点から波について見てきた。本章では、同じプリズムをとおして、私たち自身について考え始めたい。なぜなら、ブランコに乗った私たちが文字どおり調和振動の波に乗っているのと同じように、私たちの人生や個性にも固有の波のパターンがあるからだ。

あなたの知り合いのなかには、常に感情をコントロールできていて、問題に煩わされる姿をあからさまには見せず、「安定している」人がいるだろう。こういった人々は低振幅の性格であって、静止している平衡状態から大きく外れることは決してない。この人物を突き動かしたり、引き戻したりする感情的な力は、いずれも決して大きくなりすぎることはない。一定の調子でゆっくり滑らかに動くブランコに乗っているようなもので、突然の大きな揺れや乗り物酔いとは縁がない。

それとは対照的に、高振幅の人々はより多くのエネルギーを燃焼させ、感情の山と谷とがもっと極端で、おそらくはより速く移動する（つまり振動数がより大きい）。ブランコにたとえると、酔ってしまうような動きだ。急上昇しては、不安定な振り降ろしや、予想もしていないときに突然やってくる衝撃的な力によって引き戻される。ここで説明しているのはもちろん私自身のこと、特にADHDのことだ。

ADHDは、調和振動のまた別の典型的な例を用いるならば、ばねのなかでも最もきつく巻かれたばねなのだ。私たちは、激しく、我慢できず、しばしば他人を怖がらせたり困らせたりするような形で振動する。私たちのエネルギーは他の人たちよりも大きく、結果として、より大きく、より不安定で、より劇的な振幅となる。あなたを推し進める力が大きければ大きいほど、運動の法則からわかるように、逆向きの力(あなたを引き戻す力)も大きくなる。このように増幅された「上向き」と「下向き」の力によって、自分の振動子を極端から極端へと常に大揺れさせながら生きているので、疲れ果てることもある。

苛烈なADHDの波形が示しているのは、私たちがより多くのエネルギーを、日常生活のパラメーターに無理に押し込んでいるということだ。その結果、私たちはとても大きな振動数で動作することになる。衝動的な行動が引き起こされ、集中力は長続きしない。エネルギーにはどこか行き先が必要なので、エネルギーの出口をつくるために、私たちの振動子は振動数も振幅もより大きくなる。

このような衝動が慣習に従うことはまずないので、私は黄昏時にパジャマ姿で外に出てトランポリンに飛び乗ったりするわけだ。私自身のばねもまた、夕日に向かって私を突き上げるト

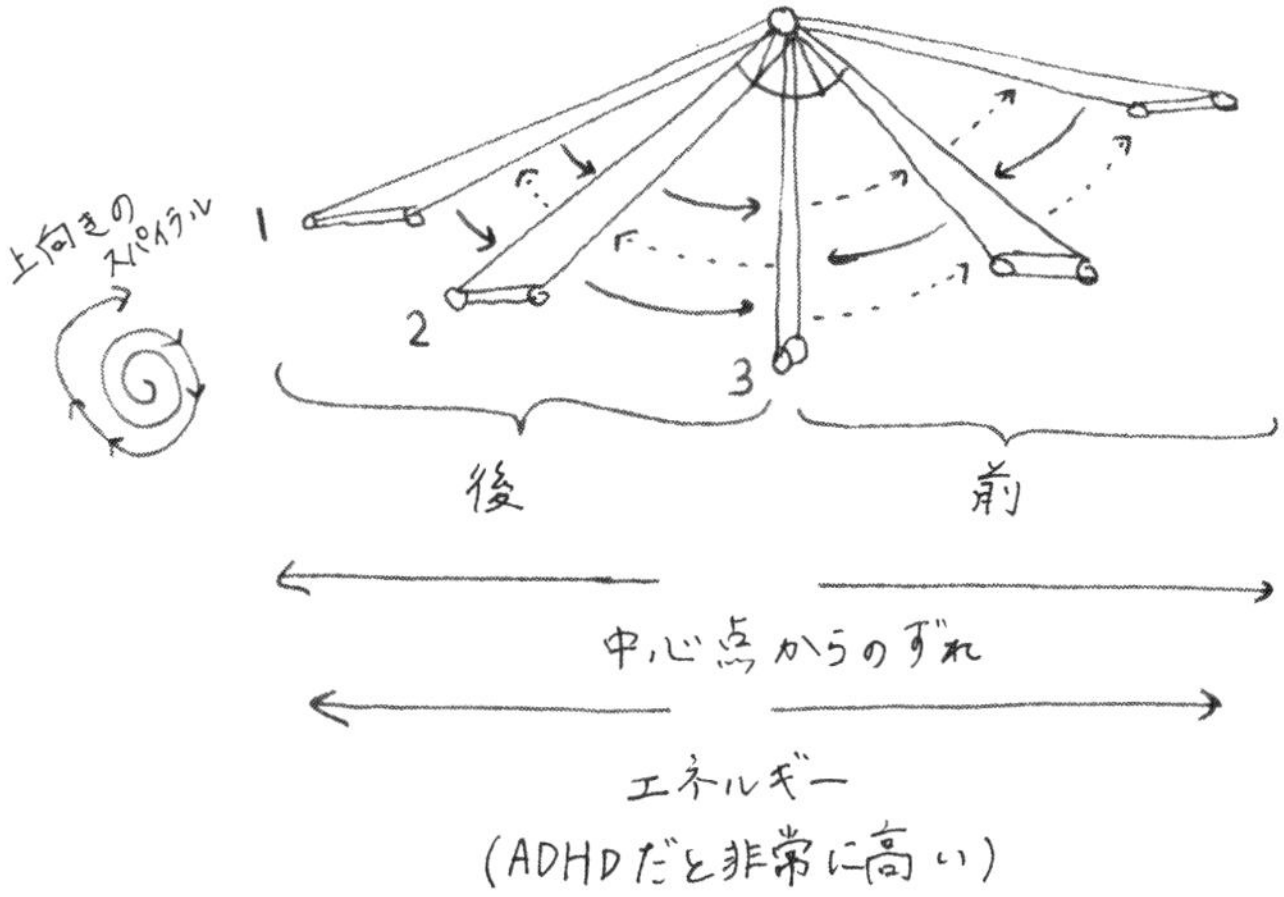

ランポリンのばねと同じくらい、きつく巻かれている。

高振幅の性格でも低振幅の性格でも、どちらにも長所と短所がある。大切なのは自分の気質の振動数を理解することだ。私は割と最近になってＡＤＨＤと診断されたのだが、それでようやく、自分の機能を正しく理解し、住む場所から付き合う相手までうまく調整できるようになった。

ブランコに「気持ちよく」乗るのと同じくらい自然に人生を歩むためには、自分自身の振幅だけでなく周囲の人々の振幅も理解する必要がある。そうして初めて自分のなかにエネルギーの調和を見出す望みがもてるのだ。その調和が土台となって、他者との調和も見出せるようになる。

他者とのまじわり――干渉と共鳴

振幅の理解は大切だ。こと振動子や波に関しては、孤立した存在などといったものはありえないのだから。調和振動子だって、実際には、ばねにつながれた球が永遠に往復し続けるような完璧で摩擦のない世界で暮らしているわけではない。ブランコに乗った子どもも同じことだ。風の抵抗や、地面で待ち構えている人のタイミングなど、あらゆるものの影響を受けている。

私たちのこれからの人生においても、同じことが言える。私たちの性格の波は、空間と時間のなかを、どこまでも続く道に沿ってただ楽しく進んでいくわけではない。私たちの波は、他の波と出会ったり相互作用したりする。その結果、私たちの波の形が、速さが、方向が、大きく変えられることもある。

ここで、ある2つの概念がこのプロセスを説明するのに役立ち、さらには私たちが備えたり適応したりしなければならない外部環境の種類を示してくれる。ひとつは「干渉」といって、2つの波が重なったときに起こる現象で、もうひとつが「共鳴」(共振)といって、外部からの力が波形に与える影響である。

干渉

干渉とは、波の組み合わせと、波が互いに及ぼす影響についての概念だ。２つの波が相互作用して生成される波は、「重ね合わせ」の結果であると表現される。重なった瞬間の２つの波の振幅の和が、その波の振幅となる。

このときに生じる結果は２種類ある。建設的干渉では、２つの波の振幅は同調していて、それらが合わさってさらに大きな波ができる。たとえば、浜辺に座って海を眺めていると複数の波が自分の方に向かってきて、それらが重なってどんどん大きな波になるときのような感じだ。出会った相手のおかげでよりよい自分になれることがあるが、そんな出会いが建設的干渉にあたる。

しかし、光や音や潮の動きなどで、必ず波が同調するわけではない。２つの波が、一方が山となり、他方が谷となった瞬間に交差すると、逆の現象が起きる。相殺的干渉といって、２つの相反する波が効果的に打ち消し合い、平衡状態に戻るのだ。波の山である正の振幅と谷である負の振幅とを足し合わせると、重ね合わせがゼロとなって、見えるもの、聞こえるものが何もなくなる。相殺的干渉をする者は、あなたのエネルギーと喜びを搾り取る。彼らのもつネガティブさが生み出す衝撃で、あなたのエネルギーと喜びとを中和してしまうのだ。

この応用例が、私のお気に入りにして最も大切な持ち物のひとつである、ノイズキャンセリ

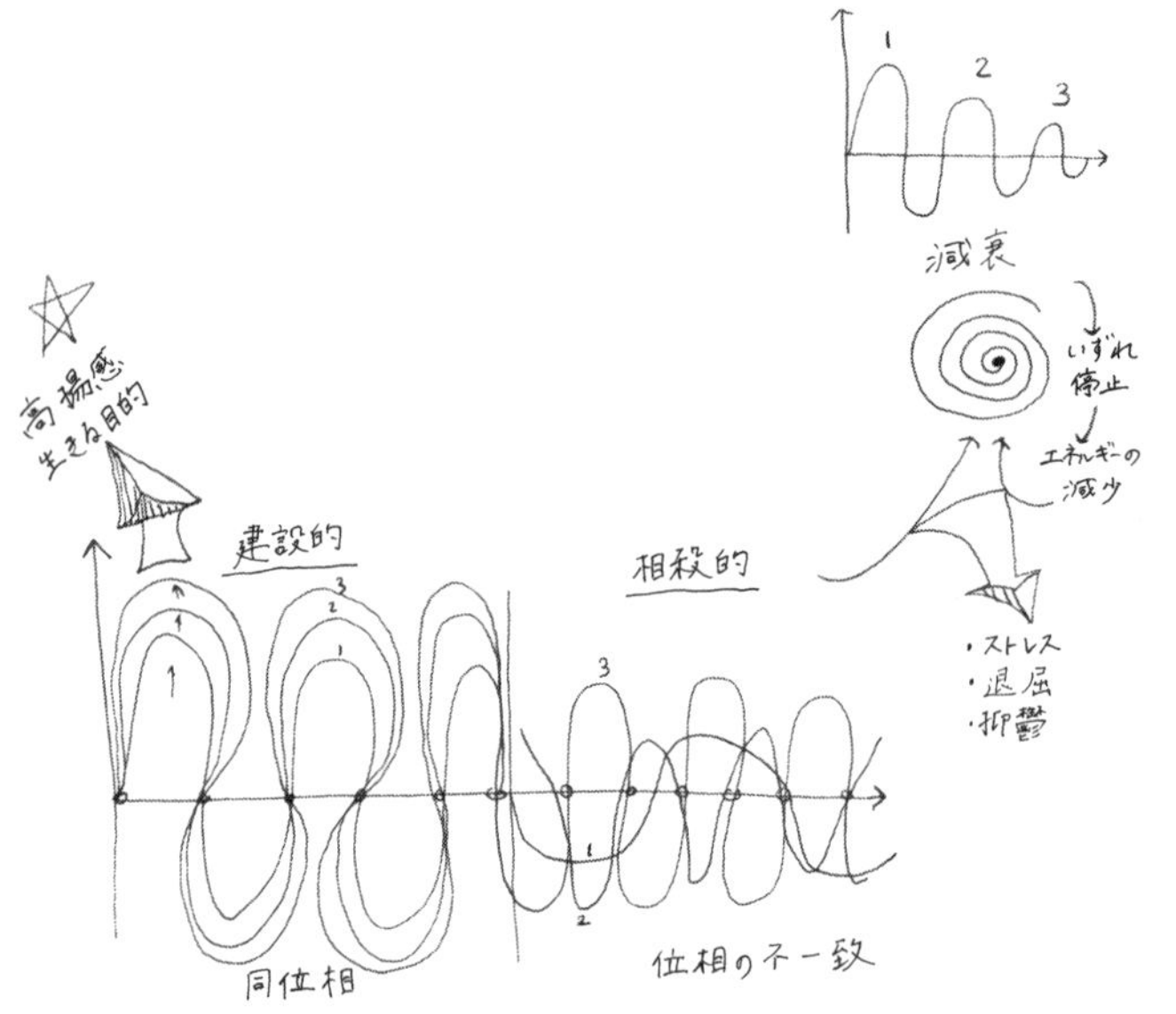

ング機能つきヘッドホンだ。これをもたずに私が外出することは決してない。カフェでの大声での会話、道行く救急車のサイレン、車の窓から大声をあげる人々などから私を守る盾となってくれる。相殺的干渉のおかげで私は安心してそういった場所を通ることができるのだ。これがなければ私は動くこともままならないだろう。このヘッドホンがつくりだす音波は周囲の音波と逆位相となるよう設計されているので、私の耳には何も聞こえない。つまり、振幅の足し合わせがゼロとなるよう、2つの波の均衡が保たれているのだ。

　このように、波は、重なって増幅することもあれば打ち消し合うこともある。波が合わさって、単独ではありえないほどの大きさになることもある。あるいは相殺して平衡に達することもある（音は静まり、光は消え、エネルギーが徐々に減っていく）。そして、そのあいだには、ありとあらゆるバリエーションがある。それぞれの波のもつ固有の性質によって不調和が生み出されるのではない。波がいつ出会うのかが、最も重要なのだ。位相が合えば建設的でありえる２つの波が、逆位相だと互いに打ち消し合う。人生何事も、タイミングが重要なのだ。

共鳴

タイミングは、共鳴においても重要な意味をもつ。共鳴は、波動理論と調和運動から得られる人生の教訓を理解するためのもうひとつの重要な概念だ。これに関係するのが、「共鳴」振動数といって、ワイングラスを爪で弾いたときの音や、我らが遊具のブランコが動くときに自然に描く弧など、ある波の系が最も自然に動作する、系に固有の振動数である。共鳴の力は、外から力が加えられたときに生じる。この外力が対象物に与える影響は、加えた力の強さよりも、振動数を共有しているかどうかにはるかに強く依存する。つまり、あなたがブランコに乗っているときに、まずいタイミングで、たとえばブランコが後ろに振れている重要な瞬間で前に強く押されるよりも、ブランコの共鳴振動数に合わせた正しいタイミングで軽く押してもらうほうが、はるかに効果的だということだ。また、ワイングラスの場合だと、共鳴振動数と同じ振動数をもつ音波であれば大きな力を生んでグラスを砕くこともありえるのに、違う振動数だと、ものすごく大きな音(つまり振幅の大きな波)であってもグラスが砕けたりはしない。

共鳴と干渉が示しているのは、自然界ではシンクロニシティによって大きな違いが生じるということだ。「位相が揃っている」ほうが、「とてつもなく強い力」よりも大きな影響力をもつことが多い。これと同じことが、人間の個性について、そして複数の個性が一緒にどう働くのか(あるいは働かないか)についてもあてはまる。新しくできた友達や恋人について「なんだか意気投合しちゃって」と言ったことがある人ならば、人間のレベルでの建設的干渉がどんな感じなのかわかるはずだ。2つの個性がお互いに高め合って、ひとりだけでは届かないレベルに達するので、その関係性はとても楽しく、活気と生命力に満ちたものとなる。一方、その逆の関係を経験したことがある人も多いだろう。あなたと調子の合わない人によって、あなたのエネルギーや喜びがどんどん奪われていくような場合だ。迷惑な騒音が逆位相の別の波によって打ち消されて平衡状態になるように、私たちの精神や個性も、人生で出会う間違ったタイプの人々によって無力化させられることがある。このような相殺的干渉があると、私たちは疲れ果て、自己嫌悪に陥り、何も楽しめなくなってしまう。

世間と波長が合わないと感じることの多い私にとっては、振動数や干渉、共鳴を理解することで、人付き合いでの浮き沈みによりよく対処できるようになった。この理解は、さまざまな問題を考えるのにも役に立つ。誰と一緒にいるべきなのか。どのような人々や状況が自分を高めてくれるのか、あるいは危険なまでに落ち込ませるのか。私は、自分が他の人たちにとって「難しい」存在になりうることはわかっているが、与えるべき愛情をたくさんもっている人間でもある。このような、いささか極端な性格を最大限に活かすにはどうすればよいのだろうか。次は、先に挙げたさまざまな概念を用いて、私たちの人生で関わる人々とどうやって波長を合わせられるのかを考えていこう。人生を豊かにする人間関係を最大限に活用しつつ、人生を損なうような人間関係からは距離を置くようにするのだ。

「波長が合う」とはどういうことか

幼い頃から、私はいつも疎外感を抱いていた。他の人が理解できていることを自分は理解できず、他の人が感じていることを自分は感じることができない。そして、人生の大半を費やして気づいたのは、自分は他の多くの人々と比喩的な意味で波長が合わないだけでなく、文字どおり神経学的な意味でも波長が合っていないということだった。

空気中を伝わる音や光にさまざまな振動数があるように、私たちの頭のなかの波の運動にもさまざまな振動数がある。たとえば、眠っているときの、振動数の小さいゆるやかな波(デルタ波やシータ波と呼ばれる)、リラックスして特に何もしていないときの振動数がもう少し大きい波(アルファ波)、注意力と集中力を必要とする仕事に積極的に取り組んでいるときの振動数の大きな波(ベータ波とガンマ波)などだ。自分が置かれている状況に応じて、脳波は心地よい神経学的ハーモニーを奏でたり、激しいドラムビートを打ち鳴らしたりしている。

ＡＤＨＤの場合、私たちの脳はある特定の状況に対してしばしば間違った波長を出している。仲間たちのリズムからは外れてしまって、自分だけの無音の神経化学的ディスコにいるのだ。複数の研究によると、ＡＤＨＤの脳は、より活発なベータ波が必要とされる仕事をしているときにもシータ波のままになっていることが多いそうだ。トータルの結果として、時間と空間の感覚が、まるで水のなかで生活しているかのようなぼんやりとした混乱に陥る。世界はある速さで動いているのに、自分の脳はそれとは違う速さで動いているのだから。これは、不安と、自分の立ち位置を確認するためにすべてのエネルギーを使い果たすような毎日とが組み合わさっている状態だ。私の心を扱うのは、部屋いっぱいにいるたくさんの幼児を世話するようなものだ。ときどきは落ち着いた状態になることもあるが、たいていは泣いたり、叫んだり、笑ったりで制御不能な状態となっている。

これがどんな感覚かを理解したければ、大混雑の大通りでフェラーリを運転しようとすることを想像してほしい。あなたの脳が望む速度は、自分自身が置かれている環境とは単純に相容れない。常に心のアクセルを踏んで次から次へと飛び回りたいのに、周りは歩行者や他の車や信号だらけ。脳は速度を上げてぶっ飛ばしたがっているのに、日常生活という、速度を落とさせるための障害物にぶつかり続けている。鍵の場所を覚えたり、定時に出社したり、昼食をとったり、人に親切にしたり。なんと大変なことだろう。

ＡＤＨＤをもつということは、長時間の集中が困難であるだけではない。かなり衝動的になり、気分に振り回され、ある瞬間の高揚感から次の瞬間にはエネルギッシュな絶望感へ落ち込むなど、振れ幅が大きくなりがちだ。気を散らせる突風が絶え間なく吹きつける場所に据えられた風向計のように、あなたの注意力は激しく揺さぶられる。

私なんて、ただお茶を淹《い》れるつもりでキッチンに行ったはずが、淹れているあいだに面白そうな本を手に取り、お茶のことをすっかり忘れてノートにメモを取り始め、突如として歩いて食料品を買いに行くことにして、不安を鎮めるためのチューインガムを１パック買って帰宅したところで、忘れ去られたお茶のせいでマグカップに茶渋がついたことに気づき、それを洗うためにゴム手袋をつけたものの、インスタグラムにゴム手袋姿の自分の写真を投稿したくなって、マグカップのことをまた忘れてしまう。飲みもしないお茶のためにこれだけの労力を使うのだ。

私のＡＤＨＤの脳は、振動数も振幅も大きい、制御不能な野獣なのだ。波の山と谷の両方が、かなり極端に尖っている。

つまり、他の人の波長との相互作用について、自分のためにも他の皆のためにも気をつけなくてはならない。自分でも、ときによっては少しばかり大袈裟になることがあるとわかっている。自分の固有のエネルギーと熱量があふれ出して、他の人からすると「つっけんどん」「ものをはっきり言いすぎる」「反応が感情的すぎ」と受け止められることがときどきあるからだ。「やりすぎだよ、ミリー」と、以前はしょっちゅう言われていた。現在も、職場で自分の主張や考えを伝えようと熱くなりすぎて、うっかり相手の意見を潰したり言い負かしたりして相手の気分を害することのないように気をつける必要がある。それと同時に、熱意は決して大罪ではなく、自分の考えを表明し続けるべきなのだと自分に思い出させることも大切だ。結局のところ、エネルギーの噴出によって（あるいは差し入れのお菓子が盛られたお盆によって）、無味乾燥な職場の雰囲気が盛り上がるのはみんな大好きなのだから。私にとって、世間との関係をコントロールするのはおぼつかない作業であって、故障したラジオをチューニングするようなものだ。完璧な周波数に合うこともたまにはあるけれど、嫌な雑音があふれ出すことが多い。

同時に、自分で自分の面倒を見て、生活のなかで出会う他の波長（人や場所や状況など）が、相殺的ではなく建設的なものが多くなるよう注意しなくてはならない。私は人生で何度か鬱状態や鬱病を経験したことがあるけれど、その根本原因とは、自分の自然な振幅が周囲の環境から かけ離れてしまって、そのギャップの埋めようがない状況に陥ったからだと思う。前に進み続けようと、どんどんエネルギーを注ぎ込んだのだけれど、そのほとんどは無駄だった。私の振幅の大きな心は、しばしば苦痛に満ちた沈黙のなかへと沈み込んだ。自分と周囲の環境との違いがはっきりすればするほど、私はますます孤独を感じ、孤立を深めた。そして、自分の無益さに苛立ち、生まれもった性格やニーズに疑いを感じるようになった。この沈黙の論理が私の鬱状態の根源であって、私は自分の環境に疑問をもつだけでなく、自分自身にも疑問をもつようになり、自分のとる行動すべてが間違った結果を招くのではと怖くなった。どうにか機能できていたときでも、私は打ちのめされた鬱状態にあり、他人と関わるために本当の自分を隠してノーマルであるかのような仮面をつけていた。これによってさらに多くのエネルギーが奪われ、時間が経つほどに事態はどんどんと悪化していった。

鬱病と初めて診断されたのは、博士号をとろうとしていたときのことだ。すでに4回も書き直したものを、細かい句読点に至るまですべてチェックするという作業に追われていた。山ほどあるやってみたいアイデアが頭のなかでわんわんと渦巻いているのに、振幅が最も小さいレベルのことに自分を押し込まなくてはならなかったのだ。時間が経つにつれて、自分の創造力と集中力を制限しなくてはならないことがますます辛くなり、自分のエネルギーと熱意のすべてを失い始めた。毎日、ベッドから出るのが1時間ずつ遅くなった。作業で求められる集中力を欠くようになっただけでなく、人として機能することすらできなくなっていた。

これと似たようなことは、もっと最近に、仕事を得てスラウ［編注：ロンドン郊外の都市］に引っ越したときにも起きた。その仕事に就いたのは、工業団地で9時から5時まで働くのが、心穏やかな「ギャップイヤー」になりそうだと思ったからだ。しかし、コーヒーショップのポイントカードが着々と増えて、開くのが恐ろしく遅い自動ドアの前でジリジリとしながら立ち続けるような生活は、「心穏やか」とは程遠かった。私は必要とする刺激をまったく得られず、またもや環境と自分の調子がまったく合っていないと感じた。自分のエネルギーがベージュ色のカーペットに吸い込まれ、蛍光灯の明かりに溶け出していくのが、ほとんど感じられそうだった。だがこのことから、最終的にはよいことも起きた。26歳のときに、素晴らしい友人たちができただけでなく、正式にADHDとの診断が下されたのだ。そのおかげで、自分が属する惑星や種族とのあいだに感じていたバランスの悪さを、もっとよく理解できるようになった。

これら2つのエピソードから学び、友情や人間関係（よいものもそうでないものもあった）

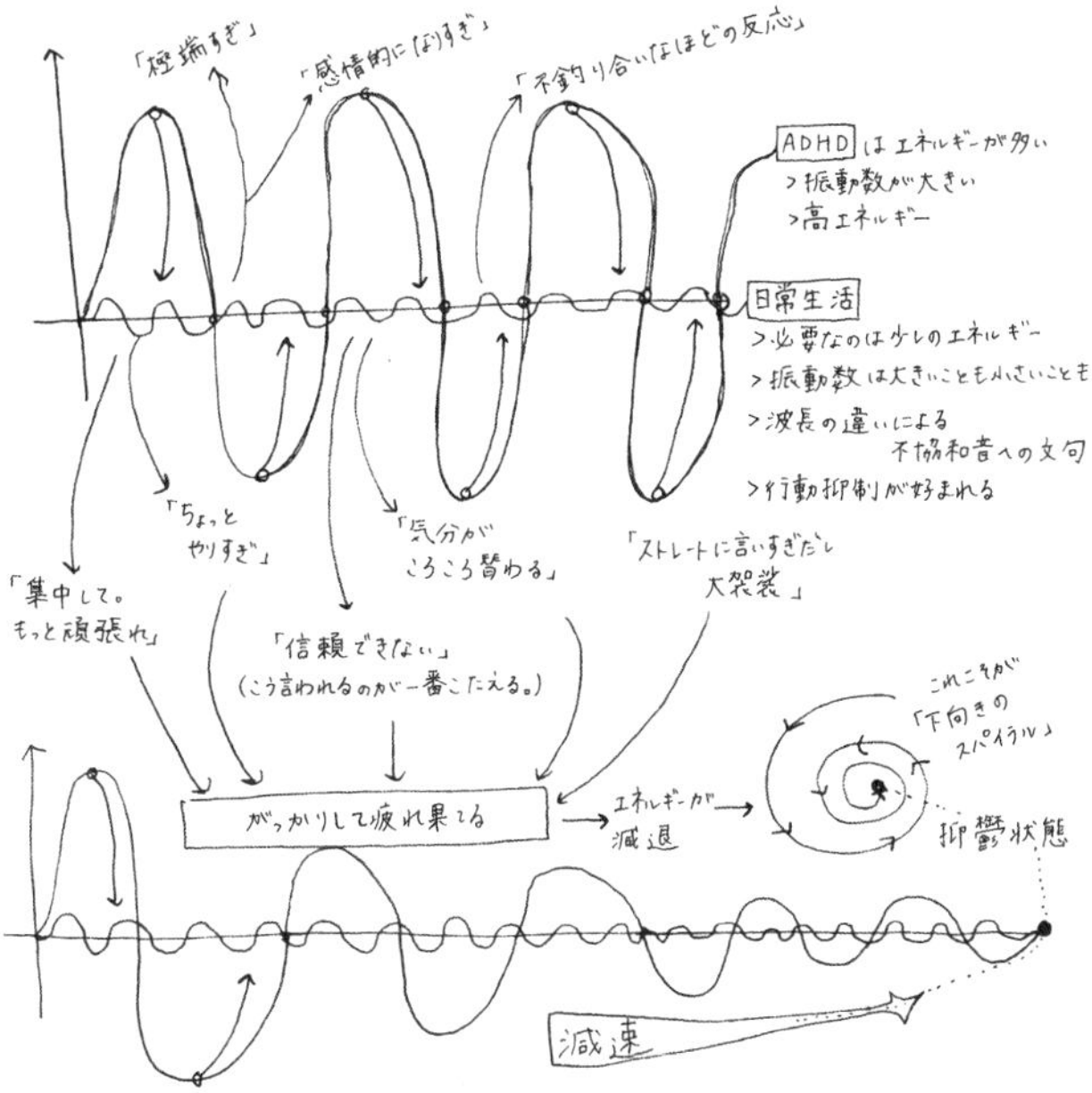

を通じてその正しさを確信することとなった教訓とは、振幅のずれに敏感でなければならないということだ。それが２人のあいだの波長のずれであれ、住んでいる場所や働いている場所と自分自身との波長のずれであれ。私の波長は生まれつき振幅とエネルギーが大きく、何か新しいことを思いついてはおかしくなるほど興奮したかと思えば、異臭や嫌いな色のために押し潰されるほど不安になったりと大きく揺れ動いているので、まったく異なる振幅をもつ人々や状況への対処に苦労する。そうなると、他の人が自分に無関心だとか、敵意があるとさえ想像してしまって、自分がどうすれば溶け込め

るのか（あるいはどうすれば距離を保てるのか）を常に考えすぎるようになる。

もし誰かの自然なレベルが、私よりもはるかにのんびりとして気楽なものならば、私はストレスを感じるだろう。そして、私はあまりに熱量が高いためそういった人たちを怖がらせてしまうことが多くあり、結果として一筋の罪悪感を覚えることになる。そんなわけで、私のことを「受け入れている」ことがはっきりしている人を除けば、相殺的干渉になるだろうとわかっている人と一緒にいるよりも、ひとりで過ごすようにしている。私は自分の経験から、環境や社会的規範に同調しようと努めるのがどれほど疲れるものかわかっている。私にとっては、そういった努力はするだけの価値が単純にない。

環境と調子が合っていないと疲れ果てて気力がなくなるのとは対照的に、同じ共鳴振動数をもつ人を見つけるのは、人生で最も素晴らしいことのひとつだ。ブランコを完璧なタイミングで押すように、調子の合う友達やパートナーや同僚は、ちょっとした言葉や冗談、身振り、短いメッセージなど、最小限の労力によってとてつもなく大きなプラスの効果をもたらす。間違った人たちによって、私たちの心や気分は沈んでしまうけれど、適切な相手ならば私たちの気持ちを空高く舞い上がらせることができる。建設的干渉という魔法は、あなたとパートナーとが、社会的に、あるいは恋愛や仕事において、これまで別々に送っていたときよりもずっとよい最高の人生を共に送るのを助けてくれる。私は自分がほとんどの人とは違っていることを自覚しているので、本当に調子の合う比較的少数の人たちを見つける感度が高い。建設的干渉のシグナルを感じると突進する。私の個性の爆発に合わせ、補完し、ときには穏やかに和らげてくれるような人たちなのだから。

あなたも、調子の合う人を見つければそれと気づくことができる。人々が友人や恋人になった理由を説明するのによく言うところの、目には見えないけれどピンとくる感覚や、つながりや一体感があるのだ。新しく知り合った人のことを、「ずっと前から知っていたような気がする」と誰かが言ったとしても、まったく不合理な言葉というわけでもない。相手のことを実際に知っているわけではないけれど、性格や気質の波長が十分に共通しているので、握手もしないうちから行動や考え方や好みが無意識のうちに揃っているのだ。たまたま人生が重なるまでに、何年にもわたって、多くの部分が重なる道を歩んできたのである。

他の人と「位相が合う」と言うとき、それは振幅まで完全一致しなければならないということではない。誰かと「波長が合う」といっても、あなたの波が他の人の波とぴったり重なる必要はない。むしろ、それはおそらくよいことではない。音楽のハーモニーに異なる音符が同時に必要なのと同じで、人間のハーモニーには個性の同調が関係している。それらの個性は、橋渡しすらできないほど差があるわけではないけれど、互いを効果的に抑制したり均衡をとった

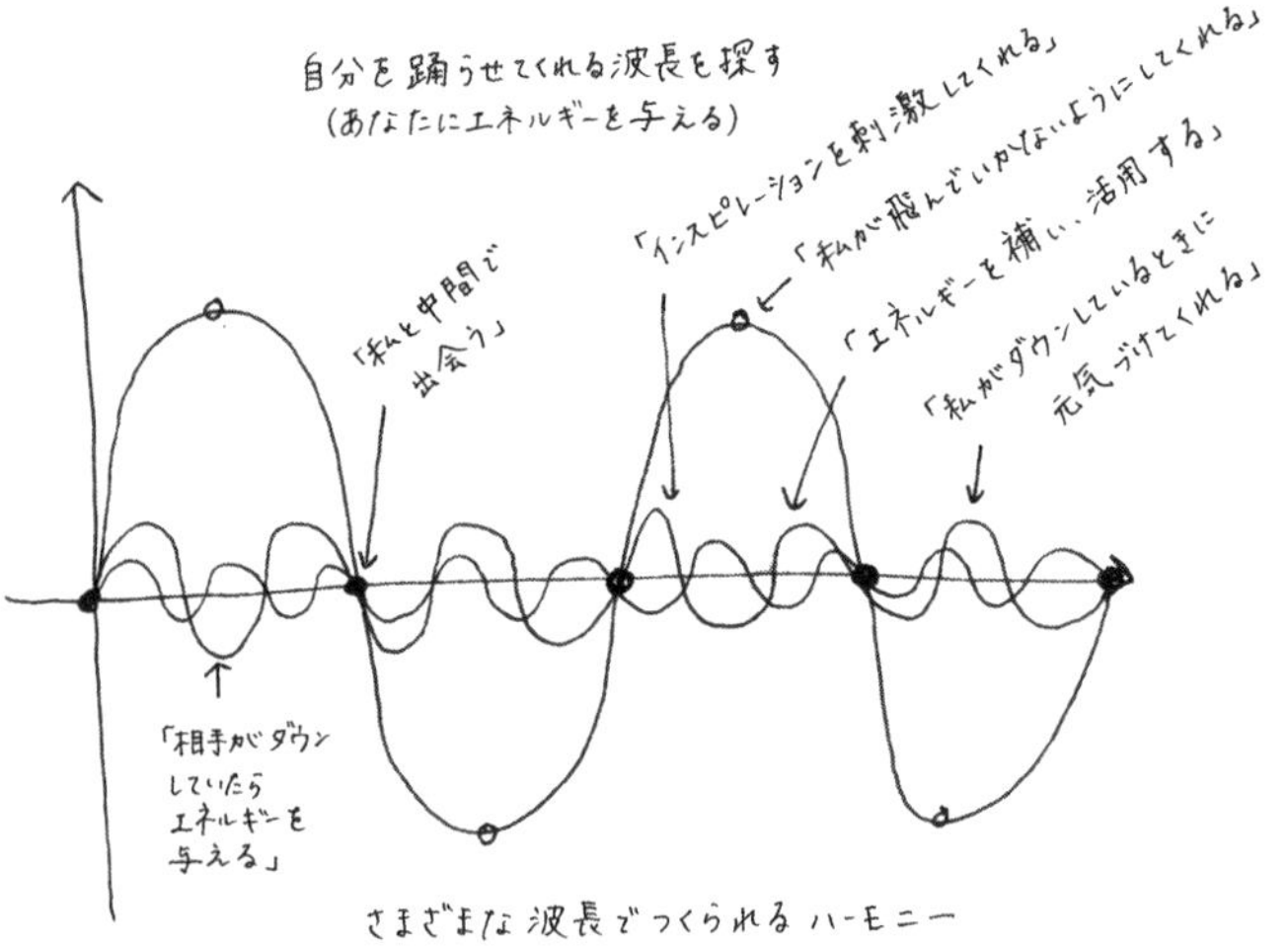

自分を踊らせてくれる波長を探す
(あなたにエネルギーを与える)
「インスピレーションを刺激してくれる」
「私が飛んでいかないようにしてくれる」
「エネルギーを補い、活用する」
「私がダウンしているときに元気づけてくれる」
「私と中間で出会う」
「相手がダウンしていたらエネルギーを与える」

さまざまな波長でつくられるハーモニー

りすることができないほどにそっくりなわけでもない。水面を軽やかに跳ねる石のように、2つの物体は——あるいは人は——特別に似ていなくても、共に何かしら美しいものをつくりだせる。相互作用には、角度とタイミングがすべてなのだ。

私の親友たちは、私が最も興奮しているときには気分を和らげ、最も深い谷底に落ちているときにはそこから引き上げてくれて、私がそのお返しを同じようにできる人たちである。上の図が示すように、大切なのは、それぞれの波のパターンが旅路を十分に共有しながらも、それぞれの個性と、互いに補い合う力を保ち続けられるということだ。私たちが必要としているのは、自分とは対照的な波(個性)がもたらす、挑戦と、変化の可能性である。これによって探索のチャンスが生まれる。それは、あらゆる科学実験にとって、そして私たちの生活にとって、大切な要素なのだ。この種の多様性が効果を発揮するのは、ある一定の範囲内に限られる。それでも、２人がそれぞれに対照的な振動数を合わせて、自然に生じる障害物を乗り越え、違いに押し潰されることなく恩恵を受けることが十分にできるのだ。

音楽にたとえるならば、私たちの生活は、指揮者のいないオーケストラで演奏しているような感じだろうか。誰もが自分の楽器を演奏しながら、周りの人たちと調子を合わせたいと思っているのだが、他の人たちはそれぞれの旋律を演奏していて、それが私たちの曲と不協和音を起こすことも多い。全員の調子を合わせるための指揮者がいないので、私たちは自分自身の耳で、一緒にハーモニーを奏でられそうな相手や、どんなに頑張っても必ず衝突することになる相手を聞き分けなくてはならない。私たちが聞き取るべきは、共鳴だ。それは私たちの共鳴振動数と一致している人々や職場環境、住む場所のことであって、そこにいるだけで、あるいはそこにあるだけで、ほとんど自然に私たちを高揚させてくれる。この共鳴を、私たちの多くは生涯をかけて探し求める。友人、人生の伴侶、仕事、家庭など、私たちに本質的な安らぎと充実感、幸福感を与えてくれるものたちだ。その探求は、まずは自分自身の波長を理解することから、そして他者の波長に共感するところから始めなくてはならない。人生という振り子の上で、私たちは皆、自分自身のリズムを見つける必要がある。そして、そのリズムに合わせて自分を踊らせてくれる人たちを探すのだ。

第6章

分子動力学、同調性、個性

集団の後追いをしないためには

ASDの人ならすぐ気づくことだが、
人が「普通」などと言うのは、たいていは恐れや偏見に
薄いベールをかぶせているときなのだ。(p.179)

私はいつも、物や人の動きに魅了されてきた。5歳の頃には、寝室の窓から差し込む太陽の光のなかで塵《ちり》の粒子が浮遊しているのをじっと見ていたものだ。粒子の多さと、粒子が同調して動く様子に夢中だった。ただし、ほとんどの粒子は同調して一緒に動いているのに、いつでもいくつかの粒子だけはあらぬ方向に動いているように見えた。朝の光のなかに座り、目を閉じて、顔に当たる温もりを感じながら、自分の頬に降り注いでいるように感じられる粒子の数を数えることもあった。実のところ、私は1日に15分しかこれを許されていなかった。というのも、私にとってこの作業はあまりに楽しく、一日中座り込んで埃っぽい太陽の光を浴び続けかねなかったから。

動きに魅了されたように、大きさの感覚にも魅了された。私たち人間は、自分がほとんど見ることも理解することもできないような微少なものに比べたら、究極的には数の上で取るに足らない存在なのではないかという感覚だ。私の人生のこの時点では、私はまだ生化学らしきものをまったく学んでいなかったので、自分が理解していたなかで最も小さいものとは学校で教わったばかりのピリオドの点だった。当時はこれが、後に私が原子として知ることになるものの代用だった。この「ピリオド」たちを理解すれば、私が毎朝浴びている塵の集団の秘密がわかるに違いない。

私が座って空想にふけっていると、階段の下から母の声が聞こえてくる。「ミリー！　もう聞くのはこれで最後だからね。トーストには何を塗るの？」。度の入っていないメガネをかけて(この頃はまだエルトン・ジョンに憧れていた)、階段をドタドタと駆け下りると、頭から離れない、はるかに重要な疑問を吐き出した。「ママ、世界にはいくつのピリオドがあるの？」。母は眉根を寄せて笑った。「つまり、トーストにはベジマイトを塗るってことでいいのね？」

結局、ピリオドについて満足のいく答えは得られなかったが、それ以来、私は自分の周りの世界がどのように動いているかを観察し、分析する人間になった。カフェで座って本を読んでいるふりをしながら、実際は、人々がどのように動き回り、あるいは振る舞うのか、ひとりのときはどうなのか、互いにどういう行動を見せるのかと観察していた。何が予測可能で、何が偶然に起きていることなのか。人ごみのなか、不安だらけの私が進めそうな経路を見つけようとするときに、他の人たちの動的な振る舞いはどの程度当てにできるのだろうか。

観察だけでなく、本も読んだ。たとえば、トマス・ホッブズが説明する人間の本性や、アドルフ・ケトレーによる「*l'homme moyen*」(平均人といって、その行動が人口全体の平均を表す平均的な人)の概念についてなどだ。他にも、「シヴィライゼーションV」というゲームをプレイして、人間のさまざまな決定が大規模な影響を及ぼす様子をシミュレーションした。また、電車に乗るたびに、あるいは学校の運動場で座るたびに、人々がお互いにどのように振る舞うのかを観察し、人間の動きに見られるパターンについて多くを学ぶようにした。

私が答えを探していた疑問は根源的なものだった。私たちの行動は本質的に個人的なのか、それとも集団に従うのか。私たちは自分のリズムに従って動くのか、それとも群衆のリズムに従うのか。私たちは集合的に動く塵の粒子のひとつなのか、それともはみ出し者なのか。当時ホッブズが着ていた、細かくひだを寄せた襟は着こなせる自信のある私だけれど、ホッブズとは違って、哲学的な動機からこういった問題を考えたわけではなかった。私にとっては、それはものすごく現実的な問題だったのだ。周りの人たちがどのような行動をとるかをある程度確実に予測できなければ、私は彼らに取り囲まれた状態では(というか実際には彼らの少しでも近くにいると)安心感を得られないのだ。あらゆる店に、舗道に、プラットホームにいる、怖くて変なにおいのする人の群れを通り抜ける勇気を出すためには、彼らの行動規範を理解しなければならない。自分自身を守り、安心させるために、彼らのことを研究する必要があった。そうしなければ、子どもの頃のあの状況に逆戻りしてしまう。家族で出かけるたび、最後には騒音と光を遮るためのコートを頭からかぶって姉に慰められながら車のなかで身を潜めていた、あのときに。

私を怖がらせる人ごみについて、初めてゲームという観点から考えさせてくれたのは姉のリディアだった。混雑した通りをある種の人間テトリスだと思えば状況を深刻に考えなくてすむし、科学者の帽子（と白衣）を装着して科学者の目で見ることができる。自分を怖がらせるものを、自分が本当に楽しめるもの、つまり研究対象となる理論的問題に変えられるのだ。

こういったことによって、人ごみは今でも私の最大の恐怖に数えられるにしろ、人間観察は人生の大きな楽しみとなった。ネットフリックスでドラマを全シーズン見るよりも、道を渡る歩行者の予測のつかない動きを追うほうがよっぽど面白い。私にとってそれは、火を囲んで燃える様子を見つめている原始人と同じ感覚なのだ。退屈な人間だと思われたかもしれないけれど、人間の行動には退屈なことなど何もない。たとえそれがごくありふれた状況にいる人の行動であっても。かつて、土、風、水、火という太古の四元素が古代の科学者たちを魅了したように、あらゆる場面に、予測不可能な事柄と人間関係が待ち受けている。こういった日常の物語は展開が遅すぎると思うかもしれないが、あなたの周りで起きている派生的な物語まですべて見始めると、どんなにせっかちな人でも十分に堪能できる内容になっている。予測可能な時間の矢に沿って物語を並べただけの、台本に沿ったテレビ番組や映画では望むべくもないようなな、はるかにドラマチックなものがそこにはある。

通りを歩くなんて、人によっては何度も考えなくてもできることかもしれないけれど（私は

20回くらい考えないとできない）、このプロセスを通じて私が得た学びは誰にとっても有益だと思う。個人と集団の衝突は、誰にでもある程度あてはまるだろう。人生の進路を決めるとき、私たちは皆、自分の希望と、社会が私たちに期待することや強制することとのあいだで決断を迫られる。私たちが下す大きな決断のほとんどには、個人的な動機と集団的な動機の両方があり、ときには私たちは両側から引っ張られる。個人のニーズと集団の要請のバランスをとることは、誰にとっても最大の挑戦のひとつなのだ。

私たちが自信をもってそれぞれの道を切り拓くためには、自分の人生の背景と、周囲の人々の振る舞いや環境の変化を理解しなくてはならない。自分の行動は普通なのか、そして普通である必要があるのか。一般社会から排斥されることなしに、はみ出すことはできるのか。周囲の人と違うものを望んだり必要としたりすると、問題になるのか。自分について知るためには外側に目を向けて、空間と時間の両方をとおして集団の動きを研究する必要がある。

集団の動きを予想する

集団とは、その集合体全体の振る舞いにより定義されるのか、それともその一部である多くの個人によって定義されるのか？　あるいは、不必要な関わりを避けられそうな進路を見つけたい私が、道案内として注目すべきなのは、個々の人々なのか、それとも集団の動きのパターンなのか？

私はどうしても一番下の段階から始めたくなる。つまり、化学の本で読んだ分子レベルの動きからということだ。おそらくそれを人間レベルまでスケールアップすれば、力場《りきば》のなかの分子の動きを追跡するように、ひとりひとりの軌道の予測をモデル化できるのではないだろうか。このような視点から、私は人々のさまざまな動きを観察した。礼儀正しさや優しさから道を譲る人もいれば、我が強くてこうと決めた道を断固として進む人もいるし、忙しくて（あるいは忙しそうに見せたくて）急いでいる人もいる。動きの速い人に、遅い人。がっしりした人に、小柄で機敏な人。多種多様な混ざり合いがそこにはある。まるで、それらすべての形の人々を生み出した、原子のように。

そうしてすぐにわかったのは、ひとりひとりの動きを把握しようとするのは単純に不可能だということだった。通勤時にはいつも本能的に全員の動きを把握したくなるのだが、そんなことをしていると、疲れ果てて異様なほど眠くなってしまう。塵の粒子を数えようとするのと同じで、時間も根気もエネルギーもすぐに使い果たしてしまうのだ。

個々のレベルで物事を評価しようとするのは、非現実的なだけではなく、科学の面でも役に立たない。人間も粒子と同じで、完全に独立して動くわけではないからだ。私たちはシステムの一部である。つまり他の人々や、無生物、気候や社会的慣習に至るまでの、有形無形の要素で構成されるより大きな環境の一部なのだ。私たちはシステムに参加していると同時に、さまざまな方法でこのシステムによって形づくられている。意識的であろうとなかろうと、私たちは周囲の人々の行動を観察しながらその影響を受けている。それが、私たちの予測を調整し、私たちが行動を決定するのにも間接的に役立っているのだ。鳥の群れ全体が数秒間で方向転換できるのは、ほんの数羽の動きを受けて、何千羽もの鳥が反応し予測するからだ。速度は異なるが、同じことが人間でも起きている。舗道でこちらに向かって歩いてくる人がどこに行きそうか、あるいは人生の重大な決断に人々がどのように反応しそうかといったことを、私たちは見積もっている。

システムが存在するということは、評価する何かが、それも評価可能な何かがあるということだ。システムを分析したところで、その構成要素の挙動についてはたいしてわからないのではと思うかもしれないが、動力学理論や粒子理論はその考えに同意しないだろう。なぜなら、個々の要素は一見ランダムで予測不可能な振る舞いをするかもしれないが、全体として見た場合のシステムは、より信頼できる動作者であると同時に、より価値のある目撃者でもあるからだ。他の人たちに対応して自分の動きをどうコントロールすればよいかを理解するには、このシステムというものがよい出発点となってくれる。

ここで重要なのが、ブラウン運動という、粒子の動きを説明する理論だ。これは、流体（液体や気体）のなかに浮遊している粒子が、同じ流体内にいるずっと小さな分子とぶつかることで、ランダムに動き回る様子を説明する理論である。顕微鏡を使わないことには見えないような小さな分子が、私たちが目視できる大きな粒子を、数の力で押しているのだ。その結果生じる粒子の速さと向きは、その局所的環境に特有の要因によって決まる。ブラウン運動が教えてくれるのは、全体像に注目することが重要である一方で、変化が生じる仕組みや理由を理解するためには、より小さなスケールの事象にも目を向けなくてはならないということだ。自分の人生における決断であっても、集団の動きであっても、経済の進化であっても、これと同じことが言える。考えうる最小のレベルで起きていることが、総和として見ると、全体像に大きな違いをもたらしているのだ。

この理論は、現在私たちが原子や分子として知るものの存在を確立するうえで、重要な役割を果たした。きっかけとなったのは、スコットランドの科学者ロバート・ブラウンが、見たところ何の動きもない湖の水面でなぜだか花粉の微粒子が動いている仕組みを説明したいと考えたことだった。この現象の発見自体は、古代ローマの哲学者ルクレティウスにまで遡る。彼は塵の粒子が光のなかを移動する様子を書き残している。それから２０００年後に、同じ光景によって5歳の私が魅了されたのだ。

ブラウン運動の本質は予測不可能な動きであるが（それぞれの粒子の動きがランダムウォーク〈酔歩〉と呼ばれるほどだ）、それがすべてではない。ミクロな視点で見ると、すべての粒子が、周囲の液体や気体の分子からさまざまな方向に小突き回されて、ふらふらしている。ところがマクロな視点、つまり全体像に目を移すと、見えてくるのはまったく違う姿だ。このズームアウトしたレンズを通すと、ランダムな動きではなくパターンが見えてくる。分子間の衝突は予測不可能だが、その全体的な効果は逆で、予測できるのだ。ブラウン運動によって、問題の粒子は、周囲の流体へとほぼ均等に分散する。これは拡散という効果で生じる現象だ。拡散によって、粒子は高濃度の領域から低濃度の領域へと移動し、粒子が均一に散らばるまでそれが続くのだ（オーブン料理をつくるとき、実際にはオーブンのなかで焼いているだけなのに家中ににおいが広がるのはこのためだ）。

花粉や塵のように、個人としての私たちは予想不可能な経路を進む。そしてその経路は、私たちと周囲の環境との相互作用によって変わる。しかし、これらの経路をモデル化して、すべてまとめて見ることで（多次元尺度構成法という便利な技術により可能となる）、進行方向が明らかとなり、全体として何が起きているのかがわかるようになる。

これに気づいたおかげで、私は繁華街や大通りで自分がどう進むかを決めるときに、公式化した手法を用いることができるようになった。ニュートンの第二法則（力＝質量×加速度）を使っ

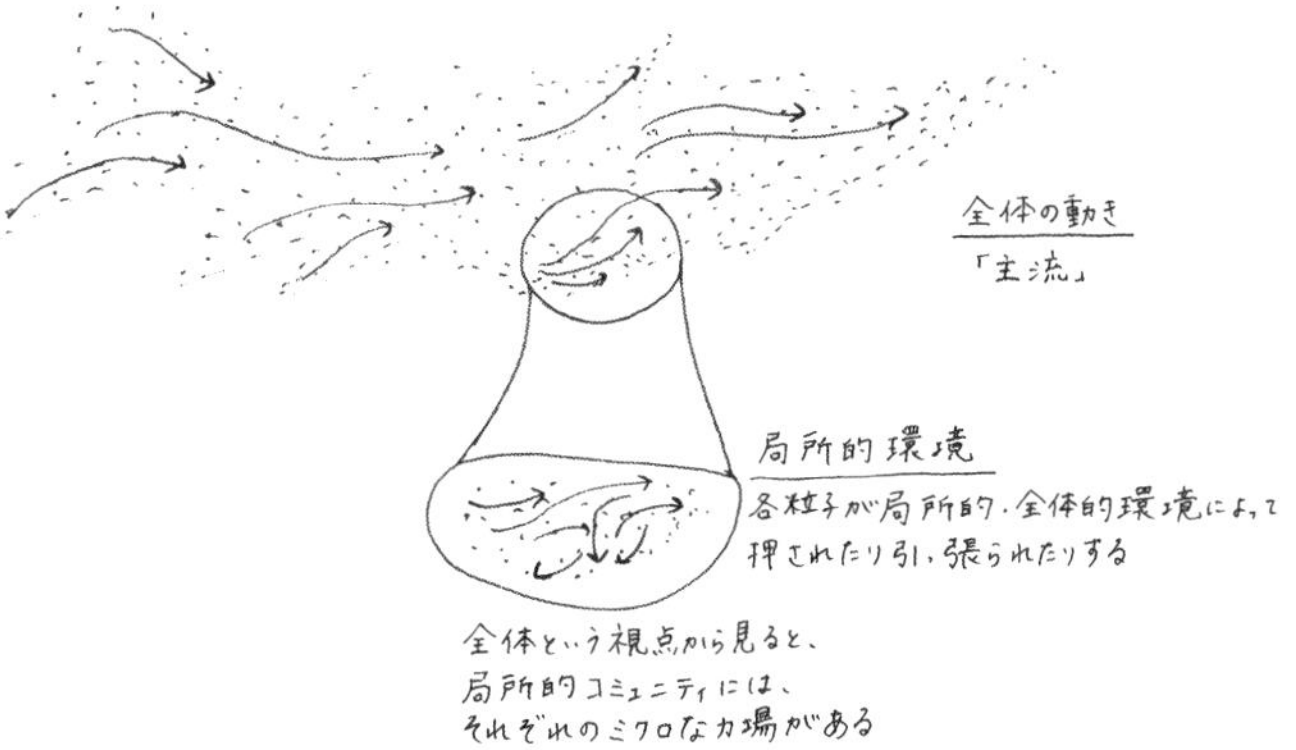
全体の動き
「主流」
局所的環境
各粒子が局所的・全体的環境によって
押されたり引っ張られたりする
全体という視点から見ると、
局所的コミュニティには、
それぞれのミクロな力場がある

て、交通の流れを予測するのだ。ただし、さまざまな要素(人々)の構成比と、時間帯や人々の多くがどこに向かっているのかといった、ある程度の状況がわかっている必要がある。たとえば土曜日にたくさんの重い原子たちがラグビーの試合に向かっている街の中心部と、学校への送迎の車が行き交う時間帯(やはり独自の分子レベルでの特異性がある)とでは、まったく様相が異なる。それぞれの環境は、関与する分子の種類と動きとそれらの相互作用によってつくりだされる。つまり、分子が時間経過に伴い力場のなかをどのように動くかを論じる科学分野、すなわち分子動力学と同じ方法での研究が可能だ。

　私は、自分が定期的に訪れるすべての場所に対して、ニュートンの法則を使って、私がそこにいる可能性が高い時間帯の人の動きについての公式をつくっていた。実はこれが、私が自分自身を物理的に小さくしたいと常々思ってきた理由のひとつである。そうすれば実験全体に対して自分の質量が及ぼす影響を可能な限り小さくできるからだ（観察者による影響、つまりサンプルの自然な振る舞いを観察する際の人的ミスや観察行為による影響を最小限に抑えられるということ）。

コンセンサスとしての行動を理解しモデル化することで、私は集団の動きについて確信がもてるようになり、集団を前にしたときに本能的に感じていた恐怖の一部を少しずつ和らげられるようになった。不安は高揚感の波へと変わり始め、それまで外出のたびに私を襲っていた連鎖的な発作から解放されるようになった。今の私には、かつて必ずメルトダウンを起こしていた状況を通り抜けるための、コンパスと地図がある。ブラウン運動によって、そこには安心感に変えられるだけの十分な確実性があると信じられるようになった。私は自分の進む道を決められるようになったのだ。

はみ出し者が世界を動かす

集団について研究することで同調性についての知見が得られたが、それ以上に重要だったのが、個性について学んだことだった。システムをモデル化することでコンセンサスとしての行動の存在を示すことができるが、だからといって私たち人間が同質であることには決してならない。実際、人間の最も不合理な信念のひとつは、何事についても合理的な方法や「普通」の方法があるという思い込みである。しかし、ASDの人ならすぐ気づくことだが、人が「普通」などと言うのは、たいていは恐れや偏見に薄いベールをかぶせているときなのだ。

別のレンズで集団を見ると、個人の行動にパターンが確認されるのと同様に、コンセンサスのなかにもレベルのばらつきがかなりあることがわかる。

そこで登場するのがエルゴード理論だ。これは長時間の力学系を研究するための数学的な考え方で、私たちの助けとなる。この理論が示しているのは、ある系の統計的に有意なあらゆるサンプルが、全体の平均的な特性を示すということだ。これらの微小状態は他のどの微小状態とも理論的に同じ可能性で起きるからだ。あなたが今観測中の状態と、系のなかのまったく別のところにある状態とが、同じ確率で起こりうるということだ。つまり、十分な時間をかけて観測された適切なスケールでの確率過程(ランダムに変化する事象)において、私の「普通」は、あなたの「普通」と同じように指標となりうる。かつて私を夢中にさせた塵の集団について考えてみよう。個々の粒子は、実は系全体を表すいわば小宇宙であって、その同調性とランダム性の両方において平均的な振る舞いを示している。ある粒子が主流派の一部であるよりもはみ出し者でいたとしても、それは「普通」のことなのだ。粒子のさまざまな動きは、その動きを全空間・全時間にわたって追跡する限りにおいて、必ず全体を代表するものとなる。同じように、これまでずっとアウトサイダーとして扱われてきたどんな人でも、ある意味においては典型例である。属しているのは互いに会ったことさえない人たちかもしれないけれど、あるコミュニティを代表しているのだ。私たちの個人的・社会的世界が狭いために、このことが見えなくなっている。私たちは実際にはごく一部を垣間見ているだけなのに、系全体を見ているように勘違いしてしまい、その結果、平均的な行動や「普通」ということについて誤解を招くような結論を導き出しているのだ。

エルゴード理論の研究には、どういった系がその基準を満たすのか、あるいは満たさないのかを調べる分野がいくつもある。だが肝心なのは、次の大事なポイントを押さえることだ。それは、地下鉄に乗っている人でも、道を渡る人でも、ビーチでタオルを敷く人でも、十分に多くの人々のサンプルがあれば、最終的には、同じ系における別の時点での他の人々の平均的な振る舞いを示しているということだ。

これをじっくり考えてから、あなたのサンプルを構成する個人について見てみよう。体型、人種、性別、神経学的定型か神経学的多様か、精神的・身体的な健康問題を抱えているかどうかなど、多種多様な人々がいる。この平均の切り口には人間のすべてが、私たちの奇妙で素晴らしい多様性のすべてが、詰まっている。あなたは私のことを頭がおかしいと言うかもしれないけれど(たくさんの人にそう言われてきたしね)、私もあなたと同じくらいに、指標となりうるサンプルなのだ。系全体はコンセンサスの方向へ動きつつあるとしても、個人のあいだのあらゆる種類の差異がそこには含まれている。私たちが本質的には同じことをしようとして、多様な行動を全体の平均に押し込もうとしているときでさえも、私たちの差異は大きくて決定的なままである。

人間の行動を示すものとして、集団というのは二重のアイロニーだ。遠くから見ると均質な集団に見えるため、全体を動かしている個性を見落としがちになる。一方、近くから見ると、集団そのものの熱気と喧騒のなかで見えるのは個人のみとなり、人々が生み出す集団的な動きが見えなくなる。その結果、私たちは簡単に逆の方向への決めつけをするようになる。差異を貢献ではなく問題と捉えるようになり、コンセンサスとしての行動が個性に勝るべきだと思い込んでしまうのだ。実際には、コンセンサスとしての行動は個人に依存するものなのに。

私はエルゴード理論を学んだおかげで、ステレオタイプへの執着が、人間に対してかなりの害を及ぼす特性だとわかるようになった。私たちは他者を性急に分類して、特定の思い込みや想定(否定的なものが多い)を割り振った、別々の箱へと押し込む。そして、そのような人工的な分類を使って、誰かを悪者扱いする。差異を強調して、それを社会的・文化的な武器にして攻撃するのだ。エルゴード理論は教えてくれる。あるのはひとつのカテゴリーで、私たちのすべてがそのカテゴリーに、つまり人類という同じカテゴリーに入っているということを。その大きな箱のなかでは、人間であることの本質である個性とコンセンサスとの微妙なバランスを尊重しつつ、私たちの類似点と相違点の両方を考慮すべきなのだ。その考慮を欠いた試みは、人間に対してのみならず、科学に対しても冒瀆《ぼうとく》である。

分裂と差別を助長するような誤った学びを導き出すのはあまりに簡単だが、大切なのは、正しい学びを広めることだ。つまり、全体は私たち個人の総和によって成り立っているのであって、全体としてのコンセンサスは、規則に従う人々だけでなく規則を破る人々にも依存しているという理解を広めるのだ。私たちは、誰も試したことのないアイデアや誰も行ったことのない場所を探索するために、平均から逸脱した人間を必要としている。全体としてのコンセンサスを刷新し、異を唱え、拡張するためのはみ出し者がいなければ、主流派は衰退してしまうだろう。すべての人が役割を担っているのだ(流行を後追いするヒップスターでさえもね)。

このような形で多様性を受け入れることは、長い年月にわたる進化によって人類が生き残るために不可欠だった。実は、私たちの体内でも同じことが起きている。がん細胞は、自分たちの一部である突然変異のはみ出し者たちによって、がんの進行を加速させる。突然変異したがん細胞がさらに変異を重ねて生まれた、これらサブクローンのせいで、がんはこれほどまでに治療困難なのだ。サブクローンによって、がんはさまざまなシナリオに適応し、攻撃に対してダイナミックに反応することができるようになる。がんは多様な構造をもっているからこそ選択肢があるのであって、突き詰めれば人類でも同じことが言える。私たちは、はみ出し者がいるからこそ進化するのであり、「傍観者効果」（誰もが互いの行動を真似するだけとなり、助けが必要な人を放置してしまう現象）による停滞を避けられるのだ。

エルゴード理論は、私にとってものすごく重要なものだ。自分を孤島のように感じて育った私は、他の島に橋を架けるどころか、その海岸線を垣間見るだけでも長い時間がかかった。私は自分の生活のなかの群衆のダイナミクスをゼロからモデル化しなければならなかった。社会的なニュアンスや「なんとかイズム」の数々が、私には見えないからだ。ほとんどの人は、道を選ぶとき、そういったものから本能的に情報を得ているというのに。しかし、物理学と確率論のおかげで、私のような奇妙なところばかりの人間でさえもシステム全体の一部であることには違いがないことを理解し、自分自身を別の角度から見られるようになった。自分は全体につながっていて、世界で最もパワフルで美しいシステムの一部なのだ。そのシステムによって、私たちは、種としての人間の進化の目的を――「生き続ける」ことを――全うできる。

この理解のおかげで、人とつながる回路を生来もたない私が、友人や家族と共感の絆を育むことができた。なぜなら、メンタルヘルスでの苦労、疎外感や他者とは違うという感覚、同級生からの偏見など、私の極端な経験はすべて、私と他者を隔てる障壁ではなく、よりよくつながるための触媒であって、私が生きる銀河と彼らが生きる銀河をつなぐワームホールなのだとわかったからだ。自分が経験してきたことによって、困難な状況にある人々への共感は飛躍的に高まり、結果としてアドバイスもできるようになった。自分がそういった状況すべてを生きてきたからこそ、困難な状況にある人たちと出会ったときに、彼らと自分とを結びつけられるのだ。私は文字どおり、彼らの状況に自分自身がいることを思い描ける。神経学的に多様とされる人や、メンタルヘルスの問題を抱える人に聞けばわかることだが、無限の忍耐力と生来の適応力が私たちの特徴である。ＡＳＤとＡＤＨＤは、私にとって、博士号と同じくらい誇らしい資格だ。

共感はバランスを要する活動である。共感しすぎると、他者の要求を満たすために自分の労力を犠牲にする危険性があるからだ。自分の時間や優先順位を守ろうとしているだけなのに、自分勝手だと思わせようとする人もいる。自分の島から橋を架けたいと思ったとしても、その橋を好きなときに渡ってくるすべての人に対応できるわけではないのだ。とはいえ、共感を経験し始めてからというもの、それは私にとってほとんどドラッグのようになってしまった。これまで長い間、手に入れる術《すべ》さえなかったためか、今では機会さえあれば飛びついている。まるで、光を見ることなく、あるいは食べ物を味わうことなく何年間も過ごした人のように。長年にわたり、私は人とのつながりを渇望してきた。それは、自分が愛でできていることを示したいからであり、他人からはクレイジーだとか異常だとか決めつけられる私のような者たちが、実はあなたが出会うなかで最も素晴らしく、最も偏見のない人間であることを示したいからでもある。私の思う共感とは、痛みを伴う高揚感だ。なぜなら、共感はときには耐え難いほどの痛みがあるけれども、他のどんな感情や経験にも代えられないものなのだから。

そんなわけで、夜の10時55分に電話が鳴ると、いつもならベッドに横たわって自分のなかの荒れ狂う悪霊たちをなだめながら次の日にしたいことをじっくり考えている時間なのだけれど、大急ぎでその電話をとる。自分が最も安心していられる場所から踏み出すのは、その友達の世界がばらばらに砕けつつあり、同じ経験を何度もしてきた自分ならば助けられると思うからだ。そして、2～3時間の後に、彼女の声に光が差すのを聞く。それは私にとって、世界で最も素晴らしい感覚だ。自分がくぐり抜けてきたすべての辛い経験が、大切な宝物となる。それが共感の通貨となって、私が学んだことを必要とする他の人々と私をつないでくれる。かつて私が、人類との解決しようのない差異だと考えていたことが、今では、私の島から他の人たちの島へと橋を架けるための手段となっているのだ。

エルゴード理論は、孤独や差異、疎外感、普通とされるものから外れているという感覚を抱いたことのある人のための、数学理論である。統計学が教えてくれるのは、あなたの個性が、他の誰の個性とも同じように大切だということだ。個性とは、種としての人類がその進化と生き残りをかけて依存している、奇妙にして素晴らしい多様性の一部である。まさしく、価値あるものなのだ。

生涯をとおして、個性と同調性は同じ大きさの、ときには相反する力を私たちに及ぼす。目立ちたいという欲求と、属していたいという必要性は、すべての人のなかに併存する衝動だ。私たちは、集団という文脈のなかでのみ、生き延び、花開くことのできる個人なのだ。

20年以上にわたり集団について研究した結果、私は明確な結論に達した。この二面性は、戦うべき相手ではなく、受け入れるべきものなのだ。「私」と「私たち」のあいだに均衡を生み出そうとする戦いにおいて、最終的な勝者が存在することは決してない。どちらも、私たちの人生において不可欠な役割を担っており、どちらも尊重されなくてはならない。両方が、私たちに大切なものをもたらしてくれる。

しかも、どちらも消えてなくなることは決してない。私たちの個性や性格は、どれほど変えようと努力しても必ず私たちのなかにあり続ける。同時に、自分の世界にひとり引きこもったところで、世界がなくなりはしない。いくら自分だけの島で暮らそうとしたところで、完全に独立した生活などありえない。私たちには情緒的で現実的な欲求があって、それは集団に関わらないと満たされないのだ。いかに孤独を愛する人であっても、いつかは自分の島から出なくてはならない。出ないことには、私たちの孤独な努力に見合うものを決して得られないのだから。（そして、島から出発したがらない人であっても、行った先で楽しめる可能性はかなり高い。）

子どもの頃の私は島から出ることを何よりも怖がっていた。母はよく、私と外出するのはサーカスの離れ業のようなものだと言っていた。なにしろ私は身をくねらせては、何かに触れることや、声、雑音、においなど、自分が怖くなるものを避けていたのだから。今でも人ごみは不安で怖いとはいえ、集団の研究は私にとって最も重要かつ有益なもののひとつになっている。この研究のおかげで、個性がすべてではないことを認識し、それと同時に、個性とは否定すべきものでも恥ずべきものでもないのだと理解できた。私は自分自身でありながら、自分の個性を保ちながら、同時に広い世界の一部でもあって、その世界から恩恵を受けるだけでなく、その世界に貢献もできるのだ。集団に参加したからといって自分自身でなくなるわけではない。それどころか、自分であることを、自分の経験を、自分が差し出せるものを、最大限に活かすことができる。少しばかり同調したからといって、私の個性が損なわれることはなく、むしろ個性が深められてきた。

集団を分析するという私の試みは、大勢の人に対処する必要性から生まれた。しかし、その過程から、私は他者のなかで生き延びる以上のことが自分にもできるのだと学んだ。私は他者とつながることができるし、特別な何かを提供することもできる。そしてこれは、どんな人にもあてはまるのだ。

第7章

量子物理学、ネットワーク理論、目標設定

目標を達成するには

先の計画を立てるためには「やることリスト」などよりも
複雑で反復できて適応性のあるモデルが必要で、
これを提供してくれるのがネットワーク理論だ。(p.206)

そのとき私は、生まれて初めての大きなショックを味わっていた。私は8歳で、最も強い結びつきを感じていたのが彼だった(父がつくる焼きそばは別として)。科学界でよく知られた人なので、あなたも知っているかもしれない。その人の名は、スティーヴン・ホーキング。

私が知るなかで最も偉大なこの物理学者を、子どもの頃の私はどれほど英雄視していたことだろう。食事の仕方から、窓の外を眺める様子、椅子の座り方まで、私はホーキングを真似しようとした。演劇の授業で、「私のヒーロー」にホーキングを選んで、自分で演じたほどだ。言ったと思うけれど、私はのめり込むタイプなのだ。

ところがこのとき、私を失望させ、混乱させ、動転させたのは、このヒーローだった。私は彼の最も有名な著書、『ホーキング、宇宙を語る』(早川書房)を読んでいた。正確には、空間と時間を扱った第2章だ。空間と時間が不動であるという歴史的信念がいかに変わったのか、つまり、実は両方が動的な量であって、それらを通過する物体を形づくり、またその物体から形づくられるという理解へといかに移行したかが説明されている。空間と時間は不動ではなく、無限でも、互いに独立した存在でもない。宇宙を理解するには、時間と空間という4つの次元で視覚化しなくてはならない。空間が3次元、時間が1次元である。

ホーキングはこの「時空」の概念を視覚化するために光円錐《こうえんすい》のイメージを使って、過去と未

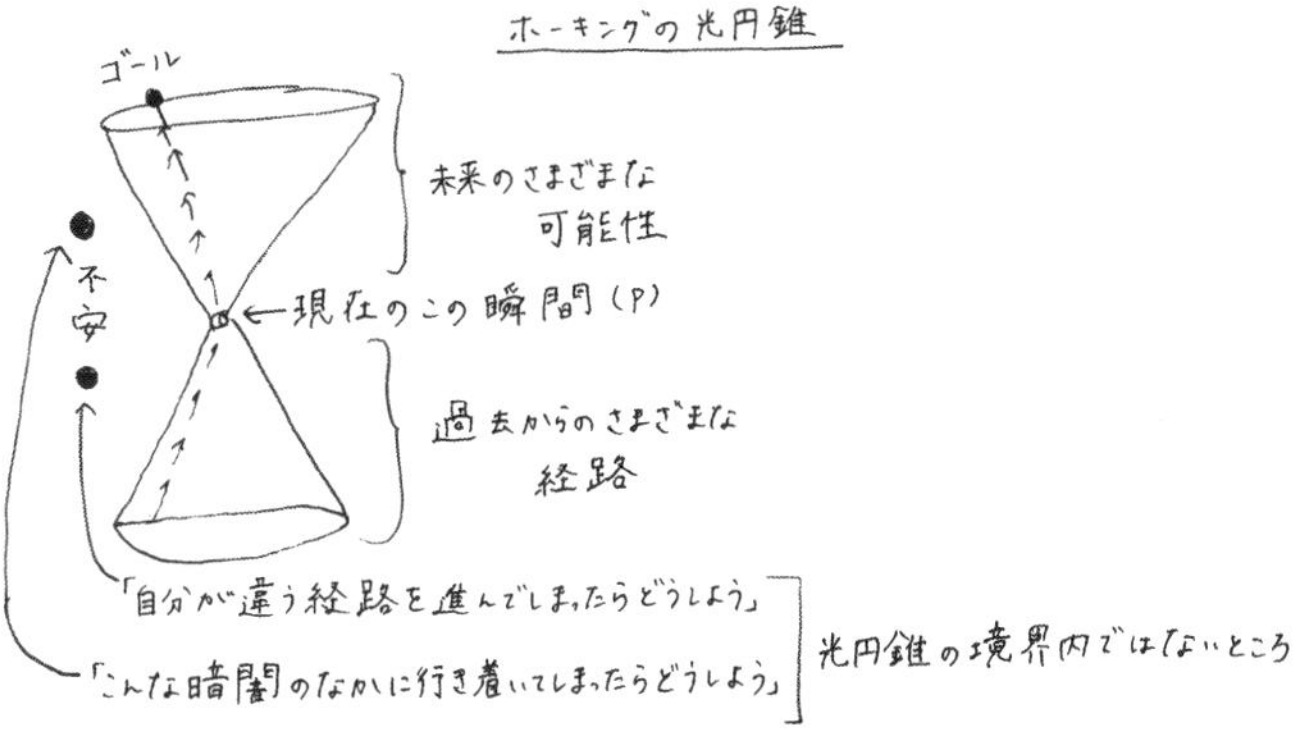

来の事象がどのようにつながっているのかを示した。光が発せられると、それが池の波紋のように広がって、円錐の形がつくられる。どんなものも光より速くは移動できないので、現在の瞬間に寄与するすべての事象(過去)、あるいは現在の瞬間に起因するすべての事象(未来)は、これら2つの円錐の内部で、つまり光速以下で起きているはずだ。

　これらの円錐の外側で起きている事象は、「他所《よそ》」にあると言われる。したがって、それらの事象は現在を変えることはできないし、現在によって変わることもない。例としてホーキングが示したのは、太陽の突然の消滅というシナリオだ。これは過去光円錐のなかで起きたことではないので、現在には影響しない。光が太陽から地球まで届くのに8分かかるからだ。事象が未来光円錐に入った時点で初めて、私たちの現実と交差して、現実を変えるのだ。私たちがその事象を認識するのは、それが実際に起きた時点ではなく、私たちの意識と交差し始めた瞬間である。

いつもなら、自分が探求したり用いたりできる新しい概念に出会うと必ず興奮が押し寄せてくるのに、これを初めて読んだときにはそれがなかった。私は、科学によって自分の世界が照らされて理解しやすくなることに慣れていた。それなのに今、模式図となった冷たい現実のビジョンが眼前に突きつけられ、私のビジョンと衝突している。そこには、固定された、定量化可能な実体としての未来が実線で描かれていたが、私のビジョンといえば、境界はぐらぐらと揺らぎ、結果は相互に関係し、可能性が変化するようなものだった。このビジョンの不一致によって、まるで家の鍵がある日突然、扉の鍵穴に合わなくなったような気持ちになった。心が安らいだり好奇心を刺激されたりするのではなく、息が詰まるような感じがして、激しい不安に襲われた。まるで、私の未来についてのビジョンがかき消されたかのようだった。このモデルでは、時間の境界の向こう側で何が起きているのだろうか？　もしも私が境界の外、つまり円錐の外側に出て、光が届かず何も見えなくなったとしたら？

それは恐ろしい瞬間だったけれど、同時に、電気が流れたような瞬間でもあった。他の人の本や理論からだけでは、自分が必要とするすべての科学は得られないのだと気づいたのだ。この世界を意味の通るものにするためには、私個人の視点を使わねばならない。このときから、ノートに自分の言葉で書き出して、学んだことを自分が経験した現実と結びつけるようになった。それが何の役に立つのか自分でもよくわからなかったけれど、そうするのが正しくて必要なことだと感じたのだ。そのノートが今、皆さんが手にしているこの本となっている。

そして、私がそれから人生という旅を始めるにあたって、これ以上大切なテーマはなかっただろう。どのようにして私たちが過去によって形づくられ、現在を経験し、未来を形づくっていけるのかを考えるのは、限りなく根源的なことなのだから。

私たちは皆、自分に起きたことから学ぶ方法を、そして次に起こることに影響を与える方法を、探している。私たちは確実性を欲するが、それと同時にチャンスも求める。自分の将来を安全なものにしたいと思いながら、可能性から刺激を受けたいとも思うからだ。自分が影響を及ぼせない物事があるのは受け入れて、同時に、自分が何を変えられるのかを知りたい。そして、目標を設定し、判断を下し、優先順位を細かく調整するための、よりよい方法を求めている。この瞬間を生きるための方法だけでなく、将来のために効果的な計画を立てるためのツールが必要なのだ。

こういった疑問は、夜にベッドで物思いにふけったり、年の初めに目標や抱負を書き留めたりするときだけに考えるものではない。ありがたいことに、理論物理学は私たちのためにたくさんの大仕事をしてくれている。この学問によって提示される、私たちの生活のなかでの出来事を視覚化する方法という助けを得て、私たちは進むべき道筋を描き、望んだ結果を出す可能性を最大化することができる。さらに、もっと良いことがある。これなら8歳の自分を安心させられたと思うのだが、今から説明する方法は、ホーキングの二分割するようなモデルと、光円錐の厳しい境界には頼らない。この章で紹介するネットワーク理論、トポロジー、勾配降下法といった考え方を使えば、誰でも、自分の人生を計画し、自分自身と同じように柔軟で変わりやすい目標を設定するための方法を活用できるのだ。

今を楽しむか、将来を見据えるか

人生設計や目標設定をするときに、私たちが直面するおそらく最大の問題とは、何に焦点を当てるかだろう。重点を置くのを現在にすべきか、未来にすべきか。今の満足をとるのか、喜びは後にとっておくのか。常に長期的な計画を立てるようなことをしていると「今ここ」を楽しむ能力が阻害されてしまうのか、あるいは「今」に集中しすぎるとこれから起こることへの備えができなくなるのか。

それとも、すべてを手に入れることが可能で、現在をよく生きつつ、将来に向けて理想的な計画を立てられるのだろうか？

このジレンマと折り合いをつけるのが難しすぎて悩んだことがあるようなら、そんなあなたを安心させられるのが量子力学だ。量子力学とは、わかっているなかで最小の粒子である素粒子についての学問で、理論物理学の一分野である。ハイゼンベルクの「不確定性原理」によれば、こういった粒子のうちひとつの位置を精密に測定すればするほど、その粒子の運動量を精度よく測定することができなくなる。そして、その逆も同様だ。つまり物理学によると、位置と速度を同時に正確には測定できないのだ。一方に集中すればするほど、もう一方の精度は落ちてしまう。

なんだか似ていないだろうか？　ハイゼンベルクが言うのは量子粒子のことかもしれないが、これと同じ原理が私たちの日常生活というマクロなレベルでもあてはまるようだ。計測装置の精度に限界があるように、集中したり優先度をつけたりする私たちの能力にも限界がある。パーティーを主催して客を見事にもてなしながら、同時にパーティーを満喫することはできない。考えるか経験するかのどちらかであり、自分自身がものすごく楽しむか、他の人が楽しめるよう気を配るかのどちらかなのだ。一方に寄れば、他方を行う能力が損なわれる。特に私みたいに、「楽しむ方法」なんてグーグル検索して準備しないといけないような人間ならばなおさらだ。

これは大人のジレンマであって、私たちは常に「今を生きること」と「将来の計画を立てること」という2つの両立しないニーズを意識している。両方を同時に満たそうとすると、どちらかを適切に達成する能力が損なわれてしまう。私たちはこれから起こることを心配するあまり楽しむことから遠ざかってしまうか、あるいは今過ごしている時間があまりに楽しすぎて将来の計画に手が回らなくなってしまうのだ。人生に対して情報収集と研究をベースとした手法をとることを好む私のような人間であっても、ときには学んできたことすべてを忘れて、子どもの頃に戻りたくなることがある。世の中のことを何も知らないという恩恵と、それによって得られる、今この瞬間を真に生きる能力とを享受したくなるのだ。

熱心な研究者ではありながらも、私のなかには、人生で最も開放的で何の制約もなく生きていると感じられた、家族で過ごしたコーンウォールでの休暇に戻りたいという強い思いが息づいている。そこに到着するまでの車の旅でさえ私には一大イベントだった。3時間のドライブと2袋のポテトチップス、「アイ・スパイ」という物当てクイズを15回ばかりやった頃、私たちの期待はついにピークに達する。父が運転する車でテイマー橋を渡ってデヴォン州からコーンウォール州に入るとき、私たちは後部座席で歓喜の叫び声をあげるのだ。「コーンウォールに……入ったぁ！」州境を後にすれば、何にも邪魔されることのない、コーニッシュ・パスティと岩場での釣りとパドストウへの小旅行に満たされた１週間が待っている。

　これは私にとって最高に幸せで色鮮やかな思い出だ。あのときあの場所では、何をどう楽しむのかに迷いなどなかった。父と一緒にキッチンで魚料理をつくったり、庭で遊んだり、砂の城を心の命ずるままたくさんつくったり、カラフルな最高の水着を着てルー・ビーチの「ミリーの岩」に座ったりした。７歳のときに大好きだったのは、ギンガムチェック、母のブルー・デンマークの食器セットを使って映画の場面を再現すること、そして私の憧れの人（もちろんスティーヴン・ホーキング）との未来を想像することだった。すべての記憶の色と味とにおいとが、20年経った今でも鮮明に蘇る。あの頃はやりたいことをなんでもやっていて、他人がどう思うかなんて考えもしなかった。本当にいい暮らしだった。

　このようにただ好きなことが混ぜこぜになった状態は、でたらめで形がないように見えるかもしれないけれど、このすべてが、私を今現在にまで導いてきた過去光円錐を形づくっている。私の関心やアイデンティティや個性を補強する、経験の蓄積なのだ。そしてチャンスを逃すことへの恐れや将来への不安などまったく思い浮かぶことなどなかった頃のことを、私に思い出させてくれる。

　子どもの頃は、時間というのは無限にあって、つまらないものだとさえ思っていた。時間とは、なんでもいいから楽しいこと、色鮮やかで面白いことで埋め尽くされるべきものだった。

大人になると時間の意味はもっと狭まって、通貨となった。計測され、小分けにされて、用心深く守られるものになったのだ。学位をとろうとする頃にはリラックスする余裕などほとんどなかったように思う。卒業試験の準備と、その先には出願の締め切りが待っていて、さらには将来設計もしなくてはならなかった。自分の人生は終わりのない「やることリスト」となり、自分には時間も選択肢もほとんどなくなって、ひたすらリストの項目を終えてチェックを入れ続けているような気持ちだった。こんな状況では、ただあるがままの存在となって楽しむために「今この瞬間」を見つけようとするのは、たとえそれができることであっても、ほとんど罪深いことのように感じられた。あの数カ月間、私はほとんど自動操縦のように生活し、感情を麻痺させて、内なる子どもが渇望している探求心や楽しみを自らが否定していた。コーンウォールのビーチを夢想しても、自分の研究や時間割の次のコマに集中するようにという声に邪魔された(そのコマに自分でリラクゼーションを割り当てていても同じことだった)。逃げようとしても、その声が、あの岩場を離れて医学図書館に戻るように、空調が管理されLED照明に照らされた殺風景な廊下に戻るようにと命じてくるのだ。

適切なバランスをとろうと努力していた私は、量子力学のまた別の分野である「波が空間と時間のなかをどのように動くのか」という研究からインスピレーションを得た。この場合に

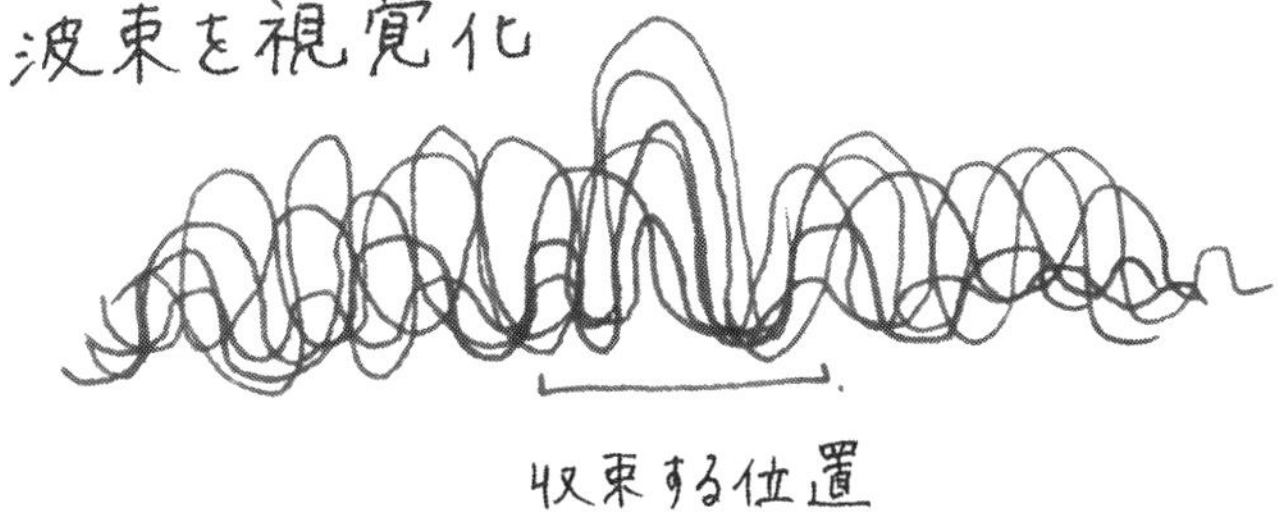

も、古典的なハイゼンベルクの問題が見られる。波の動きや、ある瞬間の波の位置を正確に示すことはできるけれども、両方を一度に突き止めようとすると途端にわからなくなるのだ。この問題を回避するために用意されたのが「波束」である。たくさんの異なる波をまとめてグループ化して視覚化すると、その集合的な振る舞いを研究できるようになる。たったひとつの波を突き止めるのは難しいけれど、複数の波が集まった波の「束」ならばもっと効果的に研究できる。目標を設定することや人生設計を立てることも、これと大した違いはない。単独では、どの決定や目標が正しいのかを確認することは困難だ。そこで私たちに必要なのは、全体的な「束」、つまり全体像と全文脈である。それによって、目先のことだけでなく、全体として最良の印象をもつ未来像と比較したうえで、可能ななかで最善の選択を自分がしているかどうかを確認できるのだ。

この仮想的な波束をつくろうとするとき、私たちは人生に対する2つの異なる考え方のあいだでさらにバランスをとる必要がある。ひとつは「運動量」思考。この思考では、私たちは時間に沿って生きており、ある事柄を終えたら次の事柄へと進む。私たちの幸せは、自分が何を達成したのか、そしてこれから何をする予定でいるのかによって決まる（責任という大人の世界だ）。もうひとつは「位置」思考。この思考では、私たちは今この瞬間のために生きている。この瞬間とそこで得られる感覚によって私たちはとらえられ、罪悪感も含めて他のすべてを遮断して、ただそこに存在する。この思考は難しい。「機能する大人」であるために必要だと教えられてきたことに反するからだ。しかし、この思考もまた、不可欠なのだ。静止しているからといって、停滞しているわけではない。むしろ、静止することで、より創造的になり、進歩を確認し、自分の感覚の力によって生き、未来の可能性をもっと探ることができるようになる。

年をとるにつれて「位置」思考を取り入れるのは難しくはなるけれど、不可能ではない。私が最高の瞬間を感

じるのはヨガのクラスだ。雑音がなく、ポーズを保とうとすること以外に集中するものはなく、他の考えや心配事をすべて吐き出して、心のなかに大切な空間をつくる機会となる。クラスが終わりに近づき、シャバーサナ（屍《しかばね》のポーズ）を指示される頃には、私は疲れ果てて他の考えなど頭に入り込みようがなくなっている。そのままヨガマットの上で寝てしまうことも多い。しかし、この至福のひとときは代償を伴う。翌朝に必ず悲観的になるのだ。将来についての考えや心配事によって再び私の心は現在の調和から引き離され、それ以前よりもさらに激しく、ときには自分を罰するまでになって、食べ物を減らしたり、なにか「建設的」なことをするために人との約束をキャンセルしたりする。私は本当の嫌なヤツになってしまう。そしてその一番の犠牲者は、自分自身なのだ。

私には「運動量」思考のサイクルを断つ方法が必要

だった。この思考は、次に来るものを先取りし、人生のほぼすべての側面に割り込み、私がこの瞬間の喜びを感じるのを否定する。私はこの瞬間を生きる能力を回復したかった。だが、未来を明確なものにしたいという私の終わることのない欲求を犠牲にしたくもなかった。そこで、私はある実験を行うことにした。2013年の四旬節が始まる前日に特別なパンケーキをたくさんつくって、さあ実験開始。［訳注：四旬節とはキリスト教における復活祭前の40日間をいう。この期間が始まる1日前はパンケーキ・デーと呼ばれ、パンケーキを食べる習わしがある］。変化を起こすことが社会的に認められるタイミングだ。私は40日と40夜をそれぞれ2つに分けることにした。半分は「運動量」思考で生活をする。すべての優先事項に取り組んで、リストのチェックボックスにチェックをつけることにひたすら取り組む。もう半分は「位置」思考にどっぷりつかる。将来のことなど考えずに、一瞬一瞬を楽しむのだ。

ここまで読んでくれた方なら、私のことをもうよく理解していると思うので、この実験がまったくうまくいかなかったことは想像がつくだろう（私をつくりあげている、失敗に終わったたくさんの重要な実験のうちのひとつとなった）。取り除こうとしたもう片方が――その瞬間の楽しみや将来の見通しが――実験に侵入するのを止められなかったのだ。パーティーを開いたのに、その後の洗い物について考えるのをやめられなかった。量子力学のもうひとつの教義である、観測者効果の犠牲となったのだ。観測者効果とは、プロセスを観測するだけでも、プロセスに本質的な影響を与え、変化させうるというものだ。古典的な例を挙げると、顕微鏡で電子を観察するために光子を照射すれば、その結果、電子の軌道は変化する。私が自分の実験を観察するということは、その成り立ちからして、実験の結果を変えるということなのだ。自分がその瞬間にやっていないことを考えるのに忙しければ、そのときやっていることを楽しめるはずもない。

この実験が失敗してからは、私は位置と運動量、現在と未来のあいだで兼ね合いをとるようになった。典型的な一日としては、私はこの２つの状態を何度も切り替えて、その瞬間に最も必要となるほうへと移るようにしている。私のＡＤＨＤは、今すべてを欲しがり、時間の概念など気にしないのだが、それと戦いながら、今を生きることと先の計画を立てることとをうまく調節するように努めている。その際、「不確定性原理」をただ意識することが、適切なバランスをとるための助けとなってくれる。私が痛感したように、この２つを完全に分けるのは不可能なのだが、２つが両立しがたいということをただ受け入れるだけでも私たちは解放される。今していないほうのことについても、後でそのための時間をとれることを理解できるので、それほど心配しなくなる。午後に日光浴をして過ごしたからといって（あるいは他の人が楽しんでいるときに自分だけ室内で過ごすことにしたからといって）、私たちは罪悪感を抱く必要などないのだ。

しかし、この瞬間を生きることと将来設計をすることとの違いを認識して、2つの考え方を組み合わせるだけでは十分ではない。必要なのは、現在と未来とがどのようにつながっているかを可視化できて、目標設定のための明確な選択肢が得られて、自分が進むペースを再認識できるような仕組みなのだ。ここで登場するのが、私の人生で最も信頼できる味方、ネットワーク理論である。

「やることリスト」はつくらない

『ホーキング、宇宙を語る』(早川書房)を読んでからというもの、私は光円錐の不動の境界よりも、私のニーズにもっと合った予測モデルはないものかと探し続けてきた。私は確実性への欲求と、制限を置かれることへのストレスという、人間の典型的な矛盾するニーズにとらわれていた。私にとって一番怖いのは次に何が起こるかわからないという状態だが、その次に怖いのが、制限のある予定を実際に押しつけられることだ。私には柔軟性が必要なのだ。あの太い直線を、自分のニーズに合わせて動かしたり曲げたりできるぐにゃぐにゃした線に変える必要がある。

私は、計画を立てるための手法を必要としていた。それも、自分の必要性と傾向とを踏まえた手法だ。必要性とは、家を出るだけのために5時間かかることもあるほど際限なく準備を行わねばならないことで、傾向とは、何時間もかけて慎重に考え抜いたことを急激なイライラの暴発によって台無しにしがちなことだ。この爆発はいわば心理的な脳のフリーズであって、たとえばレモンシャーベット味になると思っていた一日がバニラアイスクリーム味に変わりつつあるときに起きる。現在と未来を調和させようとする私のハイゼンベルク的な戦いは、ADHDの感覚によるタイムワープに、常にアクセル全開になった精神状態が加わって、いっそう激しさを増す。

こういったすべてに対処しようとする私を救ってくれたのが、ネットワーク理論だ。その概念はとてもわかりやすい。つながっている事物をグラフで表現することで、それらが集合的につくりあげているネットワークを視覚化して、そのつながりから何がわかるのかを研究する学問だ。グラフ理論に関連する手法を用いることで、複雑で、相互に関係する、動的なシステムを分析できるようになる。

ネットワークとは、単に、複数の物や人がつながっている状態だ。あなたと、あなたの友人や隣人は、複数の社会的ネットワークでつながっている。ロンドン地下鉄はさまざまな路線でつながった駅のネットワークだし、あなたのトースターのプラグのなかにある電気回路もネットワークだ。あなたのそばにあるスマートフォンもおそらく今、Ｗｉ‐Ｆｉ接続して、無線ＬＡＮの一部としてネットワークに参加していることだろう。インターネットそのものが、ケーブルや無線でつながったコンピューターの巨大ネットワークであって、そのなかを莫大な量のデータが行き交っている。

物理的なネットワーク、デジタルのネットワーク、社会的ネットワーク、科学的ネットワークなど、ネットワークはあらゆるところに存在している。ネットワークは有形無形の構造であって、私たちが何十年もかけてキャリアを築く方法から、今すぐインターネットに接続する方法に至るまで、あらゆることに影響を与えている。

ネットワークは、短期的・長期的に私たちの生活を視覚化し、マッピングするための理想的なメカニズムでもある。私たちは皆、あまりに多種多様な物事から影響を受け、１００もの異なる方向から押されたり引っ張られたりしている。先の計画を立てるためには「やることリスト」などよりも複雑で反復できて適応性のあるモデルが必要で、これを提供してくれるのがネットワーク理論だ。特に、ネットワークのさまざまな要素（ノード）がどのように相互に接続し、どのような構造を形成しているかを表現する「トポロジー」が役に立つ。トポロジーは、あの柔軟性のない直線を、可能性を秘めた動かしやすいネットワークへと変えてくれる。闇に包まれていたものを光の当たる場所へと戻し、闇を恐れる私の不安を和らげてくれるのだ。トポロジーの助けを借りれば、以前はあなたを助けてくれた論理がもう通用しなくなっていることや、成長中のアイデアが花開こうとしていることに気づけるようになる。

重要なのはトポロジーの性質である。たとえば、６つのボタンを渡されて、これらを並べてパターンをつくってくださいと言われたとしよう。線でも円でもV字型でもつくることができるだろう。そしてそれぞれのパターンのトポロジーによって、ネットワークがどのように機能するか、つまりその能力と限界とが決まる。私たちが人生において決断を下し、優先順位を決めるときも、これと同じことをしている。使えるエビデンスと選択肢を配置していくつものパターンをつくる。そのパターンによって、短期的・長期的な結果が決まるのだ。

自分の人生に関わる人々、自身の希望や恐れ、目標に至るまで、あらゆるものをノード（結節点）として、これからの人生をひとつの大きなネットワークとして考える。この方法こそが、計画を立てるためには最善であることがわかった。単純すぎず、不快なほど制限があるわけでもない。動的で、あなたの状況が変化しても適応できるので、助けになる。物事が明確になるので、何が本当に重要で何がそうでないかを理解しやすくなる。接続性に焦点を当てているので、何がつながっているのか、どのノードが影響を及ぼし、どのノードが影響を受けているのか、そして特定の経路がどこに向かっているのかを確認できる。

ネットワークを使えば、ホーキングがお手本を示したように、時空間という観点で思考できるようになる。しかも、光円錐の境界に制限されることなく考えられるのだ。また、人と人や、特定の目標、人生のステージのあいだなど、空間と時間という二重のキャンバスにおいて、近距離でも遠距離でも道筋を定められるようになる。つまり、何が起きてほしいのか、そのために自分はいつ、どこにいる必要があるのかを確認できる。時間が経つにつれて、私にも、ホーキングの模式図のあの直線がなぜ存在しているのかが理解できるようになった。ノイズから信号を取り出すためには、あるいは人生の道を見失って迷子になるのではないかという不安を克服するためには、方向性が必要だからなのだ。しかしネットワークならば、これらの直線を柔らかい曲線に、ガチガチの光円錐を葉っぱのような形に変えられる。この葉っぱなら、時間の経過とともに折り畳んだり丸めたりできるので、さまざまな面に光を当てることが可能となる。ネットワークは私たちに、構造を、進むべき道を、そして動き回るための柔軟性を与えてくれるのだ。

そこで、次に腰を据えて計画を立てるときがきたら、あるいは何が起こるか心配になったら、「やることリスト」ではなくてネットワーク図の作成を試してほしい。重要な人物と目標のすべてをノードとして扱い、どの人がどの目標の達成を助けてくれそうかを考えて、それぞれの

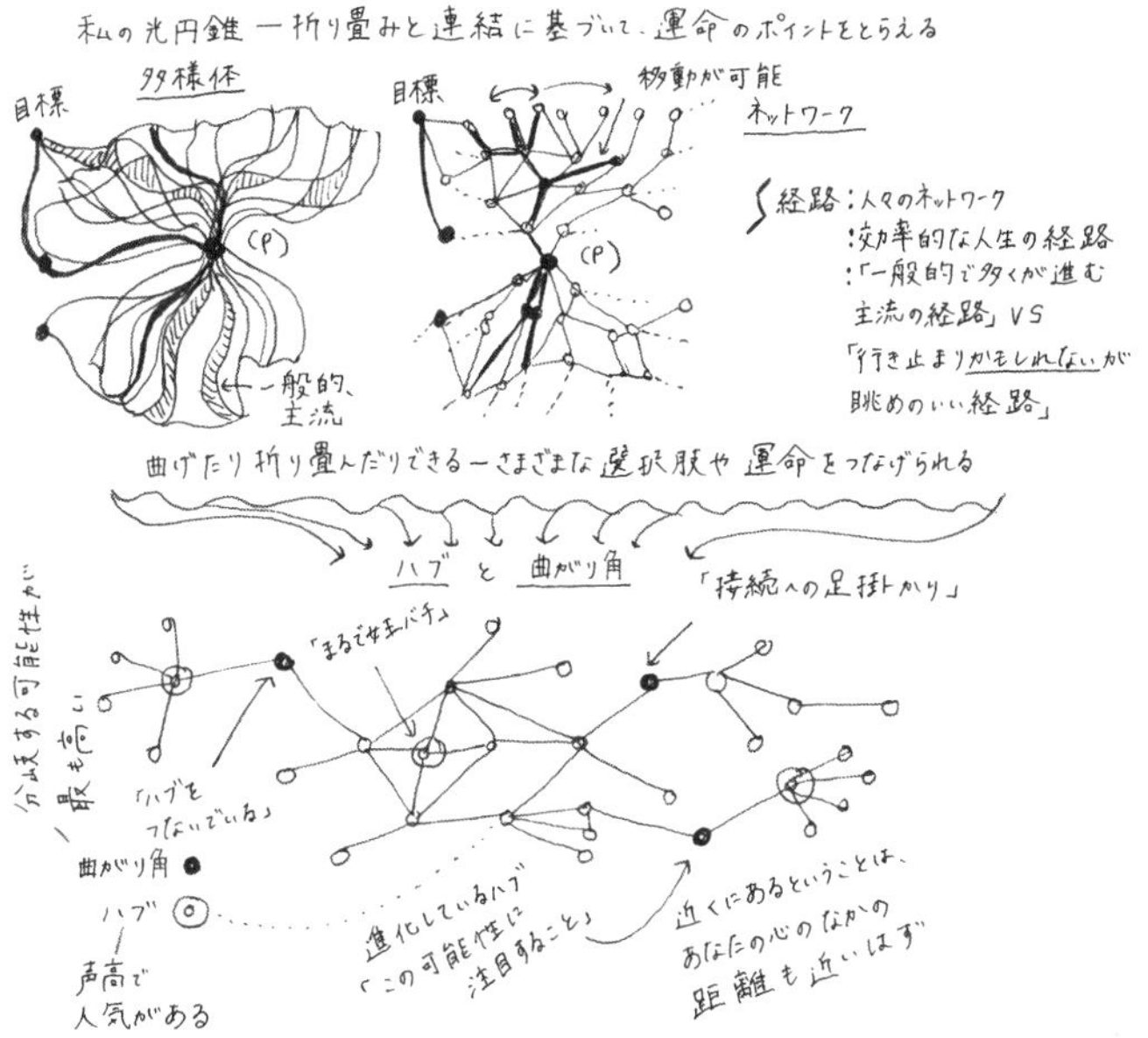

あいだの接続を確立する。図のなかの空間については（相対的に）リアルな距離になるようにすること。どの人と目標が最も近いのか、そしてどれが遠いのか。これは重要なことだ。なぜなら、あなたは先へと進みながら、さまざまなノードのあいだの連結点を探すのだから。ネットワーク上のさまざまな要素が集まっているポイントは、まだ認識していないつながりの理解を始める場所であり、前に進む可能性が垣間見える場所なのだ。また、たくさんのノードが近接している「ハブ」や、ある経路が別の経路と交差していて「曲がり角」になりうる場所を探して、自分の進む道を考える。そして、目標を色分

けするなどして、優先順位も検討すること。優先順位の高い目標の周りにたくさんの利用できるノードがあると、急にその目標が望ましくて達成可能に見え始めるだろう。このようにして、ネットワークは、あなたが望むものや優先順位、それらに近づくためにあなたに何ができるかを示し始める。

あなたがスティーヴン・ホーキングでもない限り、4次元で考えたり描いたりするのは信じられないほど難しいので、複数の時点におけるネットワーク図を作成するのがお勧めだ。ひとつは、今現在のネットワーク図。そして、数カ月後のネットワーク図と、数年後のネットワーク図をつくる。さらにそれらを仕事関係と社会生活に分けるのもいいだろう。私はこの作業を姉のリディアと一緒にやっていて、お互い助け合いながら定期的に計画を立てたり改善したりしている。これに関しては、私たちは理想的な組み合わせだ。完璧主義の姉は近い将来のことを細かく考えるのが素晴らしく上手だけれど、私はそれには恐怖を感じる。一方、私はずっと先のことを考えるのが得意だけれど、姉は自分がコントロールできる直近のビジョンをそれに組み込むのが苦手だ。私は、姉が長期的な目標をより柔軟に考えるのを助けることができるし、姉は明日起こりそうなことについて私を安心させてくれて、その日に何を着ればいいのかについても助けになってくれる。というのも、正直なところ、私はその服を燃やせと言われるまで、毎日同じものを喜んで着ていられるのだ。私たちはそれぞれの世界でとても幸せでうまくやっていけているが、2人の世界は対照的だ。姉の世界でのネットワークとは、人脈をつくり人と出会う技術のことで、私の世界でのネットワークとは、図にノードをプロットして、さまざまな結果の確率を明確にすることなのだから。

こういった作業をしているときに姉がよく言っていたのが、「何もかも、やりたい」ということだ。姉のこの言葉は、取り残されることへの不安からくるものであって、私たちの多くはこの不安に直面している。ソーシャルメディアという「鏡の間」にいると、招待されなかったパーティーや、まだ達成していない目標、他の人たちが自慢している、自分がしたことのない数々の経験、そして自分の人生や仲間たちがただ通り過ぎていくだけという感覚を、これまで以上に意識するようになる。姉の言葉に対して私はいつもこう答える。「何もかもできるよ。でもそのためには、自分が何を求めているかに基づいて、さまざまなノードがどうつながっているのか、何を優先すべきかを理解しないとね」。全部をいっぺんにするのは当然ながら不可能だけれど、求めているものをすべて達成するための計画なら立てられる。時間が経てば、ネットワークをしっかり組んだカメのほうが、慌ただしく思いつきで動くウサギよりも先へと進むことができるのだ。

現在についての押し潰されそうな不安と、未来に対する絶え間ない恐れの両方を抑えるためには、空間と時間を超えてマッピングする能力、つまり次に何が起こる必要があるのかを明らかにする能力が必要となる。目標の単なる一覧は役に立たない。なぜなら、そこには文脈も、相互の関連性も、優先順位を決めるメカニズムもないからだ。人生のもつ直線的な性質には一覧という形が適しているかもしれないが、意思決定のためには、目標だけでなく、人々や場所なども一緒にプロットできるネットワーク、つまり自分で決めた以外のどんな形にもとらわれずにすむものが必要なのだ。ただし、この方法でも、自分のトポロジーを友人や仲間のトポロジーと重ね合わせて比較しては不安や羨望を感じたり、「こうしておけばよかった」「ああもできたのに」と考えたり、置いていかれることが心配になったりといったことが起こらないという保証はない。だが、ネットワーク理論はこういったFOMO（取り残されることへの不安）の感覚を消し去るものではないにしろ、少なくとも方向性と目的は与えてくれる。あなたはそれらの形を柔軟に変えて、時間の経過とともに進化させられるのだ。

自分のネットワークができたなら、そこで経路を決める必要がある。大量の情報と要素のなかから、どれが前進するための実行可能な経路を示しているのかを決めるのだ。では、どうすれば最適なレイアウトを突き止めて、それを発展させつつ、自分の状況の変化に応じてパーツを動かしながら配線を切り替え続けられるのだろうか？

これに答えるために、次は別の機械学習の手法を確認して、今現在から次に起こることまでの道筋を設定するためにその手法をどう役立てられるのかを見ていこう。

勾配降下アルゴリズム——道はたくさん見つけよう

ネットワークを描き終えたときから、目の前に選択肢が見え始める。進めそうな経路は常にいくつもあるので、どれが目標までの最短経路なのかよくわからなくても仕方ない。幸いなことに、ここで機械学習が役に立つ。このような最適化の問題、つまり最も速く最も効率的な経路をどう見つけるかという問題こそ、コンピューター科学の核なのだ。アルゴリズムは、データセットを徹底的に掘り下げて、より速く、より効率的に、費用対効果の高いやり方で物事を行う方法を発見するのに長けている。その技術を借りれば、私たちも、自分の人生を進むための経路を最適化できる。結局のところ、そういった技術はそもそも人間のロジックに基づいてできているのだから。

この問題に答えるために機械学習では「勾配降下法」と呼ばれるアルゴリズムが用いられる。これは、あるプロセスを最適化し、そのコスト関数(誤差)を最小化しようとするときに使用される手法だ。たとえるならば、山の上から谷底まで降りようとしている人だろう。その目標は、高度が最も低い場所(誤差が最小値)へとできるだけ早く到達すること。アルゴリズムはすべての経路を一遍《いっぺん》には把握できないので、勾配に基づいて進む方向を決めるようプログラムされている。つまり、一歩ごとに、最も急勾配で下る方向へと進んでは、その次に進む方向を検討する。全体として最も急勾配の下り坂を見つけ続ければ、底まで最速で辿りつける。人間と同様、この種のアルゴリズムも、考え方やアプローチはさまざまだ。たとえば貪欲アルゴリズムといって、最も早く直行するような経路を選ぶアルゴリズムがある。これは、政治家が決まった任期内にすべての政策を詰め込もうとするのにちょっと似ているだろうか。あるいは探索的なアルゴリズムもある。道すがら、より多くの経路と解決策を試し続けるという忍耐強いアルゴリズムだ。後者を、私は今もなお学ぼうと努力している。ADHDのもつ、ひとつのことだけに集中して他は全部忘れるという貪欲さとのバランスをとりたいのだ(この特性のために、私はこの夜中に、防水のジャケットを脱ぎもせず、ベッドでこの文章を書いているってわけ)。

勾配降下法は、機械学習における最も基本的な手法のひとつである。そして、私たちの誰しもが、自身の人生のネットワークを進むうえで、この概念からいくつかの教訓を学ぶことができる。1つ目の教訓とは、経路の全体像、あるいは大部分さえも前もって見ることはできないということ。ノードをつなぎ、クラスターを特定することはできても、経路を先へと進むほど、つまり未来を見ようとするほど、結局、視界はぼやけてくる。しかしそれでいいのだ。なぜなら勾配降下法の2つ目の教訓が示すように、自分の現状こそが、今すぐ知るべきことのすべてを教えてくれるのだから。アルゴリズムが勾配を調べて進行方向を決めるように、私たちは自分自身の指標に基づいて特定の経路の価値を判断すべきなのだ。たとえば自分はさらに幸せになるのか、さらに充足感を得られるのか、もっと生きがいを感じられるのかといった指標だ。将来、何がどうしたらうまくいくのかを予測することはできないが、進行方向を確認して、人生のコスト関数を最小化できる経路へと向かうことなら確実にできる。それは、自分の価値観と目的を発展させ、マズローの欲求段階の上位の欲求を満たすということだ。（ちなみにマズローの欲求段階説とは、人間の欲求に段階があるとする説で、私たちは食事や安全といった最も基本的な欲求を満足させると、達成感や、他者からの尊敬、問題解決や創造的活動といった、より抽象的な上位の問題に関心が移るのだという。）

そして、その方向が好ましいものでなくなり始めたら、つまり勾配がゆるくなって勢いが感じられなくなり、停滞感を覚えたり無感覚になったり、あるいは単にうまくいっていないと感じたら、向きを変えるのだ。勾配降下アルゴリズムは自身の選択について感傷的になったりしない。勾配が最も急降下する経路に戻れるのなら喜んで2歩後退する。私たちも同じようにすべきだ。経路を選んだり経路を変えたりするときには、何度でも試す必要がある。自分の目標に向かわず、むしろ遠ざかっているように感じたら、いつでも軌道修正すること。そして、前進するための完璧な経路など存在しないのだと受け入れねばならない。存在するのは、私たちが意欲と関心と忍耐をもって発見・追求することのできる経路だけだ。私たちの最終的な経路は、客観的な完璧さ以外の要素、たとえば選択肢を探るために使用できる時間や、自分がどれだけ完璧主義者であるかといったことによって、常に左右される。

勾配降下法は実験的に経路を見極めることを教えてくれる。その方法は、試行錯誤すること、絶えず環境を評価し直して変化に対応すること、そして引き返すのを恐れないことだ。そして最後の大切な教訓は、歩を進める方向ではなく、その長さに関するものだ。これは「学習速度」と呼ばれる問題である。最高の精度で結果を得るには、それ相応にステップを短くして、少しずつ前進し、ゆっくりと知見を積み重ねるようなアルゴリズムにする必要がある。一方、学習速度を速くすれば、谷底まで到着するのは早いのだが、ステップの精度が粗いので最下点を単純に踏み越えてしまう可能性がある。つまり、学習速度を微調整して最良の結果をできるだけ早く得ることが、勾配降下法の最大の課題のひとつなのだ。ＡＤＨＤがあるとこれが特に難しい。タイムワープしたり、状況があやふやになったり、トイレで座っているときに人生の最も重要な決断をしてしまったりするのだから。

これについては完璧な答えはない。人生を生き抜く最適な唯一の道などないのと同じで、途中で状況が変化する可能性があるからだ。すべては主観的であって、スピードと正確さの適切なバランスを選ぶ必要がある。完璧な道は、私たちの人生にも、他の誰の人生にも、存在しないのだ。私たちのネットワークが示すように、利用可能なデータを使うと、潜在的な経路は無数に得られる。しかし、エビデンスの導きに従う限り、そして最も勾配のきつい経路を探し続ける限り、道は見つかる。実際のところ、お勧めなのはたくさんの道を見つけることだ。それらがあなたの心を「動かす」道であることと、その道を進む準備が自分にできていることだけは、確認してほしい。

人生の目標を設定し、それを追求するのは、一番難しいことかもしれない。考えることは山ほどある。追い求めるべきはこの野心か、それともあの野心か。短期的に最適化すべきか、それとも長期的にすべきか。自分が幸せを感じることをすべきか、それとも最も重要だと思うことをすべきか。どうすれば他人による未来のビジョンに頼らず、自分で独自のビジョンをつくることができるのか。（社会性がありコミュニケーションを行う種にとって最も難しいことだけれど、最も重要なことである。他人の基準に従って生きるのは、他人のスプーンで食事をするようなもので、まともな味がしないのだ。）

これらはいずれも、不安発作を引き起こすのに十分な問いだ。私はこれまでずいぶんといろんな目に遭ってきたので、それがよくわかる。しかもそれは、人生を決するような恐ろしい決断についてだけの話ではない。昨年私は、母に贈るバースデーカードを手に入れるのにさえ失敗した。店を15軒も回ったのに、どのカードを一番気に入ってもらえそうかを決められなかったのだ。私は決断についてあまりに不安になりすぎて、結局ひとつも買うことができなかった。母に対する愛情の証である探索的思考によって、私はどうしようもなく手ぶらのまま闇のなかに取り残されることになった。たぶんだけど、7番目の店で、踏ん切りをつければよかったのかな。

しかし、未来に不安を抱くこと、つまり次に何をすべきかが「わからない」ことは、弱みではなく強みにもなりえる。量子物理学と機械学習が示しているのは、不確定性も、軌道修正を自ら進んで行うことも、自分にとっての負債ではなく資産だということだ。人生の進む道に確信がもてないのは、運動量と位置を同時にうまく測定することができないという、私たちの生まれつきの性質の一面なのだ。一方、軌道修正を進んで行うのは、機械学習の最善の実践であって、「実際に試してみる」ことが鍵となる。

もしあなたが、自分の人生で十分に前進していない、あるいはこの先どうなるかわからないと心配しているのなら、科学に安心させてもらおう。そういった不安は自然なものだ。そして、その不安がレンズとなるおかげで、見込みのありそうなさまざまな経路をいくらでもシミュレーションできるのだから。私はいつも、不安は自分にとってのスーパーコンピューターだと考えている。不安のおかげで、つながりを見つけたり可能性を見出したりと、他の人にはできないことができる。他の人からはバカげているとか、おかしいんじゃないかとか言われるけれど、私はこの不安と、不安がもたらす視野の広さ、そして不安が生み出すさらに多くを学ぶための推進力なしで、生きていきたいとは思わない。

目標を設定し、それを追求するのは、怖いかもしれない。だけどそこで問題となるのは、私の大好きなクライミングのチャレンジみたいなもので、正しい装備と個人的な努力だけなのだ。そして、ハイゼンベルクは安全確保の装具を、ネットワーク理論はロープを、勾配降下法はルートを、私たちに与えてくれている。

忘れてはいけないのは山を下りるということ。登るんじゃなくてね。

第8章

進化、確率、関係性

他者に共感するには

幹細胞とまったく同じように、私たちの人間関係も、
時間とともに特殊化し、分化する。新たに出会うニーズに
対応するために、有糸分裂をさらに繰り返すのだ。(p.227)

「バカなこと言うなよ。ただの傘じゃないか」

だけど、それはただの傘ではないのだ。私にとって、この頼りになる小さなアイテムは、カフェに置き忘れたりして何の迷いもなく買い替えられるような消耗品ではなかった。傘は私の防衛手段であり、今日一日のための鎧であって、その素敵な鉤状の持ち手を握っているとどんな天候でも安心できた。傘は雨から私を守ってくれるだけではない。近づきすぎる人を遠ざけたり、私がどうしてもさわれない階段の手すりに引っかけて自分の身を支えたりできる。私が外に出るときには必ず傘をもって出る。おまもりであり、守護者でもあるのだ。他の人にとっての高級車や家宝の時計と同じように、私にとって傘は大切なものだった。私は金銭の概念がほとんど抜けていて、生存手段くらいにしか思っていない。そんな私にとって高い価値をもつ物とは、頼れる同伴者として信頼を置いているわずかな持ち物だけなのだ。おそらくそのなかで最も大切なものが、傘だった。

その傘が壊れてしまった。そのときデートしていた男の子は、そんなのナイロンと木でできたつまらない物じゃないかと言いたかったのだろう。彼は気にも留めず、私は泣きそうになった。

傘が壊れたことで、私たちの関係は限界に達しようとしていた。人間関係がうまくいかなくなったときに必ず起こる瞬間を迎えようとしていたのだ。パートナーの片方が、相手にとって本当に大切なものを尊重していないことが、あるいは理解していないことが明らかになる、あの瞬間だ。人間として、私たちはあまりに共感力を欠くことが多くあって、他者の視点から世界を見ることができないまま自分の信念を相手に押しつけてしまう。今もこれからも一緒にいたいと願う相手と、実際に一緒にいる相手とのあいだのギャップが大きくなるのだ。

繰り返しになるが、それはただのくだらない古い傘などではなかった。問題の男の子は割とすぐにそのことに気づいたので、私たちの関係は、私の愛用の傘と同時に壊れるようなことにはならなかった。しかし、根本的に違う世界に住んでいる人と人生を共にすることの難しさを、私は改めて思い知らされたのだった。

人間関係とは、それが恋愛であれ他の関係であれ、私がそれを理解してなんとか道筋を見つけるために大変な努力が必要となる何かだ。自分の頭のなかを生きるだけで十二分に難しいというのに、他人の頭のなかでも生きて、相手が何を考えていて、どういうつもりで、何を求めているのかを理解しようとするなんて。実際のところ、私が共感の重要性について語るのを不思議に思う人もいるだろう。なにせ、私たちアスペルガーの人間には理解できないと思われがちなテーマなのだから。うんざりするくらい言われてきたのが「他の人の身になって考えるようにしなさい」という言葉だ。自閉症である私たちは、共感を覚えたり、他者と人間関係をもったりするためには、ありとあらゆる手助けが必要だと思われている。

私がひとつ学んだのは、共感の必要性を論じるのが得意な人というのは、往々にして、共感を示すのが別にうまいわけじゃないということだ。一方、私は他の人たちがなぜそんなふうに考えたり振る舞ったりするのかを理解はできないかもしれないけれど、本当に注意深く観察して、どうにか解明しようと努めている。生まれつき共感力がないということは、人々の意図や期待を汲み取るのに、人よりもずっと努力をしなければならないということだ。私の目から見ると、人間関係とは、自分の行動を他の誰かの予想されるニーズに合わせようと努める複雑な方程式である。それは、観察と計算と実験による共感なのだ。

　そう言われると簡単なことのように聞こえるだろうが、決して簡単ではない。人間の気まぐれを理解し、予測し、それに対応しようとするのは、最も難しい作業のひとつだ。私たちの多くがこれからの人生で最も真剣に行う「推理」とは、愛する人のボディランゲージや曖昧な言葉が本当は何を意味しているのかをなんとかして突き止めようとすることだろう。

　そんな困難な作業をするためには、科学が提供してくれる最善のものを使用して、雑音から信号を選り分けたり、エビデンスがはっきりしないときの対策を決めたりしなくてはならない。すべての人間関係は、行間を読む能力に頼っている。つまり、誰かから意味がないと言われても、意味があるときにはそうと判断できる能力、あるいは重要でなさそうに見えても実際には重要だと判断できる能力のことだ。このように正確な判断をするためには、進化生物学についての理解を深めなくてはならない。私たちの違いが何に起因しているのか、そして、私たちの体が１個の幹細胞から生じたように、人と人との関係が時間の経過とともにどのように進化するのかを認識するのだ。また、確率論を利用して、何が重要なエビデンスで、何がそうではないのかを判断する必要がある。さらに、白黒がつかずイエスかノーかの答えがない場合に判断を下すための、またどんな人間関係でも不意に生じる避けようのない衝突をコントロールするための枠組みとして、ファジー理論を活用しよう（意味は「曖昧理論」。そう、こんな名前の理論があるのだ）。

人間関係を構築・維持するために必要な共感力は、私たちが人間としてどう発達するかの根本を見つめることで、また逆に、機械を人間の世界で機能させるために人間が考案した技術を取り入れることで、見つけられる。人間関係を豊かにするには、私たちは最も人間的になるだけではなく、最も機械的にもなる必要がある。そうすれば、感じ、関わりを持つのと同じように、計算し、考えることができるようになるのだ。

尊重と忍耐は細胞に学べる

私たちの人間関係の強みも弱みも、差異に基づいている。人間は誰しも、異なる遺伝子、多様な経験、人生に対する多岐にわたる考え方によって形づくられている。しかし、このような数多くの相違があるにもかかわらず、すべての人は基本的に同じものから始まっている。それは、1個の胚性幹細胞だ。この細胞が何度も何度も分裂・分化を繰り返すことによって、私たちの体をひとつにまとめる皮膚や臓器、骨、血液などができているのだ。

幹細胞とは、究極の、進化の驚異である。単一の存在でありながら、分裂して、人体に必要なあらゆる特殊化した機能をもつ細胞へと形を変えることができるのだから（難しい用語だと多能性幹細胞と呼ばれる）。たとえば私たちの体内にあるすべての血液細胞は、元を辿ればすべて同じひとつの幹細胞から分化してできたものであって、この過程を造血（haematopoiesis）という（私のお気に入りの単語だ）。これは今この瞬間にもあなたの体内で起きていることである。酸素を運ぶ赤血球と、私たちの免疫系を常に更新している白血球が、日々、適切なバランスで補充されているのだ。幹細胞が人間の必須の構成要素である理由は、分裂し、再生産し、更新するというその能力にあって、血液や免疫系の疾患の治療にも重要な役割を果たしている。そもそも体は幹細胞によってできたものであって、幹細胞はその再建にも役立っている。

幹細胞はすべての人間の基礎であるが、人間関係における共感をよりよく理解するための理想的なレンズにもなる。幹細胞と同じく、基本的にすべての人間関係は、特徴のない、特殊化

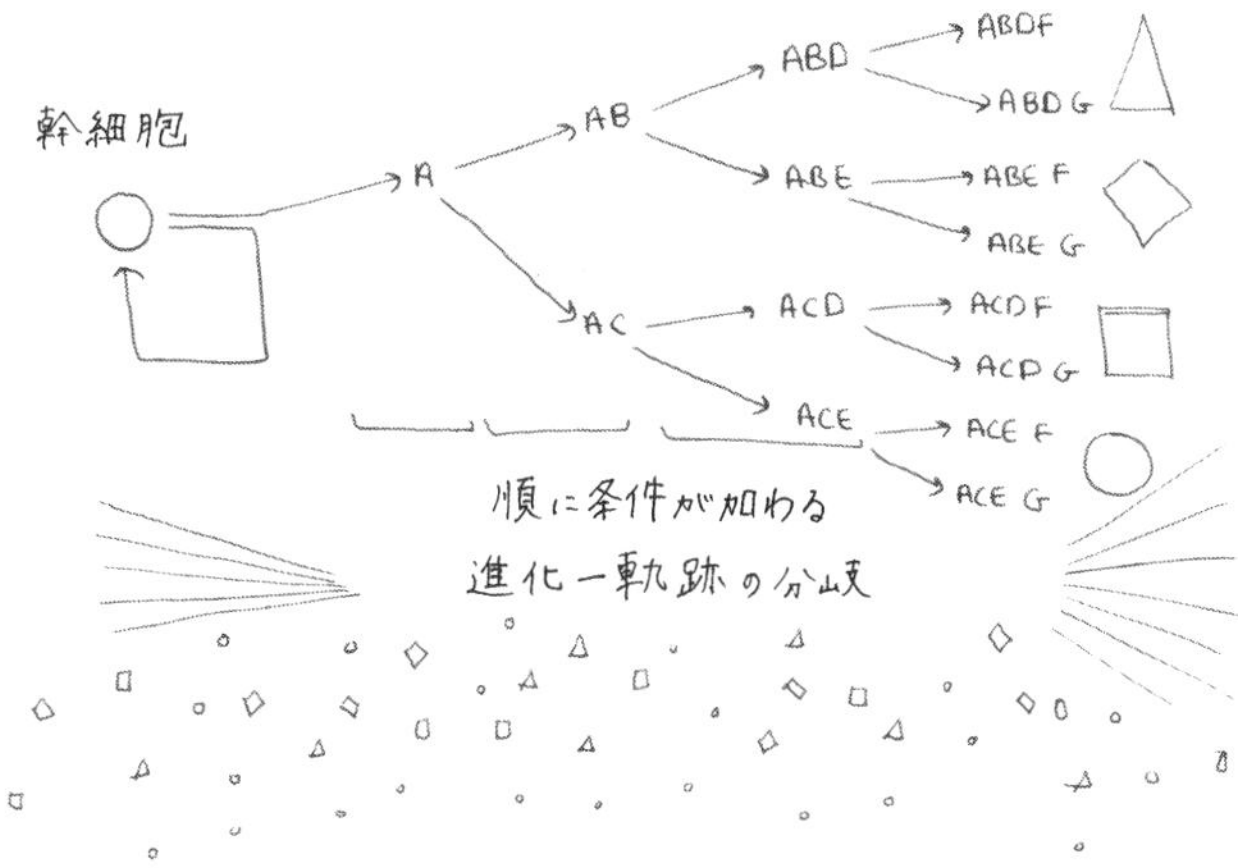

していない形から始まる。２人がお互いに気が合うかを確認しようとしている状態だ。そして幹細胞がそれぞれ特有の機能をもつ無数の娘細胞へと分裂していくように、人間関係もまた、時間が経つにつれて、形がより明確で複雑なものへと発展する。共有した経験、理解、言葉、言外の意味などが絡み合う細かな網の目のようになるのだ。幹細胞とまったく同じように、私たちの人間関係も時間とともに特殊化し、分化する。新たに出会うニーズに対応するために、有糸分裂をさらに繰り返すのだ。

加齢に伴い、このプロセスの繰り返しによって体に負担がかかり始める。細胞が有糸分裂するたびに、テロメアと呼ばれる構造の一部が失われる。このテロメアは染色体の末端にあって染色体を保護する役割をもつ。各ＤＮＡ鎖の端にある保護キャップだと考えればいい。靴紐のほつれが少しずつ進んでいく様子にたとえられることが多いが、テロメアは細胞分裂のたびに少しずつ短くなって、やがてＤＮＡを効果的に保護することができなくなる。細胞は有糸分裂ができなくなって、老化する。肌に現れるしわや臓器の不調など、人体に明らかに見られる老化はこの細胞の衰えによるものなのだ。時間が経つにつれて、私たちの細胞はすり減り、体は少しずつ自身を修復する能力を失う。

私たちがつくる人間関係も同じような衰微の危機にさらされる。感情面での有糸分裂を行う能力、つまり自分と相手の両方のニーズが変化する状況下で進化・特殊化し続けるという能力を失えば、人間関係も死に絶える可能性が高い。逆方向に極端な例としては、あまりに急激に進んだ関係が激しくなりすぎて耐えられなくなることもありえる。これは細胞が突然変異して、分裂が止まらなくなり、がん化して、制御不能の状態で体を攻撃し始めるようなものだ。

私は細胞の進化を理解することで、良好な人間関係を保つための２つの基本的な教訓に気づくことができた。１つ目は、お互いの違いを尊重するということ。私たちは皆、ざっくり見れば似ているだろうし、基本的には同じ細胞の塊から進化したひとつの種に属している。しかし、悪魔は「分化」（形態や機能が特殊化すること、差異が生じること）のなかに潜んでいる。最初の胚性幹細胞からの果てしない進化によって、私たち人間の個体差は非常に大きくなった。多くの場合、人間関係の成功は、こうして生じた差異をまずは認め、次に尊重することができるかどうかにかかっているようだ。私たちが最も意義深い関係性を築くことができるのは、他者への共感をとおしてである。自分が大切に思う相手を本当に理解しているのだと示し、言葉だけでなく、日々のちょっとした仕草や、非言語的なサインなどにも注意を払って相手が伝えようとしていることに耳を傾けるのだ。そのためには、ときにはアイコンタクトすら必要となる。（これらは私が人間関係を築くために実践していることだ。）

最も親密な関係では、そういったたくさんの共感に頼ることができる。理解されていて、大切に思われていて、愛されているのだと、無条件で感じられるような関係性だ。そんなわけで、姉が結婚式を挙げることが決まり、私がその大事な日のための衣装を選ばなくてはならないとなったとき、姉も私もそのハードルがどれほど高いものかを直感的に理解していた。ファッションの仕事をしている姉にとって、妹の私が趣味の良い衣装で式に参列することがどれほど重要であるか、私にはわかっていた。姉は姉で、私がどれほど買い物嫌いであるかを、そして、私が言い逃れをするのはどうでもいいと思っているからではなくて、ただどうしたらいいのかわからないからだと知っていた。お互いをよく理解している姉妹だからこそ、私はひとりで買い物して回るという試練から解放され、姉は姉で、メイド・オブ・オナー（花嫁の主たる介添人）である妹が、映画『ジム・キャリーはＭｒ．ダマー』でジム・キャリーが着ていたオレンジ色のタキシードとシルクハットを身につけて登場しようとするのを阻止できたのだ。(「シルクハットはやめてよ」「だって何を着てもいいって言ってたし、ジム・キャリーのこと大好きでしょ?」)

細胞生物学から得られた2つ目の教訓は、忍耐に関するものだ。胚性幹細胞に始まり誕生するまでに9カ月、そして新生児が身体的発達を完了するまでに18年(神経学的にはさらに数年)を必要とするように、人間関係における相互理解も一夜にして完全に達成できるものではない。たとえば、2回目や3回目のデートのときに、相手と共に過ごすこれからの人生を思い描き始めたとしたら、まだ成長し始めたばかりの関係性に対して、すでに成熟した関係性に求めるような期待を押しつけていることになる。そうなると、私たちが相手に期待することと、相手が自分のことをわかってくれているだろうと合理的に期待できることとのあいだに、非対称性が生じる。もっと問題を起こしづらい方法とは、生まれたばかりの人間関係のことは、ほとんど進化していない単純な幹細胞として、あるがままに扱うことだ。付き合って間もない相手には、長期的な大きい期待をすべて投影するのはやめておこう。同じスプーンを使ったこともない相手に早くから多くを求めすぎると、すべてが崩れ落ちてしまう。進化の過程が実を結ぶには時間がかかることを理解して、忍耐強くなることだ。

確率と共感――ベイズの定理で視野を広げる

人間関係も、その最初期というのは、本当にたやすい時期である。現実よりも期待が先走ることさえなければ、新しくてこれから進化するものをシンプルに楽しむことができる。

しかし、ハネムーン期の数週間や数カ月を過ぎると、進化の現実が入り込んでくるだろう。相手のことがもう少しわかるようになってきて、最初の数回のデートでは単細胞生物だった関係性が、分裂してより複雑なものになり始める。お互いについての知識が増え、経験を共有するうちに、期待だって芽生える。たとえば、自分の考えをわかってくれるだろうとか、気分のむらを受け止めてくれるだろうとか、言わなくてもしてほしいことをやってくれるだろうとか。

「人間関係が居心地のいい状態になると、お互いのことにちゃんと注意を払わなくなる」などと聞くことがあるが、どちらかというとその逆が正しいのではないだろうか。無知が至福だというのならば、知識は責任を意味するだろう。互いについて集めた証拠が蓄積し始めるにつれて、共感への要求は急速に高まる。

相手のことを理解したに違いないと思われるようになってから、本当の意味での推理が始まる。小さなシグナル、ちょっとしたヒント、そして完全なる沈黙をも、解釈することが求められるのだ。誰にとっても悪夢になりかねないが、曖昧さを得意とせず、言われたことすべてを完全に文字どおりに受け取ってしまうような頭の持ち主にはなおさらきつい。アスペルガーの人は、誰かに会うときに、なんの前提も先入観ももたない。誰もがまったく新鮮な目で見られることになる。そういったわけで、言われたことをすべて信じてしまいがちで、ヒントやシグナルの意味を自然には察することのできない私には、それを補うためのテクニックが必要だった。これに関して信頼できる味方となってくれたのが、ベイズの定理だ。これは確率論の一分野であって、さまざまな状況がどのように発展しうるかについての推定を継続的に進化させるために、収集したエビデンスをどう利用するかがテーマとなる。つまり、状況が変われば、さまざまな確率に対するあなたの見積もりも変わってくるということだ。

ベイズ統計は出発点からして従来の統計手法とは違っている。収集したデータから単純に確率を推論するのではない。たとえば、特定のコインを投げたときに表裏のどちらになるかという確率を実際に投げた実験サンプルに基づいて算出する場合には、事前にひととおりの推論を行うところから始める。その実験サンプルにはコインを投げた人の技術が関わっている可能性があるのではないか、あるいはその人物が結果に影響を与えようとしたのではないかなど、自分が知っている材料も使って確率を計算するのだ。ベイズ法が教えてくれるのは、データを集めてそれだけを使って直接的に結論を出すのではなく、問題となっている状況について自分が知る限りのすべての事柄という、もっと広い文脈にそのデータを置いて推論するというやり方だ。

なんか変じゃないの、と思っている人もいるだろう。これは科学的研究のあるべき姿とは真逆なのではないのか？　証拠そのものに答えを出させるのではなく、自分の主観を答えに反映させるというのだから。確かに、仮定が大きく偏っていると、エビデンスに対する解釈も大きく偏ってしまうだろう。しかしベイズ法は、シンプルながらも説得力がある。この方法は、範囲も時間も限られているデータセットを超えて、私たちの視座を高めてくれる。それにより私たちの視野は広がり、さもなければ簡単に、そして決定的に無視されることになるだろう文脈のなかで、問題を捉えられるようになるのだ。たとえばこの方法は、医療検査におけるミスを特定するのに役立つ。検査精度が99%だからといって検査結果が陽性の場合に99%の確率で感染しているわけではない。それは偽陽性がどの程度あるかという事前知識があればこそわかることなのだ。

ベイズの定理によって、私たちは、自分が何かについて、あるいは誰かについて知っていることをすべて考慮に入れられるようになる。適切に使用すれば、自分が知っていることとエビデンスによって示されることの両方のバランスをとるための素晴らしいテクニックとなる。私たちの仮定に潜在する欠陥と、収集したデータの限界の、両方を明らかにできるのだ。言い換えると、エビデンスによって私たちの仮定は改善され、仮定によってエビデンスの使い方が改善されるということだ。また、重要なのは、確率の問題に対するアプローチ（自分が事前にもつ背景知識を活用するという手法）だけではない。新たなエビデンスが得られた際に、仮定をどのように更新するかも重要である。これは条件付き確率として知られており、ある出来事がすでに起きたという条件のもとで、別のある特定の結果が生じる確率のことである。

私は、人間関係でも環境でも変化や新しい仕事でも、何か新しいことに出会うたびにベイズの定理を使う。そして新たな不確実性のなかで道を探り、馴染みのない文化や規範に合わせるようにしている。自分の偏見を捨てて、周囲をよく観察するように努める。自分で慎重につくりあげた基準に従うのではなく、この新たなシステムを代表するような基準に従って生活するのだ。大学に入ったときには、アスペルガーをもつ者にとっての悪夢であるクラブ通いさえした。私、ミリー・パンがこれまで行ったことのない、最も暗くて深い場所を踊り抜けたのだ。それはデータを収集するためだ。自分が遭遇しつつある馴染みのない状況や、その状況に含まれる新たな経験などのすべてを解釈するためには、新しい文脈を得る必要がある。そのために、どうしても必要なデータだったのだ。

これと同じアプローチは、新たな人間関係や変化しつつある人間関係において、自分の足場をつくる際にも有効だ。本当に理解したい相手がいるのならば、その人を注意深く観察して、相手の言葉と相手の真意との違い、嬉しいときや悲しいときの振る舞い方、相手が自分の殻に閉じこもるときの意図（問題があることを訴えているのか、それとも単純に自分だけのスペースが欲しいという意思表示なのか）などを学ばなくてはならない。ハネムーン期だから、まだ期待レベルは低いって？　だがその時期にこそ、後で必要となるときのためにあらゆるエビデンスを集めておくべきなのだ。「悪くないけど」という言葉が「絶対にダメ」を意味しているのだと気づかなくても、最初のうちならば許されるだろうが、時間が経つにつれてその寛容さは失われていく。人間関係において、最も余裕があるように思える段階こそが、実は細心の注意を払うべき時期であって、長い目で見ればその努力は報われるだろう。

もちろん、ベイズの定理がもうひとつ示しているのは、エビデンスを解釈する際に事前の仮定が重要な意味をもつので、同じ問題であっても人によって見方が変わる可能性が高いということだ。自分にとっては単純明快に思える問題でも、相手からは真逆に見えているかもしれない。それを理解するために、私たちは共感力をもつ必要がある。相手が基準とする、これまでに得てきた知識、分別、経験は、自分のそれとはまったく違っているかもしれないのだから。

また、ベイズの定理は、私の人生のなかで最も荒れ狂っている関係――つまり自分自身との関係をコントロールするのにも役立っている。友人やパートナーとどれほど激しく言い争ったとしても、自分の頭のなかで起きている大騒動と比べれば大したことではない。私の脳は、関連するあらゆるデータを処理し、あらゆる可能な角度からあらゆる物事を考える。そんな超過勤務を続けた結果、まるで圧力鍋のようになって前触れもなく吹きこぼれてしまう。頭のなかで鳴り響く騒音の一部でも外に出すために、他にどうしようもなく、頭をテーブルにぶつけたり、体を震わせて叫んだり、ぐるぐる走り回ったりすることもある。ただ存在しようとすることの圧力の一部でも解放できさえすれば、なんでもいい。

ベイズの定理は、私を支える習慣であると同時に、この本当に個人的な戦いのための、私の武器なのだ。目の前のエビデンスに、つまり騒音やにおい、プラスチックのボタンといった、それだけで私をメルトダウンに追い込むようなものにただ反応するのではなく、事前の仮定を利用してぎりぎりのところから自分を引き戻せるようになる。「ひどいにおいがしてきたけど、きっと問題ない。だって1週間前に教室で誰かがおならしたけど私は死ななかったわけだし」といった具合に。そのときは困難に思えるかもしれないけれど、自分が大丈夫である可能性は高いのだ。ベイズの定理のおかげで、私は自分の均衡を脅かすさまざまなトリガーに優先順位をつけて、感情面において重要なものと、習慣的に痛みを引き起こすだけのものとを分離できるようになった。それにより、自分のASDに伴う戦いを注意深く選んで、必要となるエネルギーを節約できている。

人間の行動は、自分の行動でも他人の行動でも、完全に予測できるものではないし、絶対的に定量化できるものでもない。しかし、確率の問題として扱うことはできる。人生で関わる人々に関する知識と仮定とを微調整し、それらを使って、さまざまな状況において自分がどう対応するのかを決めるのだ。自分のパートナーを科学的な研究対象にするなんて(人によっては)セクシーじゃないと思うかもしれないけれど、私の知る限りでは、共感力を獲得するための最も確実な方法だ。ここまでしなくてはならない理由とは、単純にして迷惑な事実として、人というのはたいてい、本当に望んでいることを口に出さないという点にある。ほのめかしたり、身振りという形で合図してきたり、あなた自身でその答えを出すことをただ期待していたりする。私のような、明確で曖昧さのないエビデンスを求める頭の持ち主には、悪夢のような話だ。確率論を使いこなして初めて――つまり相手が何を本当に望んでいるのかとか、次に何が起こりそうかといった問題に、自分が知っていることを適用して初めて――すべての人間関係の曖昧ではっきりしない部分を通り抜けるためのルートを、真に発見できるのだ。18世紀の長老派牧師(つまりベイズ)が、出会いうる限り最高の人間関係のカウンセラーだなんて、意外だったかもしれないけれど、今はもう納得してもらえたよね。

妥協点に達するためのファジー理論

生活のなかで他者を観察するのは確かに大切なことだ。しかしそれだけでは、健康的な人間関係を築くために、必要に応じて妥協をし、避けがたい意見の相違を克服しながら、相手のニーズと自分のニーズの両方を満たすにはどうすればいいのかという謎を解くには、まだ道半ばである。ここからさらに、観察によって集めたエビデンスを解釈して、長期にわたる均衡を生み出すような判断を下せるようになる必要がある。このために活用できるのが、人工知能やコンピュータープログラミングの最も重要な原理のひとつである、ファジー理論だ。

人生のグレーな領域を通り抜けるためのテクニックを探しているのにアルゴリズムから始めるなんて、何かの間違いじゃないのかと思う人もいるだろう。こういった分野こそ、人間の精神が機械の脳よりも優れていて、今後もそうであり続ける分野なのではないのかと。まあ確かにそうなのかもしれないけれど、それは私たちが、もちうる最大限の能力を発揮して、複雑な状況を見極め、共感力を駆使し、人間関係において常に完璧な判断を下すことができればの話である。これがあなたにあてはまるのでなければ(もちろん私にはあてはまらない)、機械学習を開発した人々がまさしくこの問題にどう取り組んできたのかを確認する価値はあるだろう。

もしかしたら、機械にもっと人間らしく考えさせるために考案されたアイデアが、私たちが人間らしく考えるためにも役立つかもしれない。

ファジー理論とは、確かな真実が存在せず、要素のすべてが０か１か（右か左か、上か下か、正しいか誤りかなど）だけでは分類できないという状況下でアルゴリズムを動作させるために使われる技術だ。これにより、プログラムは２値の途中での計算が可能となり、絶対的ではない命題（たとえばあるものが「おいしいか、おいしくないか」）の度合いを推定できるようになる。ファジー理論を使えば、アルゴリズムは、０と１のあいだの物差しで「だいたい正しいかどうか」を判断できて、決定的な答えとしてどちらか一方を選択する必要はなくなる。これは自動システムの開発において、いくらでも応用が利く。たとえば、前方の車との車間距離を決定する必要のある自動車のブレーキシステム、洗濯物の汚れ具合に応じて水の量や温度、洗剤の量を洗浄中に調節する洗濯機などの例がある。

ファジー理論は、ゲーム理論や紛争解決にも用いられている。交渉の過程において、０と１のあいだで（つまり絶対に譲らない姿勢と喜んで妥協しようとする姿勢のあいだで）揺らぐ可能性のある、さまざまな好みをもつさまざまな人々のエコシステムをマッピングするための方法論として、力を発揮する。

このファジー理論の適用こそが、私たちの個人的な人間関係にとって最適なのだ。どんなに好きな相手でも、どんなに愛している相手でも、言い争いになることはある。問題は、言い争いになるかどうかではなく、どうすれば理想的な形でそれをコントロールできるかである。その鍵を握るのがファジー理論だ。口論に「勝ちたい」という人間の衝動がかなり無益であることを教えてくれるからだ。何かが口論に値する場合には、つまりどちらも非を認めようとしない場合ということだが、物差しの端っこ(0か1か)に答えが落ち着くことはまずない。たいていは、そのあいだのグレーな領域に答えがある。もしかすると2人ともが謝る必要があるかもしれないし、新しいソファを青にするか赤にするかについて、本当に正しい答えなどないのかもしれない。口論とは、勝敗のあるゲームというよりも、解決すべき問題なのだ。3Dテトリスのように、相反する意見というパーツを動かして、できるだけきれいにフィットさせなくてはならない。このことに私が気づいたのは、私自身が常に「言い争い」を苦手としているからだ。そもそも他人が私に向けて投げつけてくる侮辱の言葉すら理解できないことが多かったのだが。苦手だとはいえ、自分なりの方法でお返しはできる。鋭い意見だって言えないわけじゃないし、職場の人に「つっけんどん」だと言われてから、それがお気に入りの言葉になったくらいだ。

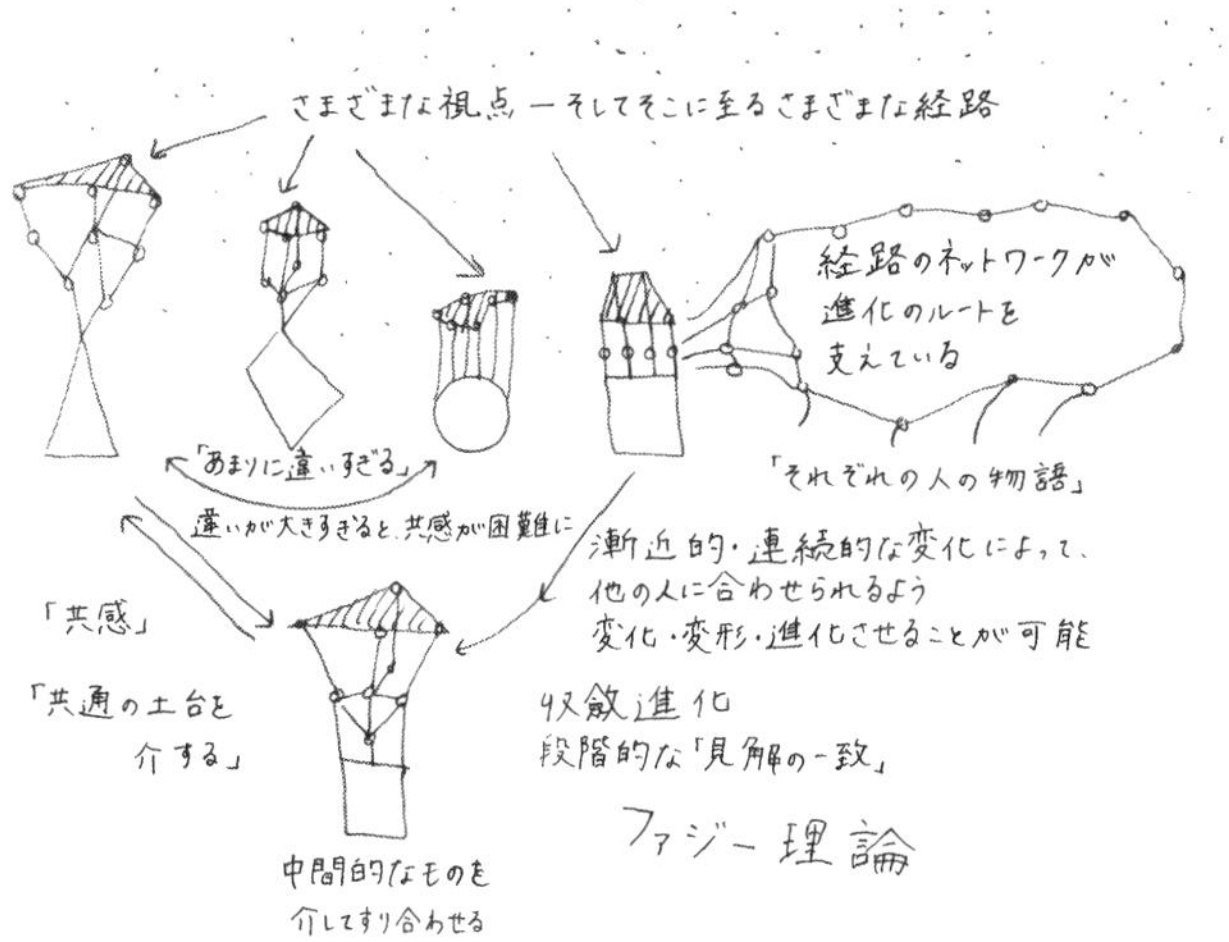
さまざまな視点―そしてそこに至るさまざまな経路
経路のネットワークが
進化のルートを
支えている
「あまりに違いすぎる」
違いが大きすぎると、共感が困難に
「それぞれの人の物語」
漸近的・連続的な変化によって、
他の人に合わせられるよう
変化・変形・進化させることが可能
「共感」
「共通の土台を
介する」
収斂進化
段階的な「見解の一致」
ファジー理論
中間的なものを
介してすり合わせる

私たちはさまざまな理由で言い争う。退屈なので口論することだってある。そのときに退屈だったからかもしれないし、関係そのものが退屈になったからかもしれないが、とにかく、自分たちを試し、刺激するために口論を始めることがあるのだ。しかし、多くの場合、私たちはけんかをふっかけているわけではないし、人を操りたいわけでもない。ただ、自分が正しくて相手は間違っていると、本心から思い込んでいる。テトリスの画面上でピースがぶつかり合うような、意図と解釈との典型的なミスマッチが起きているのだ。私たちは、自分の仮定と解釈とが優位に立つべきだという確信から口論してしまう。そうして、相手の気持ちや考えに対してベイズ的な共感が欠けていたことが、あるいは自分たちが対立的な見解をもつに至った原因

である経験や思い込みの蓄積が、あらわになるのだ。

こうなったときに、怒鳴り合ったり、扉を閉める音の大きさを競い合うのもいいが、思考をより曖昧にするという選択肢もある。つまり、焦点となっている問題には正しいか間違いかの2つしかないわけではないのだと、受け入れることもできるのだ。そしてスマート洗濯機のように、状況に合わせた調整が可能となる。もしかすると、これは言い争うほどの問題ではないのかもしれない。もしかすると、絶対間違いないと思っていたけれど、人と人との関係性という文脈では固執するほどの価値は別にないよねと、考えを変えられるかもしれない。あるいは、この特定の件については自分の希望が通らないことを受け入れなければならないかもしれないし、それが思っていたより大したことではない場合もある。また逆に、その件があなたにとっては本当に重要なことなのに、パートナーがそれをすぐには理解できないこともある(私の傘のように)。これは、自分が折れるのではなく、妥協点を模索しなければならない事例に含まれる。

一番大事なのは、ベイズ的な視点も、ファジー理論の視点も失わないことだ。2人が完全に同じ出発点から見るのでない限り、「自明」なことなどありえない。ある問題について自分が100%正しいと確信していても、その正しさが、相手が共有していない可能性のある仮定や経験に基づく自分だけの視点というレンズで見なければ成り立たないのだと気づけば、その瞬間にその確信は崩れるだろう。私たちは曖昧な口論をすることで、0か1しかない考え方や性急な決めつけにより生じる一触即発の状況を避けて、落ち着いてあらゆる選択肢を考慮することができる。言い争っているあいだは感情的になるので、実行はなかなか難しい。しかし、本当に結論まで辿りつきたいのであれば、これはよい方法なのだ。

口論は、どんな人間関係においても、健全な要素でありうる。私たちは皆、自分の感情を吐き出す機会を必要としている。コンピューターにその性能をさらに効果的に発揮させるためには、欠点や問題点を特定するデバッグが必要なのと同じことだ。適切に行われる口論、つまり敬意をもって曖昧に行われる口論は、これまで関係を阻害してきた可能性のある問題に対するデバッグ処理として働きうる。口論は、共感と弱い部分の両方をさらけだす、よい機会となる。お互いの感情的・個人的なタペストリーをもっと見せ合って、自分たちの人間としての進化を理解するのだ。しかしこれを成功させるには、機械がいま何を教えられているかを学ぶしか方法はない。つまり、絶対的な正誤がない場合に、正誤のあいだのグレーな領域で生活し計算する方法を見つける必要がある。自分のバイアスを理解し、その自己認識に照らして自分の信念を曲げることを厭わない姿勢が、口論や意見の相違という障害を乗り越えて人間関係を築くためには不可欠なのだ。憎むべき理由があってもなお相手を愛しているというのならば、それは私が理想とする関係であって、自分の進化をさらけださないと見出せないものだ。そしてありがたいことに、私は皮肉に気づいたり人々について推測したりできないのと同じように、憎しみをもち続けることもできない。口論を終えて5分もすれば、隣の部屋であなたのためにお茶を淹れていることだろう。そうしてまた、口論するんだろうけど。

ときどき、自分には人間に対するアレルギーがあるのではないかと思う。他人のにおいや接触、言葉に対して、あまりに強く、否定的に反応してしまうからだ。脅威を感じる行動に対しては、実際に体が後ろに下がってしまう。そんな行動が、ここまで読んだ方なら想像できると思うけれど、しょっちゅうある。そして、自分が属する種についてあまりに何も知らないことに、何度も絶望してきた。他の人と関わったり、自分が彼らの世界の一部だと感じたりすることができないのだ。体の免疫系とほぼ同じように、私は常に精神的な免疫力をアップデートすることで、進化し続ける人々や人生の変化に対応し、それらを受け入れようとしている。なかには免疫のアップデートが簡単にすむような小さな変化もあるけれど、場合によっては、しつこい風邪を治すときのように何日間も寝込みかねない戦いになることもある。

しかし、いかに不都合で、苦しく、耐え難いときがあるとしても、自分が生きていると実感できるのが愛なのだと、心の奥底ではわかっている。私のなかの数学者はなかなかのロマンチストなのだ。統計学や確率論や機械学習のテクニックを駆使することで、大切に思う人たちとの愛と調和をよりよく探求できると信じている。もしも、あなたが恋愛事情におけるデータサイエンスの役割に懐疑的だというのならば、Tinder《ティンダー》やBumble《バンブル》といったマッチングアプリを使ったことがないのですかと聞いてみたい。私たちの多くはかなり前からＡＩとベッドをともにしているというのが実情だ。

人間関係は科学からは遠い存在かもしれないが、科学によって人間関係をよりよく管理するための方法はたくさんある。そのひとつが、進化のもつ本質的な重要性を理解することだ。つまり、どのように進化が私たちをこの時点にまで連れてきたのか、そして私たちの全生涯において進化がいかに重要であり続けているのかを理解することだ。人間関係は決して静的ではないし、静的なものとして扱うこともできない。動的なものとして扱われるべきなのだ。そこに含まれる２人（あるいはそれ以上）の人間のニーズや欲求や希望は、時間とともに変化し続ける。生物学的には、私たちは皆、進化するようにできている。人間が洞窟での暮らしから現代的な生活へと至り、また私たちのひとりひとりが子宮のなかの接合子から今のような大人の体へと変化したのは、すべて進化のおかげなのだ。しかし私たちは大人の人間関係における進化の働きを、必ずしも理解していないし、認識もしていない。私たちは、人間が数年間では変化しないかのように、あるいは変化することなどありえないかのように振る舞う。また、他者の人生の変化に合わせて、自分の期待や仮定、行動を進化させようと常に努力しているわけでもない。そこで第一歩として、自分自身の人間関係やパートナーの人間関係における進化をもっと意識して、それらに適切に対応するようにしよう。

その次に、どんな人間関係にもつきものの不確実さや曖昧さと戦うのではなく、受け入れて、うまく付き合う方法を見つけること。私たちは人に対して、常に１００％誠実かつ明確であるように要求することはできない（私は本当に、心の底から、そうであってもらいたいのだけれど）。私たちはもっと賢くならねばならない。相手の振る舞いを注意深く観察すれば、確率を評価するために必要となる文脈とデータが得られる。観察者としての腕を磨くことで、より優れたベイズ統計学者となり、最終的には、もっと共感力の高いパートナーになれるのだ。

進化を意識し、確率に精通するだけでなく、私たちはバイアスも意識すべきだ。自分の意見が経験によってどのように形成されているのか、また同じ問題に対する2人の視点にどのくらいの違いが出るのが妥当なのかを、はっきりさせよう。そして、ファジー理論を、つまりほとんどの難問の答えは両極のどちらかではなくそのあいだにあるのだと受け入れることが、妥協点に達し、口論を破壊的ではなく肯定的な経験に変えるための基礎となる。

人間関係で失敗したり、後悔したり、自分の何がいけないのだろうとときに思いをめぐらすことは誰にでもある。だが、自分を責めてはいけない。人間はひとりでいるだけで十分に複雑な生き物なのに、ペアとして、あるいは集団の一員として協力しようなんて、とんでもない難題なのだ。しかし、一歩下がって、この昔からある問題を新しいレンズで見直したなら、もっとうまくやれるだろう。共感、理解、妥協。これらすべてが、長続きする関係を築くために私たちが示すべきものだと言われている。そして、このいずれもが、ここまで述べてきたテクニックによって改善・強化できるのだ。嘘ではない。私にできるということは、誰にでもできるということなのだから。

第9章

化学結合、基本的な力、人間のつながり

他者とつながるには

化学結合と力場をひな形として使えば、
さまざまな人間関係をモデル化し、
形や性質、目的を説明できるようになる。(p.253)

学校の教科のなかで、私はいつも、国語が一番難しいと感じていた。16歳のとき、私の読書年齢は5歳だと分類された。しかしそれは、読み書きができなかったわけではなく、読解テストのいくつかの質問を文字どおりに解釈しすぎたせいだった。(たとえば、ボールが窓から蹴り入れられたときに何が起きるかという問題なら、私はまず窓が開いているか閉じているかを知る必要があった。)

教室では「特別」な席を選んで座るようにしていた。先生からはできるだけ遠く、ドア(と暖房装置)にできるだけ近いところ。最低ランクのクラスのなかの、最高ランクの席だ。ADHDのため、心が退屈と落ち着きのなさのあいだで乱高下する。『ハツカネズミと人間』のこれからやるところが読み上げられているあいだ、私は自分バージョンのこの物語を落書きしていた。落書きは私にとって、登場人物と物語のさまざまな部分のつながりを理解するための唯一の方法であり、数学と芸術と文学を混ぜた自分だけのちょっとした言語でもあった。クラスメートたちも、朗読を聞きながらボケーッとなって、頭のなかで落書きしているのは明らかだった。だけど、私が一番嫌っていたその教師の目に留まったのは、私の落書きだった。

「カミラ! また落書きをしているようだけど。ジョージとレニーの関係をあなたならどう表現するか、答えてちょうだい」

「ずっと、tan(x)です」

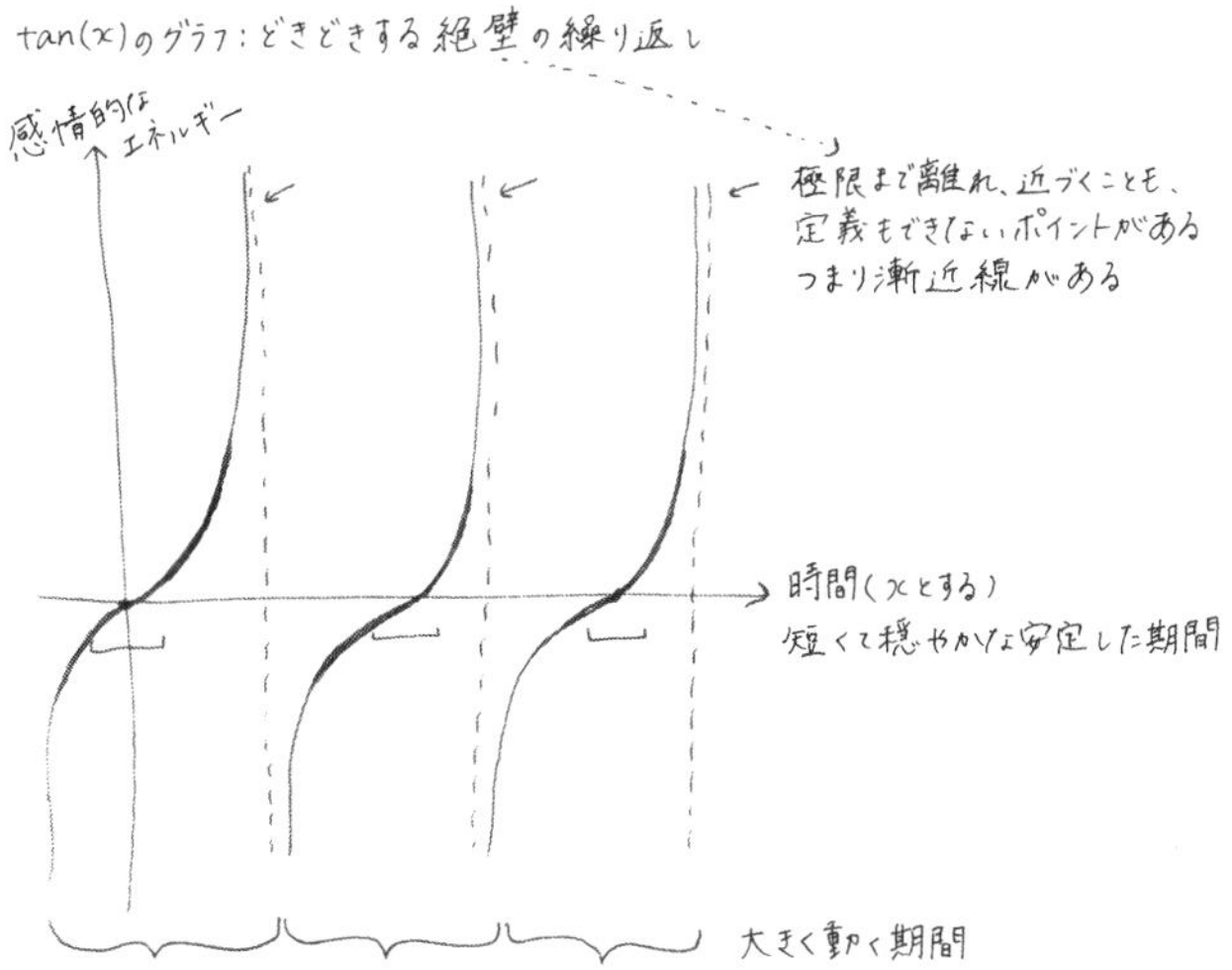

この答えに、かなりの人が落書きから目を覚まして、笑った。私は勇気を出して、言葉を続けた。

「tan(x)という曲線は、大きく動く期間がいくつもあって、そのなかに短くて穏やかな安定した期間があります。見事なコントラストをつくる対称性をもっているのですが、特定のポイントで極限まで離れ、近づくことも、定義もできない領域があります。つまり、漸近線があるんです。2人のきょうだいのような関係にはそれが見て取れます。ほとんど磁石のようです」

これが望ましい答えではないことは、すぐにわかった。私は、本をまじめに読んでいなくて、授業の邪魔をしていて、文学を辱《はずかし》めているとまで言われた(この時点でほとんどどんな小説も読んだことのなかった人間のことを言うにしては、大層な表現だ)。この教師が罵《ののし》り終える頃にはクラス全員の顔が私の方を向いていた。教師が近づいてきて、彼女の口臭が漂ってくる。張り詰めた沈黙と、きついにおいによって大きな不安が引き起こされる。パニックを起こした私は、彼女の脇の下をくぐり抜け、両手を耳にあててドアから飛び出した。

しかし、その突然のパニックが収まってから、私が感じ始めたのは、勝利の喜びだった。その瞬間のカオスから、新しいアイデアが、可能性に沸き立ちながら浮かび上がったのだ。私のスケッチと、文芸批評への独特な挑戦が、実は重要な何かへと私を導いていた。2人の関係性を三角関数の曲線として考えたことが、啓示となったのだ。人間の関係性(といっても小説の登場人物のではあるけれど)がこのように表現できるのならば、人間のつながりや関係のもつ謎めいた性質を数学や科学によって理解する方法が他にもあるかもしれない。このように、自分がよく知っている科学的なアイデアと、自分がずっと苦労している人間に関する問題とのあいだに、突如として関連性が見出される瞬間があって、それこそが私の生きがいなのだ。

そして、この最初の試みにふさわしいのはどう考えても化学結合だった。化学結合とは、原子や分子をつなげる化学的な引力であって、文字どおり私たちの世界をつなぎとめている。人々のあいだに文化的・感情的なつながりがあるとすれば、それは、私たちの世界や肉体をつなぎとめている無数の微細な化学的・電磁的結合があるからこそ可能なのだ。あなたが呼吸している空気から、コップのなかの水まで、すべてを説明するのが化学結合である。化学結合がなければ、私たちどころかありとあらゆるものが、文字どおりばらばらになるだろう。

化学結合は本質的であるだけでなく、説明のためにも役立ってくれる。人間関係にさまざまな種類があるように化学結合にもさまざまな種類があって、それぞれに多様な性質をもつ。強い結合もあれば弱い結合もあり、一時的なものもあれば永続的なものもある。引力による結合もあれば相違による結合もある。さらに、私たちの人間関係と同じように、化学結合もそれだけで存在するわけではない。結合のあり方とその変化を決めるのは、それを取り巻く基本的な力である。基本的な力によって、物質は互いに吸い寄せられたり、引き離されたり、さまざまな予想外の方向へと動かされたりするのだ。

教室での空想として始まったものが、今では私にとって、あらゆる関係を理解するための最も重要なツールのひとつになっている。化学結合と力場をひな形として使えば、さまざまな人間関係をモデル化し、形や性質、目的を説明できるようになる。また、時間が経つに従って誰かとの距離が近づいたり遠のいたりするように、人間関係がさまざまな方向に進むことを理解できるようにもなる。私にとって大切なのは、それによって、関係の多様性を理解できるようになったことだ。人間関係にはたくさんの種類があって、それぞれの性質や特徴があり、それらを理解することで、予測という重要なことができるようになる。科学者は化学結合の知識に基づいて、さまざまな原子や分子や系が互いにどのように反応するのかを予測する。人間関係についても同じアプローチが役立つ。まったく同じ人間関係などないかもしれないが、大まかな分類はできるので、それに基づいて、さまざまな結果が生じる可能性を知ることができるのだ。

人生で出会う人々と自分とをつなげる結びつきについて、そしてそれぞれの結びつきの特性についてもっと知ることができれば、時間の経過に伴う人間関係の進化と成長(あるいは終焉《しゅうえん》)を、よりよく扱うことができるようになる。この知識は、なぜ友達に捨てられたのかと悩んだり、長くなりすぎた関係をどう終わらせるかに苦しんだりしたことのある人のためのものだ。そういった問いへの答えは、自分の行動や性格、あるいは相手の行動や性格のなかにすべてがあるわけではなく、両者をつなぐ結びつきの性質のなかにもある。そこを理解できれば、いろいろなことが少しずつ意味をなし始めるだろう。

化学結合入門

私たちの周りの至るところに化学結合という目には見えないつながりがあり、それによって目に見えるすべてのものが機能できている。

化学結合は、すべての化学の基本的な活動である。化学結合によって原子が結びついて分子を形成し、先に学んだように、自然界の構成要素であるタンパク質のような構造体がつくられるのだ。

人間関係にある結びつきと同じように、化学結合にはギブ・アンド・テイクの関係がある。この場合は、電子のやりとりだ。電子はあらゆる原子を構成する3種類の素粒子のひとつである。原子の核(中心)にあるのが正の電荷をもつ陽子と電荷をもたない中性子で、原子核の外側の殻にあるのが、負の電荷をもつ電子だ。このように逆の電荷の存在が意味するのは、原子の内部では常に綱引きが行われていて、競合する力のあいだでバランスをとろうとしているということだ。人間が頭のなかでやっていることとよく似ている。

化学結合の必要性について理解するには、電子のやりとりを考えればよい。化学結合とは、全体としてより安定した構造をつくるように他の原子と結合することであって、そうやって化合物ができる。ヘリウムのような貴ガス以外の原子で、安定性が最大になるような適切な数の電子を自分だけでもっているものはほとんどない。そのため、原子は相手となる原子を探して、自分が完成するような形で結合するのだ(いいなあ……)。

この点においては、原子も、最終的にその原子でできている人間も、実際のところ大差ない。もっと幸せで、おそらくはもっと楽な生活のために、つながりを形成する相手を求めているのだ。そして人間関係とまったく同じように、その結びつきもさまざまだ。ときには電子を共有することで真に心が結びつくこともあれば、片方の原子が相手の原子のために電子を手放すこともある。結合が、電子をやりとりすることで生じる電荷の産物である場合も多い。

思うに、原子が形成するさまざまな種類の結合と、私たちが人生においてつくる人間関係には、明らかな類似性がある。これを理解するために、2種類の主な化学結合について学ぶ事にしよう。

共有結合

化学結合のなかで最も相互的な形をしているのが共有結合だ。2つ以上の原子が電子を共有して外殻の構造を完成させる。原子の最外殻においては、安定性を達成するために必要な電子の数として、8というマジックナンバーがある。最外殻に8個の電子をもつと、原子核と電子のあいだの電気的な力(および量子効果)の寄与により、原子は最も安定になる。

つまり原子は、自分の取り分を確保できるような適切なパートナー(あるいはパートナーたち)を探すための、ある種の化学的お見合いパーティーに参加しているのだ。たとえば、私たちが今吸い込んだ空気のなかの化合物のひとつ、二酸化炭素（CO_2）を考えてみよう。最外殻に4個の電子をもつ1つの炭素原子（C）が、最外殻に6個の電子をもつ2つの酸素原子（O）のそれぞれに対して2個ずつの電子を共有のため差し出し、酸素原子のそれぞれも2個の電子を共有のために差し出して、結果、すべての原子が最外殻に8個の電子を得て安定しているのだ。

共有結合とは、共有することによる安定化の実践である。化学的バランスをつくりあげる共同作業であって、そこでは両方の（あるいはすべての）パートナーが互いを等しく必要としている。このような結合が反映しているのは、共通の理解や、共有する主義や価値観に基づく人間関係である。そこには本質的な対称性があって、それにより長く続く結びつきが生まれ、劇的な事柄や変動は最小限に抑えられる。誰かと出会って、その人のことをずっと前から知っていたように感じるとき、この共有結合の感覚が実感できるだろう。そこに生まれる友情は緊密かつ直接的で、安心できる。

イオン結合

共有結合が相互依存的であるのに対し、イオン結合はもっとギブ・アンド・テイクの関係性に頼っている。イオン結合では、ある原子から別の原子へ電子が移動し、そうして電荷をもつことになった原子同士が静電気力によって結合する。

食卓などで見かける身近な化合物である塩化ナトリウム(NaCl)の場合、7個の電子をもつ塩素に対して、ナトリウムが最外殻に1個だけある電子を提供することで、このような現象が起こる。このとき、ナトリウムは正に、塩素は負に帯電し、両者の電荷が引き合うことで結合する。こうしてできるのが食塩だ。

イオン結合(または極性結合)は、異なるものが引き寄せ合うことに基づく結合だ。補完というよりは力の伝達である。人間関係でも、相手が自分とはまったく違うタイプかもしれないと思いながら、興味や魅力によってどうしても引き寄せられてしまうような関係性がある。イオン結合は共有結合よりも結合力が強く、分離するために必要なエネルギーが大きい。つまり、イオン的な関係は感情面ではより不安定な面があるが、化学的にはイオン結合がより安定しているのだ。この自然な非対称性は、友情における力のバランスを反映しており、健全な関係においては、自然なやりとりや交換によって、時間とともに均等なバランスとなる。[訳注：日本では化学の授業で共有結合よりもイオン結合が強いと習うが、欧米では結合エネルギーのみを比較してイオン結合が強いと教えられることが多い。この違いは、結合を切ることを考える場合に、生体内などのように水がある環境を想定するかどうか(水に溶かして結合を切ることを考えるかどうか)によるものと思われる。]

異なる種類の結合(これらは主なものであって、さらに細かい分類がある)が示しているのは、私たちの結びつきの性質によって、関係性の多種多様な要素が決まるということだ。たとえばその結び

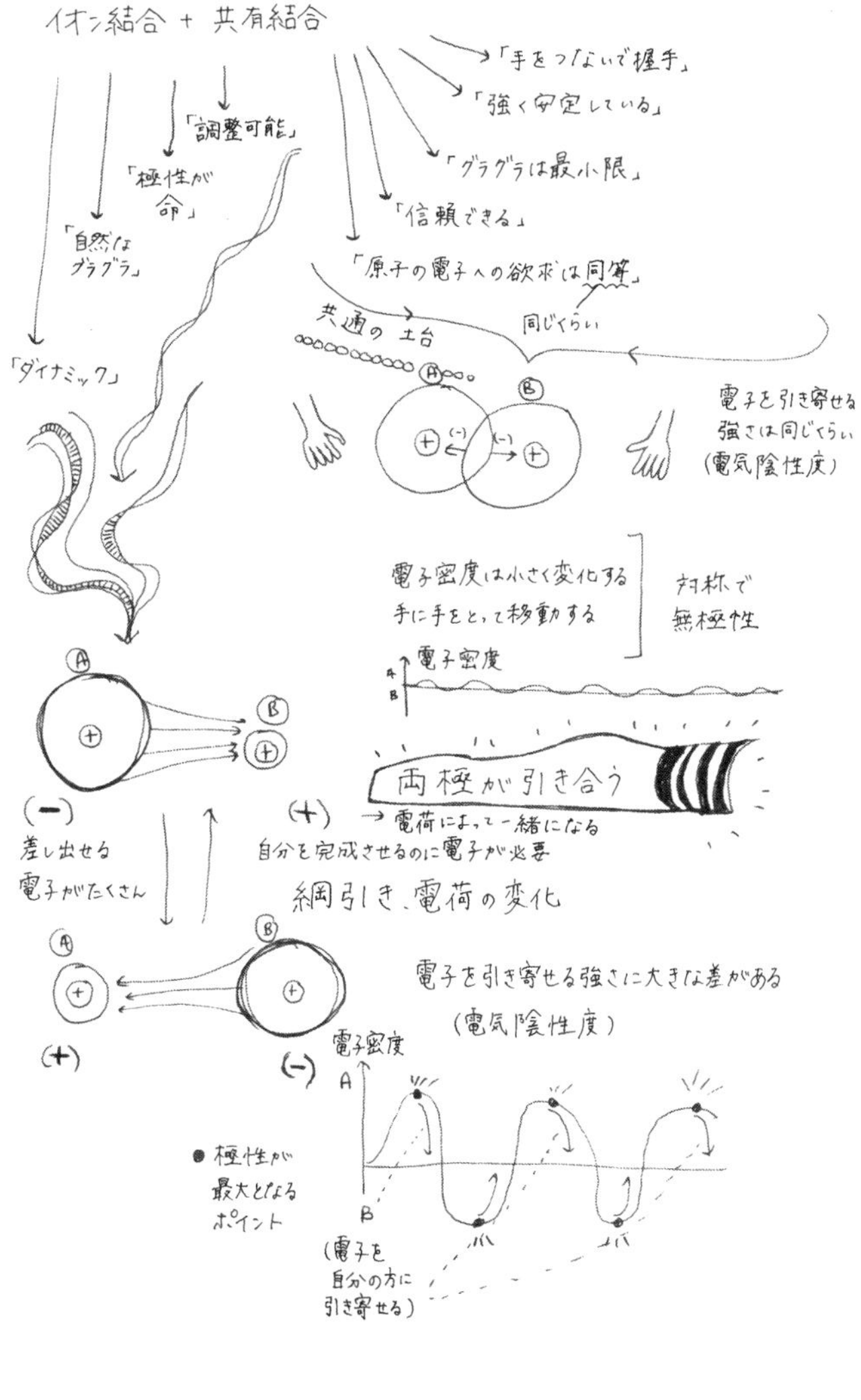

（訳注：著者が化学結合のイメージをあくまで感覚的に表現した模式図およびグラフ）

つきは本質的に強いのか、弱いのか。違いによる関係なのか、類似性による関係なのか。共有の力に基づいているのか、不均衡な力に基づいているのか。人間関係と同様、化合物も複雑で、さまざまな種類の結合によって形成されることがある。その好例が水だろう。水の化合物（H_2O）は、2個の水素（それぞれが1個の電子をもつ）が酸素（最外殻に6個の電子をもつ）と共有結合したものだ。しかし、結合はそれだけにとどまらない。ある水分子の水素と、近くにいた別の水分子の酸素とが引き合って、そこにも一種のイオン的な結合をつくる。一般に「水素結合」として知られる結合だ。このようにイオン的な結合と共有結合が混在しているからこそ、水は多目的で他の物質を受け入れやすい、分子のまとめ役として働くのだ。水素結合は、仕事仲間やスポーツのチームメイトとのあいだの関係に似ているかもしれない。親友や家族との結びつきほど強くはないが、さまざまな状況に適応できる重要な結びつきだ。

タンパク質の個性が社会集団のさまざまなダイナミクスの理解に役立つのと同じように、個人の極性を理解することは、その人がどのような人間関係をつくりたがるのかを判断するための鍵となる。電子を提供したがる外向的な人もいれば、電子を受け取ろうとすることの多い内向的な人もいる。さらに、貴ガスに相当する人もいる。電子殻(個人の生活)がすでに満たされていて、それ以上の交流を必要としない、あるいは望んでいない人たちだ。原子が電子の必要性に応じてお付き合いの相手を1個あるいは複数個探すように、さまざまな人が自分を完成させてくれるひとりのパートナーを探したり、つながりをもつためのたくさんの友達を求めたりする。この結合の手を伸ばす数、つまり原子の結合の能力を、「原子価」という。

疎水効果

逆に、私たちが絶対に仲良くなれない人や、反発心が盛んに湧き起こる相手もいる。このような対立関係もまた化学結合で説明できる。水面に油を数滴、落としたとしよう。水には極性があるが、油には極性がなくて密度は小さい。結果どうなるかというと、これら2つのタイプの分子は、互いに作用するよりも同種の仲間同士で作用する。これを疎水効果といって、辛いものを食べた後に水を飲んではいけない理由もこれで説明できる。唐辛子の主要成分であるカプサイシンは無極性なので、水はカプサイシンと結合して洗い流すのではなく、単に通り過ぎて流れる。カプサイシンは舌全体に広げられ、さらに多くの受容体と結合して、焼けつくような感覚が強まるのだ。

また、疎水効果によって、友人の派閥に見られる閉鎖的性質や、学校でのいじめっ子の敵対的な態度を理解することもできる。あなたを仲間に入れようとしない人や、あなたを肉体的・精神的に傷つけようとする人というのは、「結びつきをつくろうとしない」ことで定義される。

彼らは原子として安定した社会構造をもっており、あなたを外側に置いたまま、自分たちの仲間内だけで交流を続けたがる。この種の疎水性をもつ人たちというのは、同じタイプ同士で結合したがる不安定な原子たちだ。極性がなく、グループでつくっている危うい安定性を損なうような他者とは関わろうとしないという特徴がある。彼らを結びつけているのは、批判や劣等感や拒絶といった、仲間だけで共有する恐怖心だ。油のように、彼らは寄り集まって集団をつくるけれど、もっと広い範囲から見れば孤立している。そして、これまでなんとか形を保ってきた結びつきが、違うタイプの人たちとのつながりをもつことでばらばらになるのを恐れている。このように、若い頃にはすごく魅力的に感じられた社交上の派閥であっても、それは往々にして、強さや自信ではなく弱さの表れなのだ。他の原子たちから圧倒的な差をつけて打ち負かされるのを怖がっている。こういった派閥を決定づける特徴とは、何が彼らを結びつけているかではなく、他から距離を置かざるをえないその心のあり方にある。

化学結合は、つながりをつくるための地図を提供してくれるのと同時に、つながりをつくるのが不可能な相手を示してもいる。相手が、単に関わりをもとうとしないような、根本的に他と一緒にやっていけない分子の場合もあるのだから。殻を破って出てこない人たちに対して、できることはほとんどない。また、化学結合からはっきりわかるのは、あらゆる関係性におけるバランスの重要性だ。すべての原子には正の電荷をもつ陽子で構成される核があって、その外側を負の電荷をもつ電子がまわっていることを思い出そう。原子と原子がイオン結合で引き寄せ合うと、２つの原子核が接近する。その距離は「結合距離」と呼ばれる。この距離が短いほど、結合が強いということだ。ただし２つの原子核が近づきすぎると、陽子が反発し始める。友人やパートナーが執着してきたり、支配的になったり、あなたが大きいほうをしているときにうっかりトイレの扉を開けるくらい遠慮がなくなったりしたときのようなもので、境界線を引き直すタイミングがきているのだ。化学結合からは、効果的で安定した関係を築くには、相手と距離を置きすぎても近すぎてもいけないということを再確認できる。大切なのは、その中くらいの健全な距離感を見つけることと、誰かと築き上げた結びつきにはそれぞれ特有の不安定さがあるのだと理解することだ。

友達をつくりたい、あるいはパートナーを見つけたいと思っているならば、自分自身の原子価（結合する能力）と他の人の原子価を知るのが重要になる。これによって、自分がどのような種類の関係性を築くことになりそうか、自分が求められるのは自分の一部を与えることか、受け取ることとか、それとも分かち合うことなのかを判断できる。そして、穏やかで互いに分かち合うような関係から、感情的で強い電気を帯びているけれど壊れづらい、極性をもつような関係まで、広範な関係性のスペクトラムのなかで、自分が最終的にどのような関係を築いてきたのかがわかるのだ。また、あるタイプの関係を築けるほど、自分がオープンで安定した状態でいるかどうかも判断できるだろう。

結局のところ、私たち人間も、原子が結合するのと同じような理由で他者と結びつく。安定や安全を得るため、そして自分に欠けているものを得るためだ。しかし、原子と同じように、適切なパートナーと適切な理由によってつくった結びつきでなければ、そして自分自身にそれを維持するだけの生来の安定性がなければ、そういった結びつきは形成できない。

4つの基本的な力

化学結合は、何もないところには存在しない。環境と、結合を保持したり動かしたりする自然界のさまざまな力によって、化学結合はつくられる。これらの力によって、原子が結合する理由やばらばらになる理由が説明できるし、どのように圧力がかかり、時間の経過に伴ってどのような影響が生じるのかが明らかになる。ある結びつきが最初にどのようにして形成されたかだけではなく、それが時間とともにどのように持続するのか、あるいは持続しないのかを理解したいのであれば、力とその働きについて理解しなくてはならない。自然界には基本的と考えられている実際の力が４種類ある。それを紹介しよう。

１．重力

これは最も弱い力だが、影響範囲は無限だ。私たちは誰もが、重力の働きを知っている。重力のおかげで、私たちは地に足をつけていられる。重力がなければ、ありとあらゆるものが宙を漂うことになってしまう。椅子には座れないし、コーヒーはカップから出ていくし、家の屋根もどこかにいってしまうだろう。重力は私たちの暮らしのなかに常にある、心強い力だ。私がノートパソコンを抱えて床に座り込んで仕事をするのが好きなのは、何かを落としても落ちる距離が短いからだ(下にある地面が支えてくれている限り)。重力は質量に比例するので、２つの物体の質量が大きいほど、それらのあいだの重力は強くなる。重力とは、最も重い物体が主導権を握る力なのだ。太陽系の場合、月は地球の４分の１より少し大きい程度の直径しかなくて、質量がはるかに小さいので、月が地球の周りを回っている。しかし、太陽は地球よりも30万倍以上の重さがあるので、地球は太陽の重力場に引き込まれている。

人間関係においても同じような傾向があることを、私たちは意識しなくてはならない。自分と相手とは対等なパートナーなのか、それとも一方が年齢や性格などの面ではるかに大きな質量をもち、それゆえに重力の中心として働いているのか？　もし後者の関係ならば、一方が他方を圧倒して動きを抑制するという不均衡が生じているかもしれないし、あるいはまさにそういったタイプの重しを求めている人だからこそ、自分には欠けている安心感のある質量(おそらくは経験という質量)をもっている人に引き寄せられたのかもしれない。いずれにせよ、交際中の2人は互いに重力を及ぼし合う2つの物体のようなものだと認識し、それにより生み出される均衡や不均衡を理解することが重要だ。たいていの場合、片方がもう片方の周りを回っているのだが、自分がどちらなのか、それは自分にとって適切なのかを理解すると、より役に立つだろう。

2. 電磁気力

人間関係についての章にとって役立つこと間違いなしのこの電磁気力は、科学における「魅力」の法則であって、電荷の極性に応じて物体を結びつけたり引き離したりする力である。化学の『ロミオとジュリエット』であるこの電磁気力は、2つの垂直な力場から生じる。まずは電気的な力から。極性の異なる電荷をもつ2つの原子は、静電気力による結合をつくる(願わくは壊れませんように)。また、磁気的な力もある。たとえば電荷をもつ物質が強く回転すると、それ自身の力場をつくり、混乱した粒子の集団も統一のとれた方向性のあるものに変わって磁気的な力をもつ。これら2つの力が一緒になって働いて、電磁気力という、自然界における基

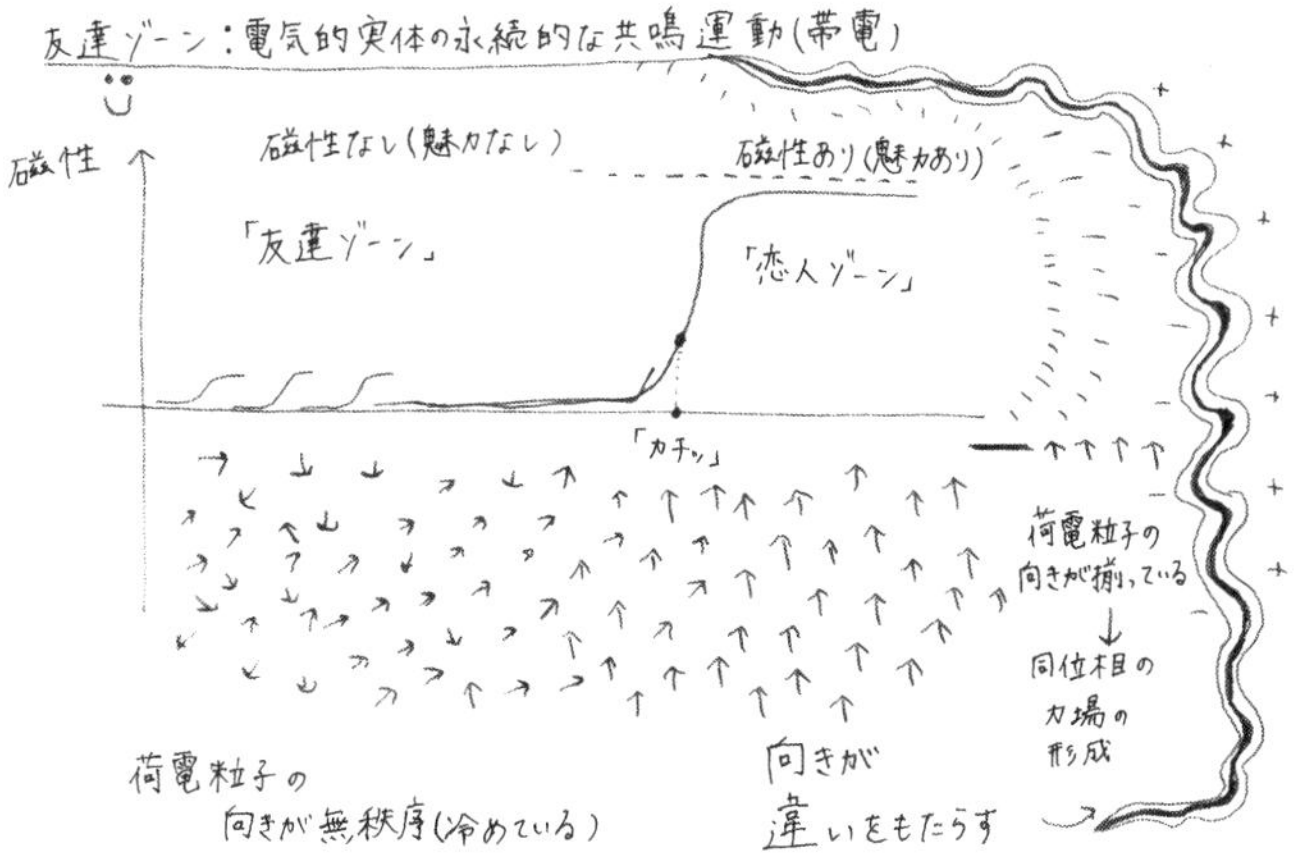

本的な引力の法則を支えているのだ。

これまで見てきたように、電子のやりとりによって生じる電磁気力によって、イオン結合や極性結合が生じる。人の体内で電気的活動が盛んに行われていることを思えば、私たちがマクロのレベルで同じような経験をしていても驚くにはあたらないだろう。特定の人々に対しては、あたかも磁石に引き寄せられるような状態になって、その相手となんとしてでも電子（や他の何やら）をやりとりしなくてはと感じる。このような電磁気的な引力は、安定的であることも不安定的であることもあり、またその極性をもつという性質によって、分極することもある。つまり、励起（興奮）しやすく、強い電気を帯びた状態だ。それらは、私たちにとって最も刺激的な関係の本質である。強い力で引き合い、なんらかの危険が存在し、バランスを崩すおそれが常にある。恋愛中の誰かが「電気が走ったみたいにビビッときた」なんて言い出して、冷めた視線を送ったことがあるあなた、今後は少し大目に見てあげるように。そういった人たちは彼ら自身が思っている以上に科学的なのだ。

3．強い(核)力

この章を読んでいて、こんな疑問を感じた人もいるだろう。化学結合のそれほど多くが、反対の符号の電荷をもつ粒子間の引力や、同じ符号の電荷をもつ粒子間の斥力がもとになっているのだとしたら、陽子はどうなのかと。すべての原子の核には正の電荷をもつたくさんの微視的なピンポン玉があると言うが、どうして一緒にいられるのか。正の電荷をもつ者同士、遠くに離れざるをえないはずが、なぜその逆の状態になっているのか？　実はこれは、圧倒的なシンプルさでもって「強い力」と命名された力のおかげなのだ。聞いたことのない力だろうが、間違いなく感謝すべき力である。この力がなければすべての原子はばらばらになって、もちろん私たちもばらばらになるだろうから。

あまりに詳細な説明に立ち入ると、SFドラマ『ドクター・フー』の新キャラクターの没案のような名前をもつ新しい仲間たち(クォーク、グルーオン、ハドロン)を連れてこないといけなくなるので、それはやめておこう。強い力が存在していることと、それが、陽子をばらばらにしようとする電磁気力よりもはるかに強いことを理解すれば十分だ。強い力は最も強力だが、影響範囲は最も狭い。私が思うに、人間でいうならば、強い力は自分をつなぎとめている最も本質的で深く根を下ろした強力な価値観、つまり愛や忠誠心、アイデンティティ、信頼などに似ているのではないだろうか。強い力そのものと同じく、私たちはこれらの価値観をまず見ることはできないし、完全に理解することもできないが、自分の人生をつなぎとめるものとしてどれほど必要であるかはわかっている。他者との結びつきも大切だが、どんな人生においても最も基本的な要素のひとつは内側から出てくる強い力なのだ。ときに、よってたかって引き裂かれるかのように感じることがあるとしても、その力が自分をひとつにつなぎとめてくれる。

4. 弱い(核)力

基本的な力の最後を飾るのは、粒子の変化に影響し、いくつかの原子に内在する不安定さの多くを説明する「弱い力」だ。実のところ4つの基本的な力のなかで最も弱いわけではなく(残念だったね、重力)、名前の印象よりもはるかに大きな影響力をもっている。ごく狭い範囲で作用して、原子の内部組成を実際に変えることのできる唯一の力であり、原子核の崩壊を促進する。(ちなみに、内部組成を変える方法とは、陽子・中性子・電子に含まれる測定可能な最小の素粒子であるクォークの、フレーバー〈種類と考えればいい〉を変えるというものだ。)

弱い力が引き起こす原子の不安定さが、しばしば巨大なエネルギーの放出をもたらす。太陽が輝くには、弱い力が必要である（弱い力が関与して、水素がヘリウムになる核融合反応が起きて、巨大な熱核エネルギーを発する）。また、弱い力は核分裂でも重要な役割を果たす。つまり、弱い力は、不安定性と破壊の原因となりうるのだ。私たちの人生でいうと、罪悪感を抱かせたり、ガスライティング［編注：加害者が、被害者が自身の認識や記憶を疑うような嫌がらせをしたり、誤った情報を与えたりして、被害者が自信を失うように仕向ける精神的虐待］という手法を使ったりして私たちの自信や自尊心を削り取ろうとする人々に対応するだろう。世の中には、自分にとって快適な形へとあなたを変えようとする人がいる。自分のレベルに、あなたを引きずり込もうとするのだ。

しかし、この弱い力が必要となる場合もある。もはや目的を果たさなくなったつながりを断ち切り、厄介な関係や有害な関係から抜け出したいときだ。そのような結びつきを断つのは、利己的な行為ではなく、ときには自分を守るための行為となる。変化は不安定であるだけではなく、チャンスや自分を成長させるきっかけにもなる。私たちをつなぎとめ、結びつける基本的な力があるのと同じように、私たちを引き離す、弱い力も存在しているのだ。抵抗すべきときと、受け入れるべきときを、自分で見極める必要がある。

これらの、「私たちの足を地につなぎとめる力」「引力と斥力を生み出す力」「自分をつなぎとめる力」「さまざまなものをばらばらにする力」という4つの力は、私たちという存在のあらゆる要素にとっての基本である。そして、人間関係がどう築かれ、私たちにどのような感情をもたらし、ときには前触れもなくどのように崩壊するのかを考えるための指針を、私たちに与えてくれる。さらには、作用しているさまざまな力のバランスが最も重要であることを教えてくれるのだ。

人間関係において何かがうまくいっていないと感じるとき、それは間違いなくバランスが崩れたためである。たとえば、ある人が磁力を失うこともあれば、誰かがあまりにも強い重力の重しとなったために他の誰も意見を言えず進化できなくなることもあるだろう。ときには、関係をつなぎとめていた強い力が単に消えてしまうこともある。あるいは弱い力によって無理やり変えられてしまって、どうしても相手とうまくやれなくなったという人もいるかもしれない。

どうして恋に落ちたのか、なぜあの恋は破れたのか、かつては本当に大切だった友情がなぜ薄れてしまったのかを考えるとき、4つの力がよい出発点となる。そもそも、どうしてその誰かと接近したのか、そしてその状態がなぜ、どのように変わってしまったのかを、もっと正確に考えられるようになるのだ。あなたの人生において、どうして何かが一緒になったのか、あるいはばらばらになったのかという疑問があるのなら、たいていの場合、4つの力がその答えを与えてくれるだろう。

何かがばらばらになったとき

化学結合が、人間同士がどう結びつくのかを理解するためのモデルになるのだとすれば、それらの結びつきが時間とともに綻び、ばらばらになってしまう理由のいくつかも説明してくれるだろう。

絶対に壊れない化学結合はない。むしろ考えるべきは、壊すのにどれだけのエネルギーを要するかである。たとえば塩化ナトリウムを結びつけているイオン結合の場合なら、お湯に溶かすだけでいい。

パスタを茹でるお湯に塩を溶かすのは、人間関係が壊れたり、友情が冷めたりするのとはあまり関係ないように思うかもしれないが、本質は同じである。結びつきが存在する条件が変わって、お湯のなかではその結びつきが保てなくなる。私たちの関係性はすべて、状況の変化を経験する。その変化に耐えて生き延びられるほど結びつきが強いかどうかは、結びつきの性質と、変化の度合いの両方にかかっている。

水素結合のような気軽な友情は、どちらかが外国へ引っ越してしまったら続きそうにはない。一方、職場の同僚とイオン結合のような関わりを築いた場合、どちらかが転職したからといって親しい友達でなくなることはないだろう。たとえ関係性をめぐる状況が変化したとしても、人間としてのあなたの極性は変化しないのだから。

人との付き合いがなくなる理由として最もよく耳にするのが、「あの人、変わったから」という言葉だ。私たちがこの簡潔にして不十分な表現を使うとき、人の進化のすべてのスペクトルを伝えようとしている。つまり、人生を歩むなかで成功を味わい失敗に耐えて人がどう変わるのかということを、そして良い経験も悪い経験も人生に刻み込まれるということを表そうとしているのだ。

化合物は人間関係を理解するのに役立つモデルではあるけれど、もちろん私たちはそれよりもかなり複雑な存在だ。私たちのニーズや個性、目標は、時間とともに進化する。しかし、炭素原子の最外殻はそうではない。炭素原子の最外殻には常に4個の電子があって、自分自身を完成させるために2個の酸素を探している。人間であれば、静電気力のニーズはもっと多様だ。私たちは変化するし、性格や考え方や人生の野心が変化するとともに原子価も変わる。違う種類のものを求めるということは、違う種類の人を求めるということかもしれない。たとえば、パーティーで騒ぐ相手ではなく、変わらない友情を、楽しい時間だけでなく家庭を重視するパートナーを探すようになるのだ。

私は最近、一番大切な友情関係が壊れるという体験をした。相手は何年も知っている人で、その人とのあいだには最も強い結びつきがあった。私たちは一日中一緒にのんびり過ごして、ギターを弾いたり、ちびりそうになるほど笑い転げたりしていた。私がそれまで経験したことがないほど、気の置けない楽しい相手だった。しかし、私たちの人生の道は分かれてしまった。たぶん、私たちのキャリアの進み具合が違っていたのだろう。かつて私たちを本能的に結びつけていた共有結合が失われ、代わりに、友人が私からもっと多くを、私には与えることのできない何かを受け取りたがっていると感じるようになった。

このような状況でよくあるのは、相手の弱い力が支配的になっていき、それによって相手の人格や幸福の一部が変質して、そこに自分まで引きずり込まれそうになることだ。しっかり判断しなくてはならないのは、その人が再び満たされるために、自分が電子を共有したり提供したりすることができるのかどうかだ。しかし、それがいつもできるとは限らない。ときには相手の電子的な要求の強さや頻度が大きすぎて、健全な友人関係を維持できないこともある。だが、そのことで自分を責めてはいけない。人間はつながりをもつようにできているのかもしれないけれど、自分自身の個性やニーズ、アイデンティティを守る強い力を損なうことなく、他人に提供できることには限りがあるのだ。

パートナーや親友との仲が壊れたときの自然な反応は、（もちろん、さんざん泣いた後の話だけれど）自分を責めてしまうことだ。自分の何が悪かったのか、どうすればよかったのかとくよくよ考える。化学結合は、もっとバランスのとれた視野を私たちに与えてくれる。それにより、どんな結合でももちこたえられない進化があることを、たとえその時点までの自分の進化において大事な役割を果たした結合であっても、どう頑張ってもずっと続きはしないものも存在することを、理解できるのだ。おそらく最も価値のあることとは、結びつきが壊れたからといって、自分まで壊れてしまう必要はないのだと知ることだろう。

化学物質の本質として、結合や原子の種類の変化は、ある状態の終わりというだけではなく、別の状態の始まりでもある。つまり、新たな結合をつくるための余地ができるのだ。私たち人間にも同じことが言える。人間関係が壊れてしまったら、自分をリセットして気持ちを落ち着けるためにコップ一杯のホットミルクが必要かもしれない。しかし、どれだけ多くの結びつきが壊れたとしても、私たちは最も人間らしいあるひとつの能力を必ず持ち続けている。それは、新しい結びつきをつくり、新たな友達を見つけ、再び愛するという能力だ。私たちの最外殻は、次の電子を与える準備が、あるいは共有する準備ができている。

ここまで取り上げてきた化学結合は、ナノ秒という、私たちには知覚できない時間枠のなかで形成される。人間の結びつきも非常に即時的でありえるが、こういった「アフィニティ」（1

カ所のみの結合の親和性）と、生物学的概念である「アビディティ」（凝集体が時間をかけてつくったすべての結合のアフィニティの総和）の違いには注意しなければならない。人と人とを意味ある形で結びつけ、共有する経験や興味、価値観、野心などでできた網によって2人の人生を縒《よ》り合わせるのは、アビディティのほうだ。この種のアビディティが生じるためには、2人が共に進化して、共有結合や静電気力による最初の結合が限界点を超えて壊れることのないよう、結合を強化・深化させなくてはならない。

私たちは本能的に、このような結びつきを大切に育むようにしている。私たちは皆、友人や家族、パートナーをどうやって大事にしようかと時間をかけて考える。困難な時期には適切な言葉をかけて彼らをサポートし、彼らの成功を共に祝い、誕生日にはどんなご馳走をつくろうか、何をプレゼントしようかと思いを巡らせる。そして同時に、私たちは口論や行き違い、意見の相違などにこだわる。相手のせいか、それとも自分のせいなのか、と。

自分の人間関係を、化学結合と基本的な力というレンズをとおして見ることで、こういった疑問を新たな光の下で見直すことができる。この新しい視点があれば、人と人とのつながりや、私たちを結びつける要因と引き離す要因とを、よりよく理解できるようになる。自分が他者に与える力と、他者から自分が受ける力を知り、それらが有益なバランスを保っているのか、有害なアンバランスがあるのかを把握できるのだ。私は、新しい人間関係にどうアプローチするかを判断できるようになったし、何かの理由で関係がうまくいかなかったときに、自分自身を反射的に責めることなく振り返ることができるようにもなった。ときには、誰のせいでもないこともある。関係が壊れるのは、私たちには制御しきれない力のせいなのだ。トルテッリーニ(詰め物をした小型パスタ)を茹でていれば、ひとつくらい破裂するのは仕方ない。

結びつきについて考えることで、個々の関係を見直すことができて、全体的な観点から考えられるようにもなる。これらの多種多様な結びつきは、さまざまな形で私たちを成長させてくれる。共有結合が意味するのは、安定したサポートを提供してくれる関係性であって、私たちは安らぎと安心感を得ることができる。イオン結合では、興奮と情熱、そして多くの場合は愛を見出せる。ひとつは私たちの人生を絶えず流れる川であって、ときには水量が減ったり流れが変わったりすることがあるかもしれないけれど、決して涸《か》れることはない。もうひとつは夜空を彩る花火であり、そのエネルギーと可能性で私たちをわくわくさせる。私たちは、個性やその時々の人生のニーズに合った割合で、それらの両方をさまざまな理由から必要としている。

人体を構成する原子のように、私たちは常に新しい関係を築いて、何かに属することと安定することを求める人間の根源的な欲求を追いかけている。人間関係には、束の間のものもあれば、長く続くものもある。成長させてくれる関係もあれば、引き裂かれるような気持ちになる関係もある。新たな関係を構築するときに、完全に冷静で、客観的で、（あえて言わせてもらうならば）科学的でもあることなどできるはずもない。だけど、化学は私たちに、新たな展望と新鮮な視点を与えてくれる。それによって、私たちは自信をもって、私たちを形づくっている関係性を構築し、破壊し、そしてときには再構築することができるのだ。

第10章

深層学習、フィードバックループ、人間の記憶

自分の失敗から学ぶには

過去の記憶に自分の将来の可能性を制限させないために、人生の嫌な経験の暗い影から逃れる方法はないものかと思ったことがある人は、この章をぜひ読んでほしい。(p.283)

ＡＤＨＤがあると、やるべきことをいつも忘れてばかりだ。私のワーキングメモリー（情報をすぐ使うことができるよう短期的に保持する記憶領域）は、新しい考えや衝動、感情的な反応などによって、常に削られている。

どこへ行くにも、それが隣の部屋に行くだけであっても、このワーキングメモリーは常に更新されて、直前までの状況が失われてしまうようなのだ。憎しみをもち続けるのがほぼ不可能になるだけではない。家を出てから、どこに行くつもりだったのか、なぜ行くつもりだったのかを思い出せなくなる。あるいは、自分の鍵一式をジムバッグに入れたまま家に置いてきてしまったことに職場に着いてからようやく気づく（しかもそれが、その月だけで3度目だったりする）。帰宅したらしたで、何時間もコートを着たままのこともある。手に取った本に急に没頭したり、その場の思いつきで家具の組み立てを始めたりするからだ。また、通勤の計画を立てたり、仕事のプロジェクトに取り掛かったりと、難度の高いことに集中しすぎて、たとえば食事をとるだとか、他の一切合切を忘れてしまうこともある。私の思考は脳内を飛び回るハエのようにうるさくも異質であって、整理された脳をしっかりと固定するテント用ペグとは大違いなのだ。

短期記憶が苦手な私は、記憶を処理して保存するという脳の機能についてたくさんのことを考えてきた。短期記憶の性能を向上させられないものかと、自分を使った実験もしてきた。そして、機械学習についての自分の理解が深まるにつれて、私たちがいかにも人間らしく記憶に苦労しているということを新たに考え直すために、科学者が開発中の人工知能システムが役立ちそうだと気づいた。

これは重要なことだ。記憶とは、単に定時に、鍵をもって、ズボンもはいて、出勤するということではないのだから。記憶とは、私たちが人間であるための構成要素でもある。今の私たちを、さらには未来の私たちをつくりあげる本能、経験、人生の出来事の数々なのだ。記憶を理解することなしに、自分の思考プロセス、自分の心理、他者や状況に対する自分の反応、そして自分の価値観を理解することはできない。実際のところ、私たちは自分自身を理解することも完全に知ることもできはしないのだが。

しかし、記憶の仕組み(どの記憶が増幅され、どれが抑圧されるのか、どれが表層近くにあって、どれが隠れてほとんど思い出せないのか)をよりよく理解することで、人生に対してもっと集中して積極的に取り組めるようになる。自分に制限をかける悪い記憶の呪縛からは逃れて、そこから学んだり力を引き出したりできるような記憶に集中できるのだ(陳腐だが、事実である)。記憶とは、放っておくと私たちを押し潰しかねないものだ。自分がしたこと、言ったこと、考えたことによって、不安になったり恥ずかしくなったりすることがあるが、記憶はまさにそういったものの積み重なりなのだから。こういった嫌な記憶は、単に苦痛を与えるだけではなく、人生で前向きに進むのを積極的に妨げることもある。私が、火曜のランチ会に青いアイラインを引いていって笑い者にされたことを思い出しては恥ずかしくなるように(とにかく退屈だったので選んだんだけど)。

エネルギーと同じで、記憶は破壊できず、できるのは変えることだけだ(ただしエネルギーとは違って、記憶はつくりだすことができる。生きているすべての瞬間につくられているのだから)。記憶によって、私たちは自分を形づくった人々のもとや懐かしい場所へと戻ることができる。辛い時期には、記憶が与えてくれた慰めと滋養が足場となって、私たちは次の冒険へと出発できるのだ。

記憶は、すべての人間に内在するものであり、もっと意識的に自分で制御することができるはずのものだ。そして記憶は筋肉のように鍛えることができる。必ずしも強くなるわけではないが、有害な記憶よりも有益な記憶を優先して、私たちのニーズをよりよく満たせるようになる。記憶の仕組みについてより深く理解し、記憶の能力を私たちの優先順位に合わせることで、私たちはさらに幸せに、さらに集中して、さらに強い目的意識をもつことができるようになる。

私は、人間の脳に最も近い、科学界での代替物である人工のニューラルネットワークの働きを研究することによって、その方法を学んだ。ニューラルネットワークは、情報を処理して特定の結果を達成する方法を最適化するようプログラムできるのだが、それと同じように、私たちは脳を微調整することで、自分たちの生活によって生み出されるデータの大海をずっと効果的に利用できるようになる。

過去の記憶に自分の将来の可能性を制限させないために、人生の嫌な経験の暗い影から逃れる方法はないものかと思ったことがある人は、この章をぜひ読んでほしい。ここで紹介するのは、深層学習の技術を応用し、フィードバックの力を活用することで、人間の記憶の力を利用する方法だ。つまり、過去に縛られることなく、失敗から学べるようになるのだ。（たとえば、私が8歳のときに強迫的に着ていた紫色のタンクトップだとか。）

記憶は過去につくられたものかもしれないが、その最も重要な役割とは、現在と未来における意思決定のために情報を提供することだ。何を記憶するかは、人生のあらゆる状況に対してどのように反応するかを決定するうえで極めて重要だ。人工知能にヒントを得た方法で適切に調整することで、私たちは記憶を、大きな重荷になりかねない存在から、最も重要な力の源へと変えることができる。

深層学習とニューラルネットワーク

ニューラルネットワークは、人間の記憶のたとえとして理想的であるが、それにはいくつかの理由がある。まず、最も明白な理由は、ニューラルネットワークのモデルが脳だということ。人間の直感、知覚、思考プロセスに最も近い代理物となるよう設計されており、現在の人工知能はこれを実現できている。もうひとつの理由は、ニューラルネットワークの機能が、特定の記憶を保持し学習するという私たちの能力を理解するために極めて重要な意味をもつフィードバックシステムに依存しているということだ。私が注目したいのは、フィードバックループそのものと、私たちが自分自身の記憶をプログラムしている方法にこのフィードバックループが与える影響とである。

だが、順を追って話を進めることにしよう。まず、ニューラルネットワークとは何か、そして、私たちに何を教えてくれるのか？　ニューラルネットワークとはアルゴリズムであって、入力（感覚および知覚）を出力（決定および判断）に変換するようにプログラムされているのか？　ニューラルネットワークは深層学習の主要なツールである。深層学習とは機械学習の一種であり、機械学習とは、機械が入力されたデータに基づいて反復的に作業しながら「考える」ことが求められるよ

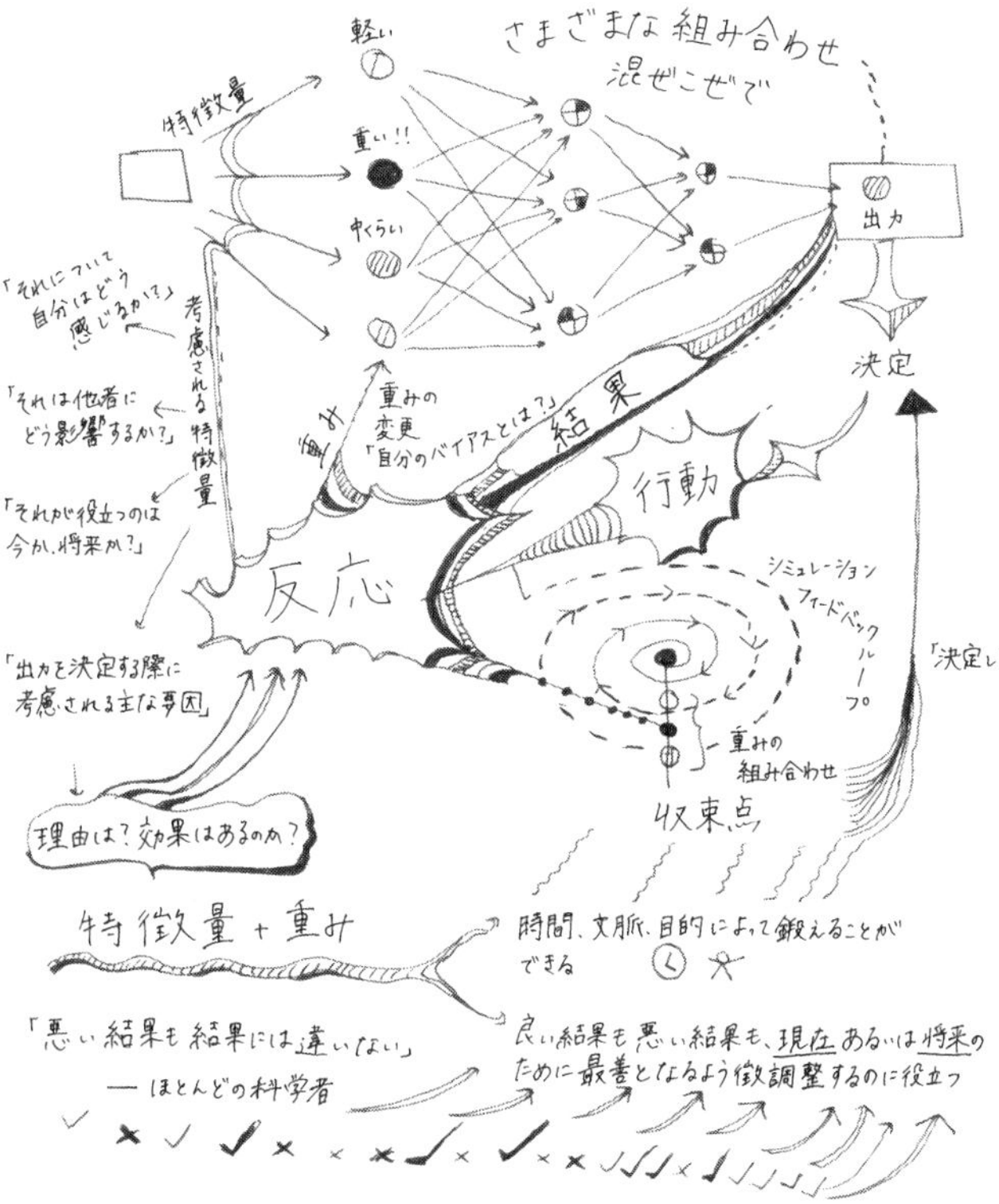
特徴量
軽い
重い!!
中くらい
さまざまな組み合わせ
混ぜこぜで
出力
決定
「それについて自分はどう感じるか?」
考慮される特徴量
「それは他者にどう影響するか?」
「それが役立つのは今か、将来か?」
重み
重みの変更「自分のバイアスとは?」
結果
行動
反応
シミュレーションフィードバックループ
「決定した」
「出力を決定する際に考慮される主な要因」
重みの組み合わせ
収束点
理由は?効果はあるのか?
特徴量＋重み
時間、文脈、目的によって鍛えることができる
「悪い結果も結果には違いない」
― ほとんどの科学者
良い結果も悪い結果も、現在あるいは将来のために最善となるよう微調整するのに役立つ

うな複雑な問題を解決するための手法だ。つまり、このアルゴリズムは、提供された情報やデータを用いることで、特定の問題に対する理解を深めようとする。どういう問題が扱われるかというと、たとえば都市周辺の交通の流れを分析したり、過去の情報に基づいて住宅価格の上昇を予測したり、人間の表情からその人の気分を検出したりといったことだ。これらのいずれのケースでも、システムに入力するデータが多いほど、またアルゴリズムが用いる基準点が多いほど、適切な答えを出す能力が向上する。従来の機械学習と比べると、ニューラルネットワークは独立性が高く、検索対象を定義するためのプログラマーからの入力が少なくてすむ。思考を司る中間層において、独自の接続を生成することができるからだ。

たとえば完全な自動運転車や、人々の仕事の大規模な自動化など、人工知能の急進的な例をこれまでに聞いたことがあると思うが、実はそのすべてが、最終的には深層学習に拠っている。私たちは、今のところ深層学習によって、（かなりの制限はあるにせよ）人間のように考えることのできるコンピュータープログラムの完成に最も近づいている。深層学習は、犯罪捜査から創薬、最高クラスのチェスプレイヤーと対戦するコンピューターのプログラムにまで応用されている。そしてこれらはすべて、人間の脳にある「つなぐ」機能をシミュレートする、ニューラルネットワークの能力によるものなのだ。

脳をモデルとするニューラルネットワークは、ニューロンで構成されていて、そこにさまざまなデータが入力される。ニューラルネットワークには3種類の層がある。「入力層」と「出力層」、そしてその2つに挟まれているのが「隠れ層」(中間層)といって、アルゴリズムが思考する場所だ。たとえば自動運転車ならば、道路の角度、車の速度、車間距離、乗客の重量、路上のあらゆる障害物などが入力となるだろう。これらすべての要因によって、出力の内容、つまり安全に運転するためにアルゴリズムが下す判断が決まる。本当に重要なのは、各ニューロンの接続と、それがどのように発火するかである[訳注：ニューロンの発火とは活動電位が生じること。その結果、接続する他のニューロンに電気信号が送られる]。ニューラルネットワークにとって欠かせない特徴とは、それぞれの接続に実質的な「重み」が割り当てられていて、ネットワークおよび出力への影響に作用しているということだ。プログラムはこれらの重みづけした入力を比較・計算して結論に到達するのだが、その際に、特定の結果を最もよく示すものとしてどの入力が信頼できるかを学習する。今の自動運転車の例でいうと、車の速度と路上の障害物(歩行者や他の車両)が、最も重みが大きくて、判断に最大の影響を及ぼすだろう。ニューラルネットワークの最終的な目的とは、時間をかけて試行錯誤を何度も繰り返して、これらの接続ごとの重みに最も適切な数値を割り当てることだ。それによって、新しい入力に適切な優先度(高いか低いか)をつけて考えられるようになる。

通常の機械学習プログラムでは、車輪、足、腕、サイドミラーなど、パーツを区別して位置を特定する「特徴抽出」によって、車と歩行者の違いを見分けられるようになる。しかしニューラルネットワークは、重みづけした接続を用いてどれがどれかをただ検出し、そして最も重要なことに、対象物を最も正確に表すデータポイントの組み合わせを見つけるのだ(つまり、対象物に足と腕がついていたら、おそらくそれはホンダ・シビックではない)。そして、より多くの車や人間の画像を与えれば与えるほど、試行錯誤によって、重みづけや組み合わせを最適化し、出力(判断)の精度を最大限まで高めることができる。私たち人間が生涯をとおしてさまざまな記憶の層を積み重ね、接続を確立して情報をもとに判断する能力を深めるのと同じように、ニューラルネットワークは処理した記憶(データ)が多いほど、より複雑で高度なものとなる。何かを初めて学ぶ子どものように、「頭」を使う機会が多いほど、より多くの情報を得て、進化することができるのだ。

これができるのは、2つ目の欠かせない要素であるフィードバックシステムのおかげだ。予想と実際の結果を比較することで、ネットワークは推定誤差を計算し、昔なじみの勾配降下法(忘れた方は213ページ参照)を使って、重みづけされた接続のうち誤差が大きいのはどれで、それらの接続をどう調整すべきかを決定する。このプロセスをバックプロパゲーション(誤差逆伝播法)という。言い換えると、ニューラルネットワークは、人間が苦手とする「失敗から学ぶ」

ということをやっている。実のところ、そうするように設計されているのだ。人間ならば自分の犯した間違いにくっつけてしまうような感情的な負担を抱くことなく、フィードバックを改善のための本質的な要素として活用している。

これに対して人間はというと、フィードバックの重要性を何度も自分に言い聞かせなくてはならないし、なかなかフィードバックをしたがらない傾向がある。私たちの多くにとって、「フィードバック」は嫌な言葉だ。最もよく使われるのが職場で、否定的な内容をマイルドに表現する方便として多用されている。その言葉が発せられるのは、理由はなんであれ、やった仕事があまりよろしくなかった場合だ。フィードバックという言葉からは、ぎこちない会話、貧乏揺すり、遠回しの非難といった、ありとあらゆる含みが感じられる。しかしそれは、多くの人が、フィードバックを与えるのも受け取るのも下手だからなのだ。ニューラルネットワークはフィードバックの重要性を私たちに思い出させてくれる。予想していたことと実際に起きたこととを比較して、その結果を用いて自分の仮定やアプローチを調整するのでなければ、私たちは何事においても上達は望めない。人生やキャリアをとおして、ずっと変わらない重みづけをしたつながりに頼るだけでは、私たちは決して変化も進化もできないし、同じことを同じやり方で行うことで退屈したりストレスがたまったりする理由もわからないままだろう。

記憶に関して言うと、私たちは誰でも、フィードバックを中心に据えたニューラルネットワークのアプローチから学ぶことができる。もっと正確に言うと、このプロセスは脳内ですでに起きているのだから、それに意識的になることで得られるものがあるということだ。脳は、私たちが絶えず処理している情報の重みづけを盛んに行い、記憶する必要があるかどうか、そしてそれは今だけなのか、短期記憶としてなのか、今後ずっと知っておかなければならないことなのかを決定している。

私たちの記憶の中身とは、私たちが頻繁に行うことや考えることであり(繰り返しのおかげ)、重要なことであり(実際に立ち止まってそれだけに注意を向けるので)、自分に特別な影響を与えた出来事や瞬間である(これも注意と関係する)。これらは箱に入れられて、記憶されることになる。そういった記憶はただ蓄えられるだけではなく、脳のアルゴリズムの一部となって、私たちのバイアス(結合の重みづけ)に影響を及ぼし、私たちが新たな情報を処理するのに使うレンズの向きを少し変えるのだ。ある日、脳によって重要だと判断されたものは、翌日、優先順位を調整するために使われることになる。そして、逆のことも起きている。これらの記憶の結合と関連性が色つきのメガネとなって、私たちは人生全体を見て、何が重要かを判断するのだ。

自分が遭遇するすべてのものを、記憶に残すものと残さないものとにランク付けするというプロセスが常時行われているわけだが、それを意識していない状態というのは、たとえばマッチングアプリの操作を外注して、相手が気になるかどうかを自分で確認せずに、これまでの好みを使って気に入るかどうかを自動で振り分けさせているようなものかもしれない。これは、システムのエラーを私たちがそのまま受け取ることでもある。ニューラルネットワークの場合にエラーが忍び込む原因としては、あまりに少ないデータセットに基づいて重みづけをする過学習や、相関関係しかないのに因果関係を示唆してしまう疑似相関などがある。たとえば、猫と犬を区別しようとして、前足の大きさだけで判断するようネットワークを訓練したら、訓練で使ったデータよりも大きな猫や小さな犬では判断を間違えるかもしれない。

私たちの脳も、同じように間違えることがある。脳は、覚えておきたくないこと、覚える必要のないことを優先したり、覚えておきたいことやその必要があることを記録に残さなかったりする。このような「エラー」を、そこから洞察が得られるような「データ」へと変換して、それを使って調整を行うことのできるような、フィードバックループが必要なのだ。科学者ならば誰でも言うように、エラーや悪い結果などというものは存在せず、存在するのはさらなる学習の源泉だけである。よりよい効果をもたらすために記憶を再プログラムしたいのならば、その中核である重みを生成するフィードバックループについてより意識的になり、それを最適化するために自分に何ができるのかを考え始めねばならない。適切なフィードバックなしでは、人生や周りの世界の見方を変えるという、記憶のもつ能力のほんの一部しか使っていないことになる。

フィードバックループの再構築

では、このフィードバックループはどうやってできているのだろうか。どうすれば、自分の過去の光と闇を、敵ではなく味方として機能する記憶へと変えることができるのだろう。私たちの脳内でフィードバックループが働いていることはわかっている。おかげで、過去の恋愛の思い出の場所や、数えきれないほど着たみすぼらしいカーディガン、人生で一番恥ずかしい出来事の数々（たとえば「婚約の利点と欠点」とグーグル検索した画面を開いたまま彼氏にｉＰａｄを使われる状況など）が記憶に刻み込まれているのだから。また、朝の一口目のコーヒーが楽しみなのもフィードバックループによるものだ。では、どうすればこれを自分のために活用できるのだろうか。

まずは、私たちの人生で蓄積された大量のデータから、役立つものを選り分けることから始める。人間である私たちの脳内には、長い年月をかけて積み重ねてきた記憶の固い地層があるが、それをさまざまな時間枠で分別したり、今ここで本当に重要なものはどれなのかと判断したりするのは難しい。また、過去にいた古い虫《バグ》が現在にまで忍び込んで、私たちの判断力を鈍らせ、視野を狭めることもある。コンピューターも同じ問題を抱えている。あまりに多くのプログラムを同時に走らせると、メモリーが目詰まりを起こすのだ。だが、これには解決策がある。デバッグをして、もはや役には立たなくなったものや不要なものを取り除くのだ。

人間をデバッグするのは誰であっても簡単なことではないが、ASDだと特に難しい。私など、ワーキングメモリーは継ぎはぎかもしれないが、細部を思い出す力は非常に強くて、先月通勤電車で乗り合わせた人がものすごくアボカドに似ていたことを思い出して、目の前のことから気が逸れてしまうほどなのだ。アスペルガーであるということは、鷹の目と、ブラッドハウンドの耳と鼻をもつということだが、そのどちらも、人間になろうとするときには特に役立ってはくれない。

私たちはあらゆることに気づき、状況のあらゆる詳細までデータとして蓄積するので、ワーキングメモリーがすぐいっぱいになる。このデータ収集へのこだわりを手放すのは難しい。細かい記憶というのは私たちのあり方の一部であって、それによって自分の存在を、そして私たちの生活に関わる人々や場所とのつながりを再確認するからだ。私たちは、あらゆる出来事や刺激に対して敏感な心をもっている。それはクラクションや救急車のサイレンが鳴っているときだけではなく、何も鳴っていないときにもそうで、次に鳴るのを待ち構えている。敏感さのスイッチをただ切るという選択肢はないのだ。

そして、これは私が決して失いたくない、私の一部でもある。終わりのない準備とルーティンに表れるこのこだわりは、人とは違う方法で世界を見ることを可能とする感覚性でもある。おかげで、他の人が気にも留めないような美や差異に気づくことができるのだ。自分に備わっている観察能力によって、私は開かれて生き生きとした存在となる。そして、テクノロジー優位の近代性がなかなか許してくれないほど近くまで、私自身の動物的なスピリットに近づくことができる。

しかし、これは大変なことでもある。あらゆるノイズまで信号として記録していると、ニューラルネットワークのように処理をして、重みづけをした接続の階層構造を確立することが不可能になりかねないのだ。（それと、買い物のときにいろいろと世話が焼けるようにもなるし。ごめんね、ママ。）

自分も他の人たちと同じように溶け込むことができればといつも思ってきた。間違った惑星に降りてきたように感じてきたが、だからといって、地球人に紛れ込んだ異星人として生きていたいわけではない。ウェールズで育ち、コッツウォルズの学校に通い、ブリストルの大学に進学し、ロンドンで働いていることからわかるように、私は主流のなかで泳ごうと懸命に努力してきたのだ。そして、そんな私の頭を離れないのが、イギリス人特有の「控えめさ」である。イギリス人は感情を出さずに話したり振る舞ったりすることが多い。自分の考えをはっきりとは口に出さず、何かとんでもないことがあっても、それを無視することでその場をしのごうとしがちだ。

対して私は、感情を表に出す人間である。ゲラゲラ笑うし、嬉しいことがあると金切り声をあげるし、怒ったら鼻の穴を膨らませて吠えたてる。私の感情が読めないという人はまずいない。だけど、私は実験をしたかった。もっと感情を出さず、もっとニュートラルで、人生に対してもっと客観的なスタンスにいることで得られる恩恵を、受けてみたかった。想像ではあったが、それが最善のことのように思えたのだ。ミリーらしさを抑えて、もっとイギリス人らしくなるのは、科学的に一石二鳥を狙うチャンスのように思えた。溶け込むための手段であると同時に、育ちすぎた記憶の余計な部分を剪定《せんてい》する手法でもある。私はもっと、Siri《シリ》やAlexa《アレクサ》のようになりたかった。なんでも知っていて、感情的なお荷物はない。それに、みんなが本当に耳を傾けるわけだし。

こうして私はある実験に取り掛かった。自分のニューロンのフィードバックループを再構築して、私を「感情の激しい変人」にしている衝動を遮断し、完全にニュートラルで、いかにもイギリス人らしい冷静な視点を得るのだ。これは、私の心のコンピューターを単にシャットダウンするということではなく、工場出荷時の設定に戻すということだ。私が切望する明晰な思考と接続とを邪魔することの多い、頭のなかでもつれ合うすべての関連性を、それらがつくられる前の状態に戻すのだ。ＡＤＨＤになるよう配線された、感情に駆り立てられる大嵐から、論理的思考と落ち着いた行動をとるそよ風へと、頭のなかで自分自身をつくり変えて、１日おきに鍵を忘れることも、あまりに感情的なので意見が軽視されることもなくなるようにする。そうすれば、役に立たない昔の記憶の堆積を無視し、その時点での新しい入力のみに基づいて、論理的な判断を下せるようになるだろう。自分のバイアスを消し去って、ニューロンの重みをリセットし、完全にゼロからスタートする。想像しただけで、夢見心地になった。

そうして、もっとしっかり記憶しようと努力を続けたものの、結果としてははるかに大切なことを忘れてしまうことになった。この実験中に、ある男の子と初デートをしたときのこと、彼から「ものすごく好きなものは何？」と尋ねられた。そのときに、答えるべきものが何もないことに気づいた。自分のバイアスや好みを消し去り、厄介な弱さを取り除くために、あまりに強く意識して努力し続けた結果、自分が何を好きなのか、もはやわからなくなっていたのだ。自分の精神が、まるで化石になったようだった。いくつかのことを忘れたというよりも、靄《もや》がかった心のなかで完全に迷子になったように感じた。そしてすぐに、潰れそうなほど悲しくなった。そして怖くなった。自分に対して何ということをしてしまったのだろうか。皮肉なことに、この段階になるまでに、そもそもどうしてこの道筋に進み始めたのか、その理由すら思い出せなくなっていた。自前のホワイトボードに書いておくのを忘れたからだ。（あーあ、またやっちゃったね、ミリー。OCDとしては一貫性があって満点だけど。）

多くの実験がそうであるように、この実験もほぼ完全な失敗だった。自分の生まれもったバイアスを消して本当の自分を否定しようとするなんて、もう一歩で危ないことになるところだったのだ。しかし、失敗した実験の多くがそうであるように、この実験は私に重要なことをいくつか教えてくれた。第一に、私たちにはひとつの精神と人格があり、それは完全に自分のものであって、決して恥や後悔の原因となるべきものではないということ。私たちがすべきなのは、その人格を大事に育てることであって、否定したり拒絶したりすることではないのだ。しかし同時に、私たちはその人格の人質でもない。私は、ASDであり、ADHDであり、GADであるという自分自身を、つまりミリーそのものを、恥ずかしがることなく、愛することを学んだ。これらの折り合わない自分の特性のバランスをとることが、そしてそれらの特性が最も役立つように最大限に活かすことが、私の人生の取り組みである。その取り組みそのものがフルタイムの仕事であり、科学であり、芸術なのだ。

だからといって、そんなミリーの振る舞いの多くに、イライラしないというわけではない。忘れっぽさ。恐怖心。大きな感情に対処するときの苦労。しかし、その人物であることが嫌になるのと同時に、その人物を愛することはできる。そしてもっといいのは、自分が問題だと思っている行動も、削り取ることならできるという点だ。私が物事を忘れるのは、私の注意が常にあちらへ、こちらへと引っ張られて、思い出す能力が瞬間的に損なわれてしまうからだ。私が煙や大きな音を怖がるのは、26年間にわたってこれらの物事に対してそういった形で反応してきたためであって、私のニューラルネットワークの奥深くでは、それに対応する接続に取り返しがつかないほどの重みがついてしまっている。だから、私の頭のなかのコンピューターが「怖がれ、逃げろ」という反応を吐き出すのだ。これらは記憶によって――記憶の蓄積とその一貫性のなさによって――条件づけられた反応である。つまり、記憶を訓練し、そのフィードバックループをターゲットにすれば、解決可能な問題なのだ。

魔法のように、物忘れを治したり、恐怖心を消し去ったりすることはできない。しかし、物忘れや恐怖心をもっとうまくコントロールする方法、自分が困難だと思うだろう状況に備える方法、ニューラルネットワークの接続を、すでにある重みの効果を打ち消すように接続し直す方法なら見つけられる。そのプロセスは、苦痛を伴うけれども、やるだけの価値があり、学びもある。自分の頭のコンピューターを微調整するのは、人間ならではの贅沢なのだ。

すぐに実践できる調整方法を、いくつか紹介しよう。私の部屋は秩序がないように見えるかもしれないが、実は一日をとおして私を導く手掛かりでいっぱいなのだ。たとえば、ベッドの右側に部屋着のガウンと歯ブラシを置いているのは、ベッドから起き上がり、バスルームに行って歯を磨くのを自分に促すためだ。人に見られたら完全に変だと思われそうなものもある。何かの薬を飲むことを自分に思い出させたいときには、印象に残ることをしなくてはならない。それは、「ハグリッド！」と叫びながらひとりで踊ることだ。頭がおかしいと思われそうなルーティンだが、少なくとも記憶には残る。重みをつけることによって、簡単に忘れてしまいそうだけれど絶対にしなくてはならない大事なことを後で思い出せるようにしているのだ。そして、靴下を拾うこと、母に電話すること（2回）、ポケットに5ポンド紙幣を入れたままジーンズを洗濯しないことなどを思い出すために、大量のふせんに支えられている。

このように、物事を思い出すことを思い出すというのは、自分に思い出させるための適切なメカニズムを見つけるということが主な問題となる。だが、怖がることを忘れようとするのは、もっと複雑だ。しかしここで使うのも、フィードバックループとバックプロパゲーション（誤差逆伝播法）である。煙や悪臭によって自分が実際に被害を受けることはないとわかっているわけで、そういった実証された結果を用いることで、怖がるよう指示してくる重みづけされた接続を打ち消す。つまり、実績のある出力で自分を安心させることによって、特定の状況への反応の条件づけに関わる入力を、上書きするように努めるのだ。この方法で、否定的な感情が肯定的な感情へと魔法のように変わることはないけれども、感情の強度を引き下げて、接続のつまみを少しひねることはできる。私の場合だと、以前よりも、パニック発作の崖っぷちから引き返せることが多くなった。

おそらく、あなたの記憶とフィードバックループのなかにも、変な癖やよじれがあることだろう。過去の経験が必要以上に大きな影を落とす(ひどい失恋とか)、肯定的すぎる考え方で拡大解釈をする(なんとか生きているからといって、あの追い酒が正しい判断だったとは限らないのに)、といった具合に。重要なのは、プロセスを意識的に所有すること。さもなければそのプロセスは無意識のうちにどこかで動き続け、私たちは人生で出会う状況について、どう思考しどう意思決定するかの所有権を完全に奪われたままとなる。前の恋愛がうまくいかなかったために次の関係を築くのに苦労している場合は、前の恋愛によってあなたが決まってしまうわけではないことを思い出す必要がある。あなたのフィードバックループで、その部分の重みが大きくなりすぎていて、新たな関係の利点を判断できなくしているのかもしれない。私たちは、自分が不安になるにしろ自信過剰になるにしろ、どうしてそのように感じるのかをよく考える必要がある。前回の経験が、私たちの記憶領域を埋めつくし、フィードバックループの条件づけをしているとすれば、その感情の根っこが前回の経験のどこにあるのかを突き止めなくてはならない。いったん根っこを特定できれば、よい記憶も悪い記憶も適切な文脈のなかに置き直して、それぞれに応じて重みづけを調整することが容易になる。失敗から学び、不安を克服し、人間が達成しうる限りの客観性に近いものを身につけて、未来を見据えることができるようになるのだ。

物事に対する感じ方や人生の特定の状況への対処法を変えたいのならば、フィードバックループから始めるのがいいだろう。認識しなければならないのは、私たちの本能的な反応は、生涯にわたる記憶と経験によって条件づけられてきたということだ。この記憶と経験とが重みのついた結合をつくりだし、その結合によって、脳がどう計算するのかが決まる。私たちが人生で価値を置いていることや強く感じることは、偶然に現れたわけではない。それらは私たちの生きた記憶に根差すものであって、もし変えたいのであれば、フィードバックループを介して少しずつ調整するしかない。

フィードバックループには正と負の2種類があって、どちらも訓練システムの重要な役割を担っている。正のフィードバックループは何かをもっとやるように促し、計算全体のなかでその何かに対してより大きな重みと注目度を与える。これは、システム（つまり自分自身）に、何かをもっと大胆に行わせたい場合に使われる。負のフィードバックループはその逆の効果を発揮するように設計されており、ある要素を抑制し制限をかけるためのものだ。それぞれに、利点と欠点がある。正のフィードバックループは刺激的だが、インスピレーションや生きることの喜びが暴走することがある。ドラッグやアルコールが関わるとそれが特に顕著となるが、これは私たちが、それらの事物に関連づけられた記憶と同じ高揚感をどうにかして再び得ようとするからだ。もう片方の負のフィードバックループは安定をもたらす力として機能するが、一方で、内省と徒労感のトンネルへと私たちをはまり込ませる可能性がある。私が鬱状態に陥ったのは、悪い記憶と経験が私のポジティブなエネルギーをあまりに強く抑圧しすぎたために、自分は完全に無益で機能しない人間だと感じる日が何日も続いたからだ。これは負のフィードバックループの影響の究極の表れであって、それまでに経験したすべてのよい記憶や感情が、実に効果的に消えていくのを経験する。

正のフィードバックループをつくろうと思うなら、自分が恐れることを少しずつ経験することだ。そうして自信をつけていけば、私たちを尻込みさせ、怖がらせる重みを削り取ることができる。そしてついには、自分が怖いと思うことを、本当に実行できるようになるのだ。私はかつて友達と音楽フェス(伝えられるところによると「世界最高のもの」らしい)に無理をして行ったことがある。フェスというのは、アスペルガーの人間にとっては『指輪物語』のモルドールに等しい。そこで待ち受けているのは、過度の騒音に、終わりのない混乱、あやしげなにおい、そして予測不可能な群衆だ。私は会場に滞在した計13時間で、5回もの完全なパニック発作を起こすという自己新記録を打ち立てた。うち1回は、ステージ前で皆が押し合いへし合いしているモッシュピットにたまたま取り残されたときのことで、当然ながら発作を起こした。ショックで失神した私は、観客たちの手によって彼らの頭上を運ばれて、医療用テントで手当てを受けた。その段階で私の親に電話がいって、結果、私は父に助け出される羽目になった。父は笑いながら、私たちパン一族が楽しく幸せに遊び暮らすタイプだったためしはないのだよと言ったものだ。

私はこの経験をとおして、自分の実験能力に慰めを見出し、自分の限界を試し、不慣れなこと(不快なことでさえ)が必ずしも命とりにはならないのだと自分に言い聞かせるようになった。もう二度とあのビーチ・ブレイク・フェスティバルに行くことも、おそらくはテントで寝ることもないと思うが、私はあの短時間の簡易版の冒険を少しも後悔していない。いかに短かろうと、私はやり遂げたのだし、あんなふうな新しいことにまた挑戦したいと思っている。

ときには負のフィードバックループをつくって、自分が何かをしてしまうのを止めたいと思うこともあるだろう。これを達成するには、特定の行動が引き起こす問題に、強くフォーカスする必要がある。その特定の行動をする理由と、結果として必ず行き着く終着点との非対称性を、脳に思い起こさせるのだ。たとえば二日酔いや、糖分の摂りすぎによる頭痛、ジムで頑張りすぎて具合が悪くなることなどが挙げられる。

　これらの正と負のフィードバックループは、私たちが気にしようがしまいが、常に私たちの脳内で信号を送り続けている。私の経験では、ループの存在を意識するほど、そしてループを再構築する努力をするほど（予想に反するよい出力や悪い出力を意識的に思い出すということ）、自分の精神状態をコントロールできるようになる。また、人間でもアルゴリズムでも、うまく機能するシステムは正と負のフィードバックの適切なバランスに頼っているのだということも覚えておくといいだろう。新しいことを経験して学ぶためには十分な正のフィードバックが必要だし、愚かな決断をしたり自分を危険にさらしたりしないよう自分に制限をかけるためには十分な負のフィードバックが必要だ。均衡を保つためには、正か負か、いずれかのフィードバックのみに過剰に頼りすぎてはならない。ニューラルネットワークで動いている自動運転車が安全運転するためには、情報を解釈する際に、あまり攻めすぎても慎重すぎてもよくないのと同じことだ。私たちは、どちらが欠けてもやっていけない。私たちが遭遇するさまざまな状況に対応できるように、両方を導入して調整する必要がある。

実験をとおして私が学んだのは、一生かけて蓄積した記憶や精神的な条件づけを、単純に捨て去ることはできないということだ。好むと好まざるとにかかわらず、これらは私たちを人間たらしめ、私たちが感じることを可能にし、私たちにとって頼みの綱となるアイデンティティや個性を与えてくれる。これらのバイアスは、ときには敵のように感じられるかもしれないが、実際には単に自分であって、それも最も純粋な形の自分自身なのだ。これらのバイアスの存在を受け入れるのは、バイアスに屈服するということではない。私たちはバイアスを認識し、実際の経験を用いてフィードバックループを少しずつ鍛え、経験の非常に重要な重みづけを調整することで、コントロールする側に立ち続けることができる。潜在意識にあるバイアスを意識の領域へと引き出して、自分が何に対処しているのかを理解しなくてはならない。昔の写真をじっくり見るのと同じで、怖くもあり楽しくもあるプロセスだ。

自分の記憶に対する実験からわかったのは、記憶をきれいに消し去って、お気に入りのマグカップの持ち方さえ学びなおさなくてはならなくなるというのは、進むべき道ではないということだ。私たちはニューラルネットワークから学ぶことができる。しかし私たち人間は、蓄積してきたすべてを削除することによってさらに効率よく記憶領域を機能させられるコンピューターとは違う。私が採用したのは、記憶を完全に初期化するのではなく、精神面のアップグレードを定期的に行うという方針だ。1～2年おきに、私は頭のなかにある最も重要な記憶のさまざまな層を確認する。そして、以前は役に立っていたけれど今はその役割を終えているものは脇にどけて、私にインスピレーションと集中力と幸福感を与えてくれるものをつなぎ合わせるようにする。この方法で、過去を後悔することが減り、これからの挑戦に向けて自分の心を研ぎ澄ますことができる。どの瞬間にも、私たちの記憶は、自分の人生のタペストリーとなっている。そこに描かれるものを選べるようになることを、忘れてはならない。

私たちは人生で起こるすべてをコントロールすることはできないが、記憶がそれらの経験をどのように蓄えて利用するのかを調整することはできる。何を重視し、どのように記憶し、どのような理由でそれを行うかというのは、私たちが完全にコントロールできることなのだ。人生において自分に力を与えるものは何だろうか。自分が本当はどういう人間で、自分には何ができるのかを思い出させてくれるものは何だろうか。逆に、後悔することになりそうだからと今後の行動や決断を失速させる力をもつのは、どの最悪の経験なのだろうか。私たちは善か悪か、論理か感情か、自分の気持ちか他者の気持ちかといったことについて、どちらかを選んで優先するようになる。これらすべての要素は、フィードバックループのあちこちを常に騒がせているが、レシピと同じで、重要なのはその割合である。私たちは、何に本当に焦点をあてるか、それらの記憶をどう処理して保存するかを決めることによって、その割合を選んでいるのだ。

「失敗から学ぶ」と聞くと、古くさくて単純なことのように思うかもしれないが、実はこれこそが、心と記憶が自分の望むように動くよう条件づけるための不可欠な要素なのだ。失敗から学ぶことで、これからの挑戦に向けて私たちを鍛えてくれる、健全でバランスのとれたフィードバックループをつくることができて、そのフィードバックループの微調整を恐れることなく続けられるようになる。

フィードバックループは無意識のうちに生じるものだが、それを実際に自分のものにすることで、大きな力が得られる。フィードバックループをどのように機能させ、どのように調整できるのかを、自分で考えられるようになるのだ。集中力と注意力は、記憶の形成にとって、とても重要な要素だ。私が世界で一番好きな食べ物は父のつくるラザニアなので、子どもの頃はいつもそのラザニアを目の前に置いて、瞬きもせずに10秒間、そのにおいと見た目を吸収した。こうして刻み込んだ記憶は、実家の安らぎを感じたいと思ったときの拠り所となっている。このようなちょっとした方法で、私たちは誰でも、自分の記憶を訓練して、無用の記憶よりも役に立つ記憶を優先し、強さと安心感と安らぎを与えてくれる記憶の能力を最大限に活かせるようになる。

一方で、記憶は、不安や恥、後悔の場所にもなりえる。無意識のうちにそういった記憶を育て、進化させてしまうと、私たちは自分の経験や過去の決断について否定的に考えることが多くなり、数秒後、数カ月後、さらには何年も経った後でも、それを追体験するようになる。記憶に関する私たちの課題とは、過去のこと、後悔、二度と戻ることのできない場所や、もう会えない人々といった、記憶の迷路にとらわれないことだ。正直なところ、私たちのほとんどは正のフィードバックループよりも負のフィードバックループのなかで生きているのではないだろうか。自信を削り、将来の判断力につながる経路に影響を及ぼすような悪い経験や記憶を、わざわざ選んで蓄積しているのだ。

しかし記憶は、私たちがそれなしでは生きていけないものでもある。私が発見したように、あまりに強く人間の本質に根差す要素であるため、エンジンの欠陥部品のように取り外してしまうわけにはいかない。コンピューターのメモリーを初期化するように自分の記憶を初期化してしまうと、多くのものを消し去って、取り返しのつかないことになる。したがって、私たちの最善の選択肢とは、微調整することである。長い時間をかけて微調整を続ければ、この強力で、ときには危険な自分自身の源泉を、最大限に活用できるのだ。

第11章

ゲーム理論、複雑系、礼儀作法

礼儀正しくなるには

本章は、疎外される気持ちを正確に理解している者が
書いた、社会的に疎外されないための
簡単な指南書だと考えればいい。(p.314)

「もしもし、ミリーね。ママはいるかしら?」

「はい、ママはいます」

そう言って、電話を切る。任務完了。

「電話だったの? ミリー」

「大丈夫、ちゃんと対処したから」

私の人生に見られる特徴のひとつで、何度も繰り返し起きるのが、なんだか「腑に落ちない」という感覚だ。神経学的に定型の人たちの遠回しな言葉や、曖昧なジェスチャー、言外の意味といった世界のなか、アスペルガーである私は、常に地雷原を歩いているような状態でいる。ときには、定型の人たちのトウモロコシ畑に間違って地雷を植えてしまうことだってある。いずれにせよ、恥をかくことが怖い人にとっては、危険なあり方だ。

以前は、私にとってこのようなことは問題ではなかった。私は気楽に、誰に対しても同じように接していた(本当に誰に対しても)。見たままを口にし、思ったことを人に言い、通りで無礼な人と出会ったら大声で怒鳴りつけた。年齢も、上下関係も、評判も、まったく気にならなかった。しかし、何事にも代償はつきものだ。このような、何も気にしない、背景を汲み取ることもしないあり方をしていては、人の気持ちや個々のニーズに共感することはできない。そこで私は、第8章で説明した、ベイズ法によって共感をつくりだす方法を開発した。しかし、そうすることで、かつて恥ずかしさを感じることから自分を守ってくれていた鎧を失ってしまった。私は、人の意見や社会的な礼儀作法の求めに対して、初めて敏感になったのだ。そして、あの地雷原が実際にいかに大きかったのかがわかり始めた。その例をいくつか挙げよう。

もちろん、最初の例はデートに決まっている。これから私は自分の手の内をすべてさらけだすことになる。私はどうしても、人に言い寄るようなことはできない。しかし、厳しい確率にもかかわらず、そしてアプリが出してくる確率も厳しいのだけれど、実際にデートをすることはある。あるデートでは、相手の姓がたまたま豚肉からつくられる製品名だった。ランチをすることになったのだけど、緊張している彼にアットホームな気分になってもらおうと思って、私はサラミを注文した。後でわかったことだが、彼はベジタリアンで、私にバカにされていると思ったという。

あるときには、うちに遊びに来た人から、お茶よりもちょっぴり強い飲み物がほしいと言われて、お酒のことだと気づかずにコーヒーを出してしまった。駅でのこんな事件もある。あやしげな男を見かけて、どうやらその男がジャンパーの下に爆弾を仕込んでいるようだったので警察を呼んだのだけど、警察官がその男に上着をめくり上げさせて出てきた「恐ろしい凶器」は、実は毛深いビール腹だった。また、母の友達で杖を使っている人がいて、その人が私をハグしようと体を寄せてきたのだけれど、私が大きく後ずさりしたものだから、その人は床にばったりと倒れて、私はその場から逃げ出してしまった。その後で、私は失態を挽回しようとしてクリスマスの音楽に合わせて踊っていたら、熱がこもって手を大きく動かしてしまい、今度は親の友人の目を突いてしまった。

また別の例で、私にとってもうひとりの姉妹のような存在である友人とディナーデートをしたときのこと。ヨガ仲間で、フルーツにはまっている彼女に、私は完璧な贈り物をしたいと考えた。彼女への愛情と私たちのつながりの深さを伝えたかったのだ。そして到着した私がうやうやしく抱えていたのは、大きなスイカ丸ごと1個だった(スイカはアーユルヴェーダでは重要な食材なのだ)。彼女が困惑しているなとは思ったが、後になって、スイカは彼女があまり好まない果物のひとつなのだと知らされたのだった。

他の人たちが自分のことをどう思っているのかを意識するようになると、期待される行動が限りなく複雑であって、しかもそれが場所ごとに、グループごとに、人ごとに異なるということにも意識が向くようになった。ある状況では皆が大笑いするジョークなのに、別の状況で言うと変な空気になるのはなぜなのか。あるときには特定の食べ方が許されるのに、友人の家やレストランで許されないのはなぜか。職場で上司に反論するのに適切なタイミングはいつなのか。どんなルールがあって、誰がそれを決めて、そのマニュアルはどこで手に入るのか?

中国とウェールズという完全な異文化が混ざり合った家庭で育った私には、観察力が足りない人にとって、礼儀作法がどれほど厳しくて難しいものになりうるかということはよくわかる。もしあなたがパン家で「シック・ファン」と呼ばれる日曜日の食事（他の家庭のロースト料理に相当）に居合わせたとしたら、私たちのテーブルマナーにぎょっとするかもしれない。ボウルを口元まで持ち上げて、ご飯と肉を口にかっこむ。そして、それはもう旨味たっぷりのスープを、ボウルの底から音を立ててすするのだ。両肘をテーブルについて食べるのも問題なし。骨は決められたサイドプレートへと自由に吐き出して、おいしい食事に満足していることを示す大きなゲップで儀式は終了。しかし、箸をナイフとフォークのように両手に分けて持とうものなら、その無作法な振る舞いに頭をひっぱたかれることになる。まったく意味不明だと思うのではないだろうか。

これについては、自分だけではなさそうなので安心している。どうやら誰にとっても、特定の状況、特に不慣れな状況でどのように振る舞うべきなのかについては、緊張するものらしい。どんな人でも、何かを口に出したとたんに後悔して、何週間もくよくよしたことがあるはずだ。いろいろな瞬間がフラッシュバックして、悪夢になることさえある。部屋で自分だけ素っ裸でいたとか、冗談のつもりだったのに相手が怒り出したとか。人前で恥をかくことは、人間の最大の恐怖のひとつである。昔はわからなかったけれど、今はそれがわかるようになった。

間違ったことを言ったりしたりするのは、神経学的に定型であろうと多様であろうとどちらの人にも明らかにありえることだが、どうやら私たちは少し異なる形でそういう結果を招くようだ。私のような人間の場合、社会規範についての理解が欠けていることと、上下関係や慣習といった目に見えないパラメーターに配慮しないことが原因であることが多い。だが神経学的に定型の人の場合には、逆の問題に悩まされていることもあるらしい。ある状況について自分の知識だけでうまくやれると過信したり、リラックスしすぎて悪い冗談を言ったり不適切な提案をしたりなど、いきすぎてしまうのだ。

あなたの問題が礼儀作法を知りすぎているためであっても、知らなすぎるためであっても、社交上の不安や失態に対する解決策は同じだ。私たちに必要なのは、もっといいツールである。それを使って、人の振る舞いについてのエビデンスを集めて、さまざまな行動（服装や発言や挨拶の仕方さえも）がもたらすさまざまな可能性を探ることでそれらのエビデンスを処理するのだ。本章は、疎外される気持ちを正確に理解している者が書いた、社会的に疎外されないための簡単な指南書だと考えればいい。就職の面接や、付き合いたての恋人の友人たちと会うとき、あるいはデートに行く前にどうしたらいいか悩んだことがある方は、ぜひ読んでほしい。ルールが（ほとんど）暗黙の了解によるもので、誰が決めたものかもわからない場合に、礼儀作法の重大な違反という悪夢のような展開を避けるにはどうすればいいのだろうか。割にルールブック好きな私としては、自分で書くしかないと思った。礼儀作法の法則を誰も教えてくれないのなら、自分で割り出すしかないだろう。

そのために、コンピューターモデリングやゲーム理論、そして私自身の専門分野であるバイオインフォマティクスの技術を駆使したのだが、その結果わかったのは、ルールブックは礼儀作法について考えるためにはどうやら間違った方法であるということだった。なぜかというと、ルールは重要で、確かに存在もしているが、それだけが変数ではないからだ。ルールがどのように調整され、解釈され、個別の状況に適用されるかといったこともまた重要なのだ。そして、個人の行動は、集団的な習慣と同じくらいに重要であって、この2つは繰り広げられる共生関係のなかで互いに影響しあい、その関係を完全に予測することは決してできない。これを理解するには、局地的に見られる振る舞いが、特定の国や地域や文化における礼儀作法からどのように派生し、またどのように異なっているのかを、モデル化する技術が必要である。そして、予備的な知識で武装して(ただしそれに縛られてはいけない)、人の感情を害さないよう注意しながら、広く探索しなければならない。これから説明するが、礼儀作法の無限のバリエーションに対応するための唯一の安全策とは、何も予期せず、何も想定せず、すべてを観察することなのだ。

エージェント・ベース・モデル

礼儀作法は、理論的に研究するのが難しいだけでなく、実生活でそれに沿って生きるのが難しい。文脈に応じて異なるうえに、さまざまな解釈に基づいて存在しているので、たとえば行列の並び方や、ナイフとフォークの持ち方、レストランでの割り勘の仕方などに、普遍的ルールのようなものはない。正しい答えに近づくためには、ローカルな規範と個人の好みとの両方を考慮する必要があるのだが、それらが一致しない場合もある。

言い換えると、礼儀作法とは集団的に決定されるものでありながら、個人ごとに(しかも選択的に)解釈されるものなのだ。国や文化のレベルで人々が従う規範は、個人や家族、職場などのプリズムによって屈折させられる。私たちが答えを得るには、広く共有されているレベルと個別のレベルの両方に、調子を合わせる必要がある。理論上の礼儀作法と、実際にそれが個人によって一貫性なく適用されている礼儀作法の、両方をモデル化できるシステムが必要なのだ。

そこで登場するのが、エージェント・ベース・モデル(ABM)である。これは複雑なシステムを表現するモデル化の手法であって、「エージェント」(人や動物など、システム内の独立した行為者)

が、システム全体との、そして周囲の他のエージェントとの相互作用を通じて、どのように振る舞うのかを調べるものだ。たとえば、交通と歩行者との相互作用、サッカーの試合での観客席でのウェーブの流れ、消費者が店内をどのように移動するかなど、特定の環境で人々がどのように振る舞うかを知りたければ、ABMが味方になってくれる。実際に振る舞う者(エージェント)が、期待される振る舞い(システムのルール)とどのように関連しているかを理解するための、優れた方法である。内在するルールとエージェントの自律性が相互作用して、そのバランスから、最終的にシステムが生まれるのだ。

こういった特徴をもつABMは、礼儀作法を理解するための素晴らしいツールとなる。ABMが反映しているのは、私たちが自律性をもつ個人であるのと同時に、思考や振る舞い(すなわち礼儀作法)による多くの制約を受ける人間であるという現実である。私たちは完全に独立しているわけでも、システムに完全に支配されているわけでもない。ABMが示すのは、エージェントは全体的な環境に反応するのと同様に、他のエージェントの振る舞いにも反応するということだ。分析的な観点からすると、礼儀作法のルール、つまり人々にどう話しかけるか、どう食事をして、どうお世辞を言うかといったことを理解するだけでは十分ではない。私たちは、人々が実際にそれらのルールやお互いとどのように関わり、逆にそれらにどのような影響を与えているかを、観察する必要がある。人間としての私たちは、書物から振る舞いを学ぶことはめったになく(私やこの本を読んでいるあなたは別だけれど)、他の人を、特に身近にいる人たちを真似る方がはるかに多い。私たちが赤ちゃんのときに話し方を学ぶのもこの方法だ。よく見たり聞いたりしてから、言葉を発することができるようになったのだ。そしてこれは、生活のなかのありとあらゆる事柄について、「正しい」(自分の心のなかでということだが)やり方を学んできた方法でもある。私たちには、他の人からはとても奇妙に見えるかもしれないが、服の畳み方や、困っている人を助ける方法、ソースのつくり方など、それぞれに独自の「正しい」やり方がある。

個人と集団、ローカルとグローバルのあいだのこのバランスは、人間の振る舞いの本質だ。自分はルールに従っていないと思うかもしれないが、意識していようがしていまいが、私たちは皆、特定の社会規範(普遍的なものも限定的なものもある)に従っている。アナーキストでさえも似たような格好をしているものだ。しかし同時に、科学者にとっては苛立たしいことに、規則だけを理解しても人間の振る舞いのモデル化はできない。エージェント(人々)がどのようにルールに反応するのか、それと並行して、他のエージェントの振る舞いからどのような影響を受けるのかを、細かく調べる必要がある。

私はＡＢＭを、社会的・職業的な場面で進む方向がわからないときの舵取りとして使っている。ＡＢＭによって、観察すべき次の３つのカテゴリーが得られる。①人々が言うところのルール（これはいつでも事前に調べることができる）、②エージェント同士の相互作用の仕方に基づいて、特定の状況で適用されるルール、③個々のエージェントの特性および暗黙の好み。そして、ＡＢＭによって、ある状況を経験し観察し始めるまでは、その状況における礼儀作法を本当には理解できないことがわかった。ドイツのテーブルマナーやコロンビアのビジネス文化についていくら読んだところで、これから出会うことになる特定の状況の現実に備えることはできない。科学が教えてくれるのは、学習した理論から経験的な実践へと橋渡しをしない限り、どこにも辿りつかないということだ。

一定の知識を身につけて馴染みのない状況に乗り込むことはできる。しかし、周りのエージェントが互いに、そしてシステム全体とどのように関わっているのかについて、実際のエビデンスを実地で集め始める前からあまりに多くの前提を置いてしまうのは危険だ。たとえば特定の職場や家庭、繁華街などでのローカルな礼儀作法を理解したと自信をもって言えるようになるには、エージェントが個別に、そして集団的に活動している様子を観察する必要がある。

たとえば、私が職場で最も苦労していることのひとつが、上下関係がどう機能しているのか、そして違う立場の相手に対して何を言うべきか、何を言うべきでないかを理解することだ。（誰に対しても同じように接していたというのは冗談で書いたわけではないのだ。）私は大学時代にITサポートのアルバイトを「強制的に辞めさせられた」ことがある。公然と上司に反論したことが原因だったのだが、それはその上司が、私が先に試してうまくいかないとわかっていた解決法で顧客に対応しようとしていたからだ。彼が上に苦情を申し立てて、私はお偉いさんに呼び出された。お偉いさんは同情的ではあったけれど、私に、もっと人に敬意を払うべきだったと言った。「そうだけど、私の敬意に値することをまず示してもらわないと」というのが私の返答だった。感じたことをそのまま言ったのだが、雇用の安定には特につながらなかったと後でわかった。

現在、私はABMの一種を用いて、上下関係の「ルール」が実際に職場でどのように適用されているかを理解しようとしている（こういったルールはほとんどの会社にあるのに、うちの職場には本当にないんですよなどという会社が多いので、いずれにせよ困りものである）。私の場合は、すでに存在しているエージェントが相互作用する様子を手掛かりにして、そのデータを用いて、自分の意見や優先順位を伝える方法を考えていく。環境によっては、状況や誰が聞いているかに関係なく、思ったままを話す率直なバージョンの私が好まれることもあるだろう。しかし一方で、自分のアイデアを取り入れてもらいたいときには、相手が思いついたアイデアであるかのように思わせるのが得策の場合もある。この種のシステムにはすべて独自のリズムとしきたりがあって、そこでの礼儀作法はエージェントの好みと相互作用の両方によって決定される。そのなかで自分の道を切り拓こうと思うのなら、まずはそういったことを研究したうえで、よく理解しなければならない。これがエージェント・ベース・モデルと呼ばれるのには理由がある。ローカルな条件の下で活動する場合には(ほとんど常にこれにあたるのだが)、ローカルな礼儀作法に従わなくてはならない。その礼儀作法を理解するためには、エージェントに注目する必要がある。エージェントこそが、自分たちの影響の及ぶ範囲内での振る舞いの形成に最も大きく関わっている。私たちがしょっちゅう聞かされる、「問題なのは、あなたが何を言うかということよりも、聞く側がその言葉をどう解釈するかだからね」というのも同じことだ。そこには絶対的なルールはなく、あるのは、予測不可能な個性によるルールである。

私には、ABMを使用するにあたってのアドバンテージがある。それは、自分の人生で遭遇する誰に対しても、あるいは何に対しても、何かを想定するということができない人間だということだ。ただし、これには危険な側面もある。夜道で誰かに呼び止められても、その人物が自分に危害を加えるかもしれないという想定をすぐにはしないのだから。私はその人から話を聞いて、その話しぶりからその人の意図を判断しようとするだろう。理屈として、これは安全な振る舞いではないとわかっているので、私はできるだけ自分をこういった状況に置かないように、つまり夜道の一人歩きをしないようにしている。

こういった予防策を講じる限りにおいて、事前の想定なしに状況に臨むという手法にはとても大きな利点がある。この手法を用いなければ、あなたはすぐに確証バイアスの犠牲となって、自分の先入観に合致する証拠を選択的にすくい取るようになる。別の言い方をすれば、前もって誰かのことをバカだと決めつけると、その結論を裏付ける理由を探し始めるいうことだ。

できるだけ想定の少ない状態で新しい状況に(安全に)入り込むことができれば、より自由に礼儀作法を察知して、結果として自分自身の振る舞いを調整できる。注目すべきは、職場や交流会、パートナーの交友関係にいるエージェントたちの実際の振る舞いであって、あなたが予想する彼らの動きではない。彼らを個人として調べ、周囲の他のエージェントたちとの相互作用を確認しよう。このような個人のニーズ、ローカルなつながり、そしてグローバルな規範のあいだに、システムの実際の礼儀作法が見つかるのだ。

ゲーム理論

ABMはある特定の状況における礼儀作法を発見するのに役立つ。しかし、なぜ人々がそのように振る舞うのか、その意図はどこにあるのかについては、何も教えてくれない。また、礼儀作法にまつわる最も差し迫った疑問、つまり、自分がしようとしている発言や行動に対して相手がどう反応するかという疑問についても答えてくれない。答えを得るには、ゲーム理論の科学を掘り下げる必要がある。ゲーム理論は、システム内のさまざまなエージェントがどのように相互作用するかだけではなく、彼らの動機や、なぜそのような決定を下したのかを描き出してくれる。

ゲーム理論の草分け的存在は2人の数学者、ジョン・フォン・ノイマンとジョン・ナッシュである。彼らの研究によって、今ある人工知能研究の基礎が築かれた。エージェント・ベース・モデルと同様、ルールをベースとするシステム内でさまざまなプレイヤーがどのように相互作用するかが調べられるが、ゲーム理論の場合はさらにその先へと進む。プレイヤーのさまざまな選択がもたらす結果、つまり、ゲーム内のひとりまたは複数のプレイヤーのある決定が他のプレイヤーにどのように影響するかを調べるのだ。ゲーム理論で見るのは全体像だ。プレイヤーは自分の決断とその結果だけを考えるのではなく、他のプレイヤーの決断と結果も考慮するものと仮定される。他のプレイヤーが何を知っている可能性があって、どう行動しそうかを、それぞれが予測するのだ。

ゲーム理論の多くの考え方や応用のなかに、「ナッシュ均衡」がある。これは、有限ゲームにおいて、すべてのプレイヤーが自分の利益を最大にするような決定を下す場合に、均衡状態が生じうるというものだ。この状態になると、他のプレイヤーの戦術が明らかになっても、誰も自分の戦略を変えることはない。別の言い方をすると、個人と集団の利益が収束したところで均衡に達し、それ以上は最適化のしようがなくなる。正しく妥協がなされたのだ。プレイリストにせよ、休暇の旅行先にせよ、ピクニックの料理にせよ、誰もがそれなりに満足する解決策というわけだ。

ナッシュ均衡とそこから派生して得られた知見は幅広い分野で利用されており、協力的なプレイヤーや敵対的なプレイヤーたちが特定の問題にどう取り組むかを理解するために、また特定のプレイヤーの選択に影響を与えるための政策や決定を形成するためにも用いられている。私は常に、この収束を自分と他の人々のあいだに見出そうと努めてきた。見出せない場合についても私は興味深く感じるし、見出せない理由を解き明かしたいと思う。また、ある特定の集団が変化するたびに(たとえば集団のメンバーや個人の好みが変化するなど)、ナッシュ均衡の性質もそれに合わせて変化する。

ではこれが、社交上の礼儀作法という燃え盛る炭火の上をつま先立ちで渡ろうとしている私たちを、どういう形で助けてくれるのだろうか。まず、ある出来事に対する自分の認識を超えた視点をもつことを、そして他のプレイヤーの立場に立って考えることを促してくれる。ゲーム理論とは突き詰めれば相互依存の問題であって、自分が獲得するものは、他者の選択によってある程度左右される。つまり私たちは自分の頭のなかだけで生きたり、自分の判断だけで決めたりはできない。私たちは、自分の問いかけや、最初に発する言葉、提案などに対して、相手がどのように反応するかを予測する必要がある。自分が言おうとしていることや、しようとしていることによって、相手の気分を害したり動揺させたりする可能性はないか？　問題のプレイヤーに関する自分の知見、相互作用の状況、そして自分の実行能力に基づいて考えた場合、自分の次の行動によって希望の結果を達成できる可能性はどの程度あるのか？　誰もが方向転換の必要なしに望むものを得られるような、効果的な均衡はどのような状況か？

ＡＢＭが、任意のシステムに存在する暗黙の礼儀作法を理解させてくれる手法だとすれば、ゲーム理論とは、その後の選択肢を思い描く技術である。その際には、自分が理想とする結果とそれらの選択肢とのあいだですり合わせを行い、またその時に他の人が行っている選択や反応と、それらの選択肢とのあいだでもすり合わせを行う。ゲーム理論では、私たちはシステム内の単なるエージェントではなく、プレイヤーとみなされる。プレイヤーは、ゲーム盤上の他の部分についてわかることとわからないこととを組み合わせて、それをもとに意識的な決断を下さなければならない。私たちは次の方法でしか進路を決められない。その方法とは、自分の決定によって(自分にとっても他のプレイヤーにとっても)開かれる経路を思い描くことと、相互利益を生むような均衡を目指すのか、協力せずに自分の利益を追求するのかを選択することである。

私がゲーム理論に頼るようになったのは、特定の行動がなぜ存在するのかを説明するためと、他人の動機を察する能力のなさを克服するためだ(特に、動機はめったに明かされるものではないので)。誰かに言われたことについて、数時間後か数日後に友達や家族と話をして初めて、ひどいことを言われていたのだと気づくこともある。

私は不慣れな状況を直感的に「感じる」ことがとにかく苦手なので、すべての会話や発言は、複数のシナリオを頭のなかで展開しながら行っている。この方法には本当に大助かりで、子どもの頃からよく呆れ果てた反応をされることの多かった独創的な発言や有益な観察を、穏当なものに変えることができる。しかし、ときにはこのアルゴリズムも誤動作を起こす。燃え立つような赤毛をした配車サービスUber《ウーバー》の運転手に、フレンドリーな赤毛ジョークを放って(気さくで親しみやすい印象を与えるよう注意深く計算したのだが)、即座に侮辱となってしまったこともある。しかも、私はヘッドホンをつけるという手法を好んでいてこれが乗客としてのよい評価につながっていないことがわかったので、フレンドリーに見せようと意識的に努力し始めた後の話なのだ。不運な出来事は他にもある。それは職場で落ち込んでいるようだった同僚を慰めようと思ったときのこと。ネットで適切な励ましの言葉を探したのだが、私が選んだのは「髪形が決まってると、すべてうまくいく気持ちになるよね！」というフレーズだった。しかしこれが大失敗。彼が輝かしいほどにはげていることを考慮に入れてなかったのだ。

私にとってのゲーム理論とは、勝つことよりも、私にはそのための備えが欠けていた人生の経験を生き抜くことである。私は他のプレイヤーを打ち負かしたくなどない。クリスマスパーティーで母のかわいそうな友達にしてしまったみたいに、たくさんのプレイヤーたちを転ばせたりはせず、ただ盤上を渡っていきたいのだ。

これは直感に反してゲーム理論から得られる利点である。ゲーム理論は、表面上は、合理的な意思決定のための作戦帳だが、私たちにその限界を気づかせてくれるものでもある。もし私たちの生活のすべてをゲーム理論のレンズをとおして見たならば、最終的に、トマス・ホッブズが『リヴァイアサン』で描いたディストピアのようなものに行き着くだろう。それは、人々をつなげるための「政治体」をもたない人間の運命なのだ。ホッブズがこう書いているのはよく知られるところだが、政治体がなければ人間の生活は「孤独で、粗末で、不潔で、野蛮なものとなるし、寿命は短くなる」という。これが「自然の状態」であって、ホッブズはこれを中央集権国家の創設によってのみ打ち消すことができると信じていた。ゲーム理論に心を奪われた私たちは、純粋な「ホモ・エコノミカス」となるだろう。これは、ホッブズが「フェリシティ」(幸福)として特徴づけたもの、つまり権力と自己の向上に対する飽くなき欲望を追求するためにのみ動く、完全に利己的なプレイヤーだ(最初に読んだとき『オースティン・パワーズ:デラックス』のフェリシティ・シャグウェルと関係あるかと思ったけれど、そんなことはない)。

ゲーム理論は、ホッブズの人間に対する否定的な評価を、つまり人間とは自身や他者を害することを防がねばならない存在であるとともに、ゲームに「勝つ」ためという無益な試みで互いに出し抜こうとする生き物であるという評価を、実践するメカニズムになりやすい。しかし、ゲーム理論はまた、「ホモ・レシプロカンス」(相互利益を追求するために他者との協力を望む人間)になるという対照的なチャンスがあることを、私たちに思い出させてくれる。ナッシュ均衡の存在が示しているのは、ゲーム理論の究極の教訓が相互依存であることだ。私たちは皆、同じ盤上で同じゲームをしており、自分の望む結果を得るために他人の助けやサポートに依存することが多くある。ゲーム理論は利己主義一辺倒になりかねない。しかし、私たち皆が同じ種に属していて、同じ地球上で暮らしていて、どれほどの違いがあっても本質的には同じニーズと野心を共有していることを示す、私が知る限りで最良の枠組みのひとつでもある。

私たちが礼儀作法を学ぶのは、社交において恥をかかないようにするだけのためではない。

礼儀作法とは、私たちが他の人々や文化とどう関わるのかということであり、結びつきをつくり、相互関係を築くことでもある。自分の仕事でなくても道端のゴミを拾ったり、介助者でなくても車椅子利用者のために道を空けたりと、小さなことから違いは生まれる。このような些細な行動、つまり今すぐ自分の利益になるわけではない行動が、私たちを個人主義的な種ではなく、社会的な種にするのだ。

ゲーム理論は、必ずしも競争に関するものではなく、人間存在としての関係性を形づくる共通項を見出すための最重要テクニックのひとつである。結局のところ、もしホッブズの理屈が正しいのであれば、この時点まで人類を結びつけてきたのは協調の必要性より他にないだろう。心温まる話のように聞こえるかもしれないが、がん細胞が私たちに思い出させてくれるように、恐ろしいほど効率主義的でもある。協力して働くというのは、ただ感じよく振る舞うということではなく、ゴールまでの最も効率的な道筋を進むということでもあるのだ。礼儀作法が重要な意味をもつ理由は、そこにある。

ホモロジー

エージェント・ベース・モデルは狭い範囲の状況を理解するのに役立ち、ゲーム理論は他者の経路と自分の経路を描くのに役立つ。そして、私の礼儀作法の三本柱の最後のひとつが、「ホモロジー」といって、異なるデータ間の接続と類似性をモデル化する科学である。

他者をエージェントとして研究したり、ゲームのシナリオにおける判断をストレステストにかけたりすることで、大きく前進はするけれど、それで礼儀作法に関するすべての疑問の答えが得られるわけではない。自分のやりたいことはどうするのか、それを特定の文脈にどう組み込むのか。どうすれば特定の状況の制限を受けながら自分らしくいられるのか。たとえば、私にとって、家で床に座ってお茶を淹れるのはなんの問題もないのだが(なにしろ物が落ちる距離が一番短くなる安全な場所なのだ)、職場でやると顰蹙《ひんしゅく》を買うのはなぜなのか。あるいは、私にはSPD(感覚処理障害)があって、金属で陶器を叩く感覚が楽しいので、社会的に適切とされるよりもはるかに多くお茶をかきまぜたくなるという現実をどうすればいいのか。姉が私のフリーダ・カーロ風の一本眉をからかうのはいいのに、姉が描いた眉を見てスーパーマリオっぽいねと私が指摘するのはよくない(本当に許されない)のはなぜなのだろうか。私たちに必要なのは、振る舞いを文脈に合わせるための、そして新しい状況について自分が知っていることと知らないことのあいだにあるギャップを埋めるための方法である。

そこで真価を発揮するのが、タンパク質の類似性をモデル化するために用いられる、ホモロジーだ。ホモロジーは、私の専門分野であるバイオインフォマティクスの中核をなす技術のひとつで、研究中のデータセットのギャップを、関連する事例からの推論により埋めるという手法である。データの欠けの問題は常に起こるものだが、類似する状況についてわかっていることを用いて、わかっていない部分の情報を補うことで、この問題を克服できるのだ。たとえば、特定の形状をもつがんの新たな治療薬を開発するとしよう。標的となる適切なタンパク質をすでに発見しているとしたら、なすべきこととは、そのタンパク質の構造、つまり治療薬を結合させる構造の確定だ。この構造が問題解決の鍵を握っているわけだが、私たちの手元に必要な情報がすべて揃っていないことが多い。代わりに、同等の情報を調べる必要があるので、自分たちの治療薬が他のタンパク質と結合する様子を確認して、類似する領域の特定に努める。そうやって、少しずつ解決に向かうことができる。つまり、重なり合っているとわかっている範囲を広げていけば、やがて標的を攻撃する計画を細かく調整するに足るだけの関連性を、十分に確立できるのだ。

私たちにできるのは、現状で標的との類似が認められているものについての情報と、重なり合う部分がありそうな既存のモデルとを使って、調べるということだけだ。ホモロジーとは、実際にわかっている部分から橋をかけて、わかっていない部分について合理的に推測することである。わかっている要因と要因のあいだ（つまり私たちの取り組みが最も効果を上げられそうな場所)の、収束のマップをつくるのだ。

私は研究対象のタンパク質や細胞の理解を深めるために仕事でホモロジーを使っているが、同様に、人生で関わる人々について集めた情報の断片を使って、それらの関連性をはっきりさせたいときにも、この手法を好んで使っている。新薬の開発と、新たな人間環境の探索には、共通する基本原則がある。エビデンスは常に不完全であり、私たちが正しい結論に到達できるかどうかは、明らかになっていることからなっていない領域へといかにうまく進むことができるかにかかっているのだ。

たとえば私にしばらくお付き合いしている人がいて、その彼が私を家族に紹介したがっているとしよう。それが意味するのは、私は新しい状況に入るけれど、その状況について、私はすでにある程度のエビデンスを収集済みだということだ。彼の両親や兄弟姉妹がどんな人たちなのか、彼と似ているところや違うところなど、断片的な情報を拾い集めているはずだ。その情報を使えば、ユーモアのセンスや、どんな話題に興味を示しそうか、家族がいる場所で避けるべき言動などについて、ある程度の推論を立てられる。そして当日は、一番確実だと思える人物や話題からスタートする。すべてのデータポイントのあいだで、最も安全な足場を与えてくれる収束領域ということだ。もし本当にそういう状況になれば、私はエージェントの研究から始めて、それに応じてモデルを立て、ゲーム理論を活用して、何を話してどう振る舞うかを正確に決めることができる。しかし、未知の領域へと重要な第一歩を踏み出すことができるのは、ホモロジーのおかげだ。ばらばらのデータをもとに、新しく出会う人々や状況についての仮説を組み立てることで、足を踏み入れても安全な場所をつくることができるのだ。これはまた、私が普段は見ず知らずの人には話しかけない理由でもある。その人たちについては、取っ掛りにできるエビデンスがまったくないのだから。

生物学では、データはいくらあっても十分ということはない。生物学とは、データを集めれば集めるほど対処しなければならない新しい疑問が湧き出す底なし沼なのだから。礼儀作法に対処するのも同じことだ。得られる情報が期待するほどのものであることは決してない。しかし必ず、始めるために十分なだけの量がある。ホモロジーとは、自分が知っていることに限界があることを受け入れて、実際に手にしているエビデンスから最大限の価値を引き出すことだ。また、差異と個性とを明確にするものでもある。礼儀作法の世界を進むという私の取り組みは、ルールを知りたいという欲求から始まったが、時が経つにつれて、最も大切なものは個人の解釈と微妙な差異なのだとますます実感されるようになった。2人の友達が同じように青い目をしているからといって、2人ともが同じようにニンジン好きだとは限らない。共通の文化的・社会的枠組みのなかにいてさえ、私たちをつくっているのはそういった違いなのだ。ホモロジーによって、私たちはそれらの違いを発見できる。そして、自分を自分たらしめている、集団的な慣習と、個人の特異な行動の両方を、より深く理解できるのだ。

この礼儀作法を巡る探求の旅のなか、自分の失敗や、判断を誤った発言、権威との衝突などのすべてをとおして私が学んだのは、人は誰でも間違いを犯すということだ。世界一素晴らしい意図をもってしても、そしてそこにモデリングの技術が加わったとしても、常に正しいことを発言ができて、ある種のきまり悪さを避けられるような、絶対確実な方法は存在しないのだ。(それに、必ずしもそうしたいわけではないはずだ。話のネタがなくなっちゃうものね。)

私のアドバイスとは、新たな社会的な状況や職場環境に入るときには、完璧さを忘れるということ。その代わり、失敗の数を減らすのと、達成できた小さなことを数えるのに集中しよう(私の場合なら、24時間で最大でも2人しかイライラさせなかったとか、そんなことだ)。

そして、ここで紹介した観察や計算、つながりについてのテクニックを使って、新たな状況への道を感じ取り、ある程度の自信がもてる場所にだけ歩を進めること。失敗にはこだわらず(もちろん「言うは易く行うは難《かた》し」だけど)、これまで学んできたことに集中する。あなたはこれからも必ず、自分が知らないことに出会うはずだ。学べば学ぶほど、発見が増えるのだから。礼儀作法というゲームには終わりがなく、完成することは決してない。だいたい、それは競い合うようなゲームではないのだ。むしろ、他の人のために、自分の目先の要求を後回しにすることであり、それがお互いの利益となる。

そして何よりも覚えておいてほしいのは、礼儀作法とは必ずしもあなたが言うことや行うことではなくて、他の人にどんな印象を残すか、どんなふうに思われたいかということなのだ。たとえ間違ったとしても、努力してきたこと自体に価値がある。人は、あなたの行動そのものは評価しなかったとしても、あなたの思いは受け取ってくれる。まったくの手ぶらで行くよりも、相手が欲しくはないスイカを担いで現れるほうがいい。

あとがき

この本を書きながら、私をここまで導いてくれたすべての経験を振り返って、いったいいつ、すべてが変わったのだろうかと考えていた。17歳の頃に、ある瞬間があったのはわかっている。生まれて初めて、自分が人間だと感じ始めた瞬間だ。それは、常に感じられるものではなく、ほんの一瞬のことが多かったけれど。それでも、ずっとのけ者のように感じていた私には大きな変化だった。突然色彩が豊かになり、頭のなかの霞《かすみ》が晴れて、私の周りの混乱した世界が、一瞬、意味をなしたように感じられた。それまでに試してきたすべての実験が、自分のためにつくりあげたすべてのアルゴリズム的なものが、突如として働き始めたのだ。そして、ピースがはまり始める。そのとき私は、位相が合っていたのだ。

だけど記憶を辿っても、その最初の瞬間がいつだったのか思い出せない。何がきっかけだったのかもわからない。気づけば花を咲かせていた春の植物のように、人間であるという私の感覚とは、後になってからようやくそれを確認して喜ぶことができるものだった。感じたときにはそれとわかるのだが、自分が「そこ」に近づいているということや、どのくらいの速さで近づいているのかということは、単に気づくことができなかったのだ。

まだ私は「そこ」に達してないし、おそらくこれからも達することはないだろう。私の一部は常に自分だけの島にいて、私はそれに満足している(島を所有していたら、売ろうなんて思わないよね?)。しかし、私が学んだのは、自分を変えられるということだ。本当の自分を否定したり消したりするのではなく、改善するのだ。人生を設計し、日常生活を管理し、感情のバランスをとり、人間関係を育むといった方法によって、人間であるという複雑な仕事をよりよくできるようになる。

私はまた、そのために何が必要かを学んだ(と思う)。一言でいえば「忍耐」が必要なのだ。これはおそらく、私が抱える多くの矛盾のなかで最大のものだ。私のADHDの脳は、この世に存在するもののなかで最も忍耐力がないもののひとつなのだから。しかしひとりの人間として、そして特に科学者として、私は苦心しながら耐え忍ぶことができる。私は経験から知っている。よいことはすぐには起こらず、実験が最初から成功することは絶対になく、失敗から学んだことを活用しなければ前進はないということを。

もちろん、簡単なことではないし、今でも苦労している。忍耐の価値を理解できるだけではなく、ときにはそれを体現できるようになるまでに、どれだけ多くの興奮状態、感情の爆発、先延ばしを必要としたことか。私は忍耐力を得られるよう努力してきた。そして、その努力は報われている。

科学と生活との最大の相関とは、耐える者にとって、ストレスがたまる部分とやりがいがある部分の両方が等しくあることだ。人生において、研究室でのブレイクスルーほど私を興奮させるものはない。あの瞬間に、探し求めていた解決への扉がついに開く。どんなに小さくとも新たな発見があるからこそ、私はこれほどまでにこの仕事が好きなのだ。科学者であれば誰でも同じことを言うだろう。

この本で詳しく書いたように、人間としてよりよく生き、機能する方法を見つけるために、科学と同じアプローチをとってきた。同じようにすれば、誰もが少しだけでも何かを得られると思う。誰でも、自分の人生のなかで向上させたいことがあるだろう。人間的な結びつきをより感じるために。自分の野心を磨くために。そして、その野心を追求する方法を改善するために。

これは可能ではあるが、簡単なことではない。心と体はアスリートのようなもので、知覚、記憶、処理、共感を向上させるための訓練が必要なのだ。すぐに結果が出ることを期待できないし求めることもできないのは、ジムで体を鍛えるのと同じだ。これらは人間として最も基本的なものであって、一朝一夕に変えられはしない。しかし、もしあなたが変えたいと望み、アスリート並みの努力を惜しまないというのであれば、それは十分に可能である。私が説明してきた考え方や技術は、本質的には鍛錬だ。効果が表れるのは、時間をかけて、この鍛錬を継続的に実践し、受け入れた場合に限られる。また、科学と同じで消耗を伴う。他の人と同じように、失敗した数々の実験の産物が私なのであって、それを誇りに思っている。

人間として成長することは、信じられないほどのフラストレーションを伴う。なぜなら、これだけの努力をつぎ込んでも、しばらくの間は(おそらくはかなり長い間)何も起こらないのだから。このときに、がっかりしてあきらめるのは簡単だ。しかし本当の報酬は、耐えること、そして疑念や自信喪失を乗り越えることのなかにあって、やがて変化があなたのもとにそっと訪れる。この変化がいつどのように起こるのか、自分では計画できない。できるのは、ただ取り組みを続けて、プロセスを信じることだけだ。

なので、計画が実現しなかったり、目標が達成できなかったり、人間関係に失敗したりしても、絶望することはない。そこから学べばいいのだ。次は違うことを試せばいい。自分のやり方で物事を実験しよう。人生をよりよいものにするのは緩やかで段階的なプロセスだという、まさに人間にとって避けようのない現実を受け入れることだ。そして、何が起ころうとも、自分を他とは違う存在にしているものを悪だと決めつけないこと。私がそうしてきたように、それらを生まれつき自分に備わっているスーパーパワーとして受け入れてほしい。

うまくいかずに失敗する。状況がよくならず、かえって悪化する。それでもいいのだ。むしろ、それが重要なのだ。失敗に終わった実験を、味わうことだ。楽しみながら、失敗の理由を自分の力で解き明かそう。そして、自分が自分であることを、謝らないでほしい。私は、自分が自分であることを謝ったことは一度もないし、これからもそうするつもりはない。

謝辞

本書のチームに永遠に感謝します。私を見てくれた人たちに。
私のこのアイデアと、私の何冊ものノートに命を与えてくれた、アダム・ゴーントレット、ジョシュ・デイヴィス、エミリー・ロバートソンに。

私の先生とメンターたち。学校やその他の場所で、私を支えてくれた人たちに。
教科について説明し、私を励まし、私のことを信じてくれた、その尽きることのない忍耐力に感謝します。先生の、キース・ローズ、ロレイン・ペイン、マージー・バーネット・ウォード。メンターの、ミシェル・ミドルトン、アリソン・バンヤード、クレア・ウェルハム、レスリー・モリス、シーリア・コリンズ、ケイティ・ジェプソン、レオ・ブレイディ。そして博士課程の指導教官をしてくれたクリスティン・オレンゴ。

友人たちに永遠の感謝を。すべてを見てきた人たちに。

私のもうひとりの姉であり、親友であり、本を出す自信を与えてくれたアビゲイル。私を支えてくれた研究室のみんな(別名、タンパク質ファミリー)。いつも変わらず私を支え、励ましてくれた、マイーザ、エロディ、ブルーナ、アマンディーン、ピップ、サム、ティナ。そして私の古い友人のひとりであるロージー。物事が悪い方に転がってもすべてがいい話のネタになるよと言ってくれた、グレッグ。そして書くことを絶対にやめないでと言ってくれた、リース。

私の家族。すべてを本当に見てきた人たちに。

母ソニア、父ピーター、姉リディア、ルー、ネイ、ロブ、ジム、タイガー、リリー、アギー、そしてパン一家。いとこのローラ、ルビー、ティリー、スー叔母さんとティナ叔母さん、ロブ叔父さんとヒュー叔父さん。そして特筆すべきは、科学の本を何冊もずっと借りていたのに、見て見ぬふりをしてくれたマイク叔父さんとジョン叔父さん。それが糧となって、この本が完成しました。またパン家の祖父母、チュン・フックとスー・イェンと、アンスロー家の祖父母、フランシスとエリザベス(ベティ)の愛しい思い出にも大きな感謝を捧げます。彼らは、私にとっての故郷です。私はいつも、自分がどこから来たのかを、自分を人とは異なる存在にしているものを受け入れることを、自分を突き動かす何かをやることを、思い出すことができます。家族のサポートなしには、私が今いる場所に辿りついていたかどうか、本当にわかりません。すべてのことについて、ありがとう。

それぞれの章を、次の人たちに捧げます。


第1章は、本書のチーム、編集者のジョシュ・デイヴィスとエミリー・ロバートソン、エージェントのアダム・ゴーントレットに。

第2章は、仲間の科学者たちに。

第3章は、母のソニアに。

第4章は、メンターたちに。

第5章は、父のピーターに。

第6章は、仲間のヒップスターたちに。

第7章は、姉のリディアに。

第8章は、アスペルガーの仲間たちに。

第9章は、これまでの友達に、今の友達に、これから友達になる人たちに。

第10章は、幼い頃の自分に。

第11章は、私を大目に見てくれた、見知らぬ人たちに。

訳者あとがき

詩人ウィリアム・ブレイクは「ひと粒の砂に世界を見る」と書いたが、本書の著者は、タンパク質に人間社会を見、虹のスペクトルにさまざまな恐怖を見る、パターンとアナロジーの達人だ。

カミラ・パンは8歳でASD、26歳でADHDと診断された。幼い頃から自分は間違った惑《ほ》星《し》に降りたよそ者だと感じ、「人間の取り扱い説明書」があればと願った。強い疎外感を抱えて成長したが、やがて科学に慰めと情熱を見出す。科学のレンズを（それも広範な分野のたくさんのレンズを）とおして見ることで、外の視点から、人間の社会的慣習を、そして人間の本質を探求するようになった。その試みをまとめた本書は、自分のための「人間の取り扱い説明書」であるだけでなく、家族のための本であり、科学へのラブレターでもあるという。元は生化学の博士論文の一部として書かれたが、指導教官の助言で分離され、著者は博士論文で博士号を取得しただけでなく、本書にて王立協会科学図書賞を史上最年少で受賞している。

本書を支えるのは、世界をパターンで理解するという著者の能力だ。その文章は、パターンやアナロジー、複数の意味をもつ言葉などが重層的につながり、共鳴しているかのようだ。たとえば片付けを熱力学的に論じた第3章は、無秩序から秩序を生み出すためにはエネルギーを要するので、何もかもを完璧に行おうとせず、無秩序(乱雑)な状態が残ることを受け入れ、秩序と無秩序のバランスをとろうという内容だ。章の終わり近くに「無秩序を受け入れる必要があるけれど、それは無秩序に屈することではない」という文章がある。ここで「無秩序」と訳した「disorder」という単語には、障害や疾患の意味もある。つまりこの文章は「障害を受け入れる必要があるけれど、それは障害に屈することではない」とも読めるのだ。

愛や共感が本能的には理解できないという著者の文章に通底するのは、この世界に生まれた孤独と疎外感だけでなく、少しでも人の役に立ちたい、人の気持ちを明るくしたい、人とつながりたいという思いである(本書に散りばめられた著者個人のエピソードのなんとユーモアに溢れていることか!)。逆説的かもしれないが、そういった著者の思いに、誰しも愛情と共感を抱くのではないだろうか。

訳文の参考になればとASDやADHDの日本人作家の本にも目を通したが、作家たちはその個性も表現もただただ多様であって、文章のテーマや垣間見える感受性に重なる部分はあったものの、こと文体に関しては、共通する特徴を見出すことはなかった。(東田直樹さんや横道誠さんを知ったのは大きな収穫だった。)結局、最も参考にしたのは著者自身が朗読した本書のオーディオブックである。最初に聞いたときにはその弾むようなリズムの良さと卓越した表現力に驚いたが、後に、著者が幼少時から聴いただけで音楽を再現するなど音感に優れていることを知った。朗読から、著者の息遣いと強い思いを聞き取り、できるだけ訳文に反映するよう努めた。

最後となったが、質問に快く答えてくださった著者に、そして文響社の一柳沙織さんをはじめ、本書の出版に携わったすべての方々に深く感謝する。

2023年2月

藤崎百合

ヘッドホン　9, 36図, 120, 146, 152, 326
『ホーキング、宇宙を語る』 113, 190, 204
ホーキング, スティーヴン 113, 190, 191, 191図, 194, 197, 204, 208, 210
ホッブズ, トマス　169, 170, 327, 328, 329
ホメオスタシス(生体恒常性) 110, 111
ホモ・エコノミカス　328
ホモ・レシプロカンス　328
ホモロジー　329-333

ま行

マイヤーズ=ブリッグス・タイプ指標(MBTI)　69-75
マズローの欲求段階説　215
マッチングアプリ　245, 291
ミオシン　62, 64
メルトダウン　4-5, 33, 35, 49, 52, 105, 127, 128, 178, 236
免疫系　23, 65, 80, 226, 244

や行

有糸分裂　221, 227, 228
友人／友達　6, 8, 41, 54, 57, 58, 63図, 66, 68, 72, 73, 76, 82, 88, 102, 106, 133, 138, 154, 160, 162-165, 183, 185, 205, 212, 236, 254, 260*, 261, 262, 263, 271*-276, 302, 312, 314, 326, 327, 333, 341, 342, 343
弱い(核)力　269-270
ヨガ　201

ら行

『リヴァイアサン』 327
量子力学　195, 198, 202
ルクレティウス　175
ルーティン　37, 90, 92, 138, 294, 299
礼儀　7, 173, 311, 313-335
恋愛　78, 129*, 162, 223, 230*, 231*, 235*, 245, 267, 292, 296*, 300
老化　228

電磁気力　266-267, 269
統計学　46, 47, 186, 232*, 245, 246
同調圧力　53, 59, 79*, 107
トポロジー　194, 206-207, 212

な行

内向(的)　58, 66, 69, 75
ナッシュ均衡　323, 324, 328
ナッシュ, ジョン　323
波　123-134, 124図
におい　26, 32, 33, 35, 36図, 37, 52*, 118, 123, 161*, 170, 176, 187, 197, 236, 244, 252, 299*, 303
ニュートンの第二法則　176, 177
ニューラルネットワーク　282-291, 285図, 294, 298, 304, 305
ニューロダイバーシティ(神経多様性)　5-6, 7*, 138, 180*, 184*, 314*
忍耐　104, 184, 214, 216, 225, 230, 337, 341
ネットワーク理論　189, 194, 204-212, 209図, 219
熱力学　7, 85, 87-115, 345
ノイマン, ジョン・フォン　323
脳波　156

は行

バイアス　243, 246, 290, 296, 297, 305, 322
バイオインフォマティクス　315, 331
ハイゼンベルク, ヴェルナー　195, 199, 205, 219
箱思考　24-50, 28図
バックプロパゲーション(誤差逆伝播法)　288, 299
波動理論　144-166
パートナー　88*, 98, 102*, 154*, 162, 163*, 222, 224*, 230*, 236, 237, 240*, 242, 245*, 246, 256, 257, 261, 263, 264, 265, 273, 275, 276, 292*, 314*, 322, 332*
パニック　5, 37, 92, 127, 132, 252, 300, 303
母　2,-3, 27, 28, 64, 86, 87, 90, 92, 102, 104, 106, 118, 121, 123, 168, 169, 187, 197, 218, 294*, 299, 310*, 311, 327, 342, 343
はみ出し者　52, 170, 178-188
ファジー理論　225, 238-247, 241図
フィードバック／フィードバックループ　111, 283-308
フォトニクス(光工学)　120
不確定性原理　195, 203
ブラウン運動　175, 176, 177図, 178
ブラウン, ロバート　175
フラクタル　31-32
プリズム　122-134, 124図, 139, 147, 316
平衡　109-113, 145, 146, 147, 150, 153, 154
ベイズの定理　231-237

サブクローン　183
自動運転車　22, 239*, 286, 287, 304
自閉症　→自閉症スペクトラム障害(ASD)
自閉症スペクトラム障害(ASD)　4, 5, 9, 25, 31, 33, 38, 57, 89, 91, 100図, 118, 119, 124図, 127, 131, 138, 140, 167, 179, 184, 223, 232, 234, 237, 293, 297, 302, 310, 344, 345
重力　112, 128, 265-266, 271
受容体タンパク質　70-71, 70図, 72*, 74*-75*, 76*, 77, 81*, 261*
ジョン, エルトン　86, 169
進化生物学　7*, 224
シンクロニシティ　143, 154
人工知能(AI)　20, 21, 238, 245, 281, 283, 286, 323
深層学習　283, 284-292
振動　120, 124-127, 130, 144-150, 153-156, 158, 162, 165
振幅　144-152, 154, 158, 159, 161, 163
水素結合　260, 272
ストレス　106, 162, 204, 289, 330, 338
スペクトル(光学)　121, 122, 123, 125, 130, 344
全般性不安障害(GAD)　4, 5, 57, 124図, 297
造血　226
疎外感　155, 184, 186, 309*, 314*, 344, 345
ソーシャルメディア　42, 45, 121*, 157*, 211
疎水効果　261-264

た行

大学　3, 28, 159*, 198*, 234, 294, 320
タンパク質　6, 51, 55-83, 63図, 255, 260, 330, 332, 344
タンパク質キナーゼ(酵素)　70図, 71-77, 80, 81
父　142, 190, 196, 197, 303, 307, 342, 343
チック　4, 52
秩序　7, 35, 87-115, 345
チームワーク　6*, 57-83
注意欠如•多動性障害(ADHD)　4, 5, 9, 34, 38, 39, 57, 79, 118, 127, 138, 142, 148, 149, 149図, 156, 157, 158, 160, 161図, 184, 203, 205, 214, 216, 250, 280, 296, 297, 302, 337, 343, 344, 345
調和　68, 143, 144, 145, 147-150, 153
塵の粒子　168, 170, 173, 175, 176*, 179*
強い(核)力　268-269
定型(発達)　7, 9, 38, 53, 83, 180, 310, 314
データ入力　287*
デート　222, 230, 231, 296, 311, 312, 314
テロメア　227, 228
電子　203, 255-260, 259図, 263, 267, 269, 273, 274, 275

273
傘　77, 222, 223, 242
片付け　86-93, 95-98, 100図, 101-107, 114, 345
学校　26, 27, 34, 52-55, 77, 86*, 120, 137*, 168, 169, 190*, 250, 261, 294, 341
がん　6, 22, 80, 81, 82, 138, 182, 183, 228, 329, 331
感覚処理障害(SPD)　330
幹細胞　221, 225, 226, 227, 227図, 230
干渉　150-155, 162, 163
完璧(主義)　45*, 101, 106, 113, 114, 115, 142-143, 150, 158, 162, 210, 216, 217, 238, 312, 334, 345
記憶　7, 32, 197, 280-308, 336, 338
機械学習　7, 17, 19-50, 213, 214, 215, 218, 219, 239, 245, 281, 284, 292
貴ガス　255, 260
木思考　24-50, 36図
ギブスの自由エネルギー　97, 110
共感　8, 67, 70, 70図, 71, 80, 81, 103, 105, 106, 115, 165, 183, 184, 185, 223-247, 310, 338, 345
共感覚　122, 123
教師あり学習　21-25, 48
教師なし学習　21-25, 30, 40, 46
強迫性障害(OCD)　28図, 90, 124図, 297
恐怖　7, 43*, 50*, 106, 118-140, 124図, 167*, 171, 179*, 178, 197*, 207*, 210, 212*, 216*, 262, 298, 302*, 307*, 313, 344
共鳴　150-155, 162, 165, 345
共有結合　256-260, 259図, 274, 276, 277
極性　258, 259図, 260, 261-263, 266, 267, 273
屈折　120-125, 124図, 127, 130, 131,133, 135, 147, 316
血糖値　70, 110
ケトレー, アドルフ　169
k平均法　41, 44
ゲーム理論　7, 239, 315, 322-329, 333
ケラチン　62
原子　125, 168, 173, 175, 177, 254, 255-261, 259図, 262, 263, 264, 266-270, 273, 275, 277
原子価　261, 263, 273
勾配降下法　194, 213-217, 219, 288
孤独　26, 159, 186, 187, 327, 345
子ども時代　2*, 6*, 18*, 26*, 27*, 52*-55*, 66*, 78*, 86*, 108*, 121*, 137*, 142*, 168*, 175*, 187*, 190*, 196, 250*, 307*, 310*, 336*
コンセンサス　178, 179, 180, 182

さ行

細胞シグナル伝達　68-74, 70図

索引

「*」は、見出し語自体は登場しませんが、その言葉の内容に触れている箇所です。

ABC順

ABM　→エージェント・ベース・モデル（ABM）
ADHD　→注意欠如・多動性障害
AI　→人工知能（AI）
ASD　→自閉症スペクトラム障害(ASD)
DNA　61, 70図, 227, 228
FOMO　42, 211*, 212
GAD　→全般性不安障害（GAD）
OCD　→強迫性障害（OCD）
SPD　→　感覚処理障害（SPD）
tan(x)　250, 251, 251図

あ行

アクチン　62, 64, 65
アスペルガー症候群　→自閉症スペクトラム障害（ASD）
アダプタータンパク質　70図, 71-72, 77, 82
『アトキンス 物理化学要論』　92
姉　18, 170-171, 196*, 210, 211, 229, 330, 342, 343
アビディティ　276
アフィニティ　276
アミノ酸　61
アルゴリズム　18, 19, 20, 21, 22-23, 24, 29, 30, 40, 213, 214, 215, 216,217,238, 239, 284, 286, 287, 290, 304, 326, 336
イオン結合　257-260, 259図, 263, 267, 272, 277
イギリス　3, 35*, 134*, 160*, 295, 296
位相　152, 152図, 153, 154, 163, 336
「位置」思考　200, 200図, 202
鬱　159, 302
「運動量」思考　200, 201図, 202
エージェント・ベース・モデル（ABM）　316-322, 323, 325, 329
エラー　46-50, 291
エルゴード理論　179-183, 186
エントロピー　87, 95-99, 101
重みづけ　287-291, 294, 296*, 298*, 299, 301,302*, 305

か行

外向(的)　58, 66, 69, 73, 77, 260
カオス　34, 35, 37, 39, 46, 58, 86, 103, 252
化学結合　249, 252-278, 259図
拡散　176
学習速度　216, 217
核タンパク質　70図, 74-75, 76, 77, 81
確率　37, 179, 183, 211, 225, 231-237, 244, 246, 311
化合物　255, 257, 258, 260,

博士が解いた人付き合いの「トリセツ」

2023年8月8日　第1刷発行

作者　カミラ・パン
訳者　藤崎百合

装丁・ブックデザイン　周田心語（文響社デザイン部）

校正　株式会社ぷれす
DTP　有限会社天龍社
翻訳協力　株式会社アメリアネットワーク

編集　一柳沙織
発行者　山本周嗣
発行所　株式会社　文響社
〒105-0001　東京都港区虎ノ門2-2-5　共同通信会館9F
ホームページ　https://bunkyosha.com/
お問合せ　info@bunkyosha.com
印刷・製本　中央精版印刷株式会社